财　政　部　规　划　教　材
全国财政职业教育教学指导委员会推荐教材
全　国　高　职　高　专　院　校　财　经　类　教　材

财　政　与　金　融

（第五版）

王国星　张明珠　主编

中国财经出版传媒集团
中国财政经济出版社

图书在版编目（CIP）数据

财政与金融/王国星，张明珠主编. —5 版. —北京：中国财政经济出版社，2017.4
财政部规划教材　全国财政职业教育教学指导委员会推荐教材　全国高职高专院校财经类教材
ISBN 978－7－5095－7361－7

Ⅰ. ①财…　Ⅱ. ①王…②张…　Ⅲ. ①财政金融－高等职业教育－教材　Ⅳ. ①F8

中国版本图书馆 CIP 数据核字（2017）第 058333 号

责任编辑：陈　冰　　　　　　责任校对：胡永立
封面设计：孙俪铭

中国财政经济出版社 出版
URL：http：//www. cfeph. cn
E－mail：cfeph @ cfeph. cn

社址：北京市海淀区阜成路甲 28 号　邮政编码：100142
营销中心电话：88191537　北京财经书店电话：64033436　84041336
北京富生印刷厂印刷　各地新华书店经销
787×1092 毫米　16 开　13.75 印张　334 000 字
2017 年 4 月第 5 版　2021 年 12 月北京第 5 次印刷
定价：32.00 元
ISBN 978－7－5095－7361－7
（图书出现印装问题，本社负责调换）
本社质量投诉电话：010－88190744

编写说明

本书是财政部规划教材、全国财政职业教育教学指导委员会推荐教材，由财政部教材编审委员会组织编写并审定，作为全国高职高专院校财经类教材使用。

本书包括财政与金融两方面的内容，主要阐述了财政学和金融学的基本知识、基本业务和基本理论。财政部分主要阐述了财政职能、财政支出、财政收入、财政预算、财政体制等；金融部分主要阐述了信用、利率、金融机构、金融市场、货币供求、国际金融等，还介绍了财政政策与货币政策。

本书吸取了我国财政金融理论工作者的一些研究成果，适当借鉴了西方国家的一些财政金融理论，并结合了我国财政金融改革的实践，吸收了当前财政与金融改革的最新内容。我们力求突出内容的基础性、知识的实用性和行文的简洁性，以便于更好地教与学。

在教材的编写过程中，得到了教材编审组的具体指导；教材引用了有关作者的论点，在此我们一并表示衷心的感谢。

本次修订由江西省财政厅王国星担任主编并修订第一、十一章，山西财专张明珠担任第二主编并修订第二、三章，河南财政金融学院潘卫红担任副主编并修订第七、八章，河南工程学院党亚娥担任副主编并修订第六、九、十章，河南财政金融学院韩宗保修订第四、五章。

本教材配有习题集，用书学校任课老师若需要章后练习题的答案，请以电子邮件的形式向中国财政经济出版社索取（请注明：学校、全书名、版次），E-mail：caijingjiaocai@163.com。若需要其他网络教学资源，请登录如下网址下载：www.zgcjjy.com 或 http//cjjc.cfeph.cn。

限于水平和时间，教材难免出现误漏之处，敬请批评指正。

编　者

2017 年 2 月

目录

第一章

财政导论

学习要点

- 公共需要
- 市场失灵
- 公共物品
- 外部效应
- 公共财政
- 财政职能

导读

有钱并不能买到一切

我们在现实生活中的衣、食、住、行等物质消费与读书、看报、看电影、看电视等精神消费，都可以自己花钱买，尤其是现在，商品与劳务服务都极大的丰富了，似乎“只要有钱，到市场上什么都能买得到”。市场果真能为人们提供一切吗？人们有钱买小汽车，但无能力修公路；人们有钱买住宅，却不保证能获得好的治安；人们有钱吃大餐，却无法消除污染的空气……可见，人们要安居乐业，必须要有国防和立法、司法与行政；人们出门要经过道路、桥梁、港口、码头、机场；人们生活要有自来水、下水道、气象服务、环境保护；人们文明程度提高要有幼儿园、小学、中学、大学、公共图书馆、科技馆等等，这些社会公共需要一般由公共物品来满足，而公共物品主要由政府财政提供。

那么，财政到底都能干什么呢？本章为你解读公共需要、公共财政及其职能。

第一节　社会公共需要

一、社会公共需要

人类的社会需要五花八门，但从最终需要来看可分为两大类：一类是以个人或家庭为单位提出的私人需要；另一类是以社会为单位提出的公共需要。私人需要由市场通过购买私人物品来满足，公共需要由政府通过财政收入和支出来满足。

（一）社会公共需要的特征

社会公共需要，是指社会安全、公共秩序、公民基本权利的维护和经济发展的条件等公众共同利益的需要。

一是公众性。公共需要反映全体社会成员的共同利益，是公众在生产、生活、工作中的共同需要，而不是哪一个或哪一些社会成员单独或分别提出的，也不是私人需要的简单数学相加。

二是整体性。公共需要是无可分割的，是公众意志的整体体现，只能由整个社会集中执行和组织，而不能由哪一个或哪一些社会成员通过分散的活动来加以满足。

三是无偿性。公共需要不因人们的地位和收入不同而有区别。社会成员满足公共需要并非按市场规则进行等价交换，或无需付任何费用，或只支付与提供这些公共物品的所费不对称的少量费用。

四是历史性。社会公共需要在任何社会形态下都是存在的，但公共需要的范围并没有一个固定的模式。决定公共需要范围的物质力量首先是生产力发展水平，其次是社会生产关系状况和社会制度。

相关链接

私人需要与公共需要有联系。私人需要是基础，是人的基本需要；公共需要是一定范围内多数人共同的需要，是一种基于个人的需要，或者说是人的更高层次的需要，而不是一种抽象的超越个人需要的需要。

私人需要与公共需要也存在着很大的区别。私人需要的基本特征：一是独享性，私人需要的满足排斥他人需要的满足，对某个人需要的满足不能同时使其他人的需要得到满足。二是分散性，需要的主体是某个人或少数人。三是有偿性，私人为满足需要必须有偿购买、等价交换。

（二）社会公共需要的内容

社会公共需要的内容必然会随着历史的变化而不断变化。但就我国目前的生产力和生产关系状况而言，基本上可以分为这样几大类：

一是典型的公共需要。亦称“纯公共需要”，主要是执行国家职能的需要，包括国防、外交、公检法、行政管理、基础教育、公共卫生、环境保护等。

二是准公共需要。是指公共需要与私人需要之间在性质上难以严格划分的一些需要，如高等教育、医疗事业等。

讨论：

日常生活中我们接触到的公共需要有哪些？

三是再生产的共同外部条件。或者说是公共工程性的公共需要，主要是大型公益性基础设施，如铁路、电力、航空等。

（三）我国社会公共需要的变化

随着社会经济的不断发展，我国社会成员的公共需要开始发生了一些较大的变化。

1. 公共需要结构的升级化。我国社会成员从追求温饱到追求小康、从追求初步小康到追求全面小康，社会成员从基本生存的公共需求到全面发展的公共需求，整个需求结构在不断升级。处于不同收入群体的居民对公共需要的要求是不同的。中高收入群体更多地要求政府提供公共安全等服务；而中低收入群体则更多地要求政府提供公共医疗、义务教育等公共服务。随着经济发展和居民收入增长，公共需要结构在不断升级。

2. 公共需要数量的增长化。伴随社会经济的快速发展，公共需求的增长也不断加快。广大居民在公共安全、公共医疗、义务教育、社会保险等方面的需求增长速度越来越快。我国这些年财政支出数量和结构的变化也显示了这一特点。

3. 公共需要主体的多样化。一是城镇中低收入群体成为公共需要的主体之一。二是广大农民开始成为公共需要的重要主体。由于历史原因，我国的广大农民基本被排除在享受公共服务的主体之外。随着财政体制改革和农村改革的不断深化，公共财政的阳光将普照中国大地。

4. 公共需要提供者的选择化。政府不可能也不需要永远作为公共需要的唯一提供者。有些事情虽然一般地可以归类为公共需要，但只要民间可以办，又愿意办，而且也不妨碍社会公共利益，这就并不一定非得由政府提供，完全可由市场提供。有些事情虽然一直由民间举办，但只要这些事情民间办不了或不愿办，而社会又特别需要，这就可由政府提供。随着市场经济体制的不断完善，在公共需要提供方面，以履行公共管理职能为己任的政府主体、以追求利润最大化的企业为代表的市场主体、以非营利性的非政府组织为代表的民间主体等都将发挥各自独特的作用，特别是政府利用市场力量间接地提供公共需要的数量将会不断增加。

相关链接

截至2015年底，全国60岁及以上老年人口22 200万人，占总人口的16.1%，其中65岁及以上人口14 386万人，占总人口的10.5%。近年来，国内许多城市的养老需求不断升温，越来越多的高龄、失能、空巢、独居老人希望入住养老院颐养天年。公办养老院是国家事业单位性质的保障机构，应优先接收城市三无老人、农村五保老人、低保老人等弱势群体。但受财政投入限制，许多公办养老院选择“适度自营”，自费床位逐渐增多，使得住进条件好的养老院都要托关系、批条子，而一些真正需要入住公办养老院的困难老人反被拒之门外。

如何更有效地满足人们对养老的需要呢？

二、市场失灵

社会资源配置的两种方式中，市场配置是一种重要的方式。市场对社会资源的配置是通过市场机制来实现的，如价格机制、供求机制、竞争机制等。市场机制共同作用的结果是优胜劣汰，从而优化社会资源配置。但市场机制的资源配置功能不是万能的，其自身存在固有的缺陷，也就是市场失灵。

市场失灵（市场缺陷或市场失效），是指市场经济运行中自发产生的缺陷或弊端，或者说是现实市场中不符合完全竞争条件的因素以及市场运行结果中被认为不完善的方面。

（一）公共物品

公共物品（又称公共品或公共产品）是用于满足社会公共需要、具有非排他性和非竞争性特征的社会产品。既包括生产与消费不可分离的无形产品——劳务服务，也包括生产与消费可以分离的有形产品——各种使用价值不同的物品。

1. 公共品是与私人品相对应的物品。私人品由私人生产，供私人消费，其产权是能够界定和量化的。公共品是由公众生产，供公众消费，其产权是集体所有、共同消费的物品，这里的“集体”是一个相对于私人而言的概念，其产权是难以界定和量化的，在规模上可以大到整个国家，小到一个乡镇，也就是有全国性公共品和地方性公共品。

2. 公共品具有非排他性和非竞争性。

公共品的非排他性，是指任何人都不能独占专用，这是从受益角度来说的。要么社会无法在技术上阻止不付费的人也消费，要么虽然在技术上可以阻止不付费的人消费，但这种阻止的成本太昂贵，有违经济原则。如国防、环境保护、社会治安等，它们都无法从技术上阻止不付费的人消费。当然由于各种技术进步，公共品的排他程度也会发生变化。如电视节目，原来是一种纯公共品，但随着有线电视和解密技术的发展，电视节目也可排他消费。

公共品的非竞争性，是指当一个人对社会产品进行消费时，并不排斥他人也同时消费；或者说，对公众来说，每增加一个消费的边际成本为零。这是从消费角度来说的，如新鲜空气、路灯、免费电视等。

公共品的这两个特征表明人们可以不付费而受益，在趋利性这一市场机制的影响下，会形成“免费搭车”的现象，即免费享用公共品的利益。

3. 公共品分为纯公共品和准公共品。这是按公共程度来划分的。

纯公共品，是指完全具备非排他性与非竞争性的社会产品，如国防、外交、立法、司法和从事行政管理的政府各部门等。

准公共品，也称“混合品”，指只具备上述两个特征的一个，而另一个特征则表现不充分的社会产品。它可以分为两大类：

第一类是利益外溢的准公共品。这类公共品的受益一部分由其所有者享用，或者说其受益是可以定价的，从而可在技术上实现价格排他，使其具有私人产品的特性。同时，这类产品的另一部分受益可由所有者之外的人享有，即效用具有不可分割性。如高等教育，受到教育的人会因此直接受益，并为其日后的经济收益奠定基础。但教育无论在什么层次上，都带有社会功能，可以使全社会的文明程度提高。

第二类是拥挤性的准公共品。这类公共品是指那些随着消费者人数的增加而产生拥挤，从而会减少每个消费者从中受益的公共品。它们的受益具有非排他性，但在消费上具有一定程度的竞争性。也就是说，当与之有关的消费者人数达到拥挤点之后，若消费者再增加，就会影响某些人的费用支出。例如，拥挤的公路会发生堵车，也会带来交通事故和消费者医疗费用开支的增加等。

4. 公共品有复杂的需要显示机制。私人品的需要通过市场机制来显示，私人购买什么、购买多少、用多少价格购买、在什么地点和时间购买等都属于私人选择的行为，其决策和成本与收益也完全由私人自己承担，并不损害第三者的利益。

公共品生产的成本与享用的收益并非取决于任何一个私人的选择，而是众多个体共同博弈的结果。同时由于公共品消费中存在“搭便车”的可能，使得公共品的提供者与公共品的消费者在公共品的选择中出现困难。

公共需要的偏好表达或显示，主要体现在公众对其所拥有的各种权利包括政治、经济、文化、社会等权利的有效行使上，实际上就是在法律和道德的约束下，运用自身各种正当权利来显示自己需要的过程。这更要求政府拓宽合法的民主渠道，使社会公众的正当民主权利得到有效发挥，使绝大多数社会公众的偏好能在政府的公共政策中得以体现。

在公共选择理论看来，政府公共品的决策过程实际上是一种类似于商品市场的由供求双方相互决定的过程。公共品是一种“政治市场”，选民是公共品的消费者，政治家和政府官员则是公共品的提供者，交换的媒介是选民的选票。

5. 公共品可采取多种提供方式。随着市场经济体制的不断完善，将改变过去公共品由政府唯一提供的方式。政府可利用社会、市场等力量来提供更多的公共物品：

一是政府与社会资本合作，一般适用于具有规模经济效益的城市基础设施和部分公共服务行业。

二是政府授权经营，一般适用于城市公共服务行业，如自来水、煤气等行业。

三是政府采取补贴、减税、购买等方式资助提供公共品的私人部门，一般适用于科技开发、卫生保健、住宅建设等领域。

因此，我国公共品应该采取更加灵活的提供方式，以提高公共品的提供效率。

（二）外部效应

外部效应，也称外部性，是指某种经济活动给与这项活动无关的社会其他成员带来的影响。这种影响可能给社会其他成员带来好处（外部正效应），也可能使社会其他成员受损（外部负效应）。

外部正效应，指商品生产者内部效益远远低于社会效益的经济现象。如一项农业科研成果的推出可使使用该项成果的所有农户都受益，但作为农业科技的推出单位无论如何都不可能将该项成果所带来的经济效益全部据为已有。

外部负效应，也称外部成本，指商品生产者生产某一产品的成本大大低于社会成本的经济现象。如污染企业对“三废”不作任何治理就直接对外排放，企业成本最低，但造成环境污染而带来的社会成本将是不可估量的。企业假冒他人开发的专利、商标、外观设计等知识产权，对企业来说成本最低，但因此挫伤开发企业的积极性将会导致技术进步的受阻。

外部效应的产生并不是任何人蓄意造成的，它是随着生产或消费产生的某种副作用。其产生原因主要有：一是产权界限不明；二是权益界限不明晰；三是政府缺少相应的措施或措施不力。外部效应特别是外部负效应现象市场配置方式难以解决，必须由政府介入加以解决。

相关案例

20世纪初的一天，列车在绿草如茵的英格兰大地上飞驰。车上坐着英国经济学家A. C. 庇古。他边欣赏窗外的风光边对同伴说：火车在田间经过，喷出的火花（蒸汽机车）飞到麦穗上，给农民造成了损失，但铁路公司并不用向农民赔偿。70年后，1971年，美国经济学家乔治·斯蒂格勒和阿尔钦同游日本。他们在高速列车（电气机车）上想起了庇古当年的感慨，就问列车员，铁路附近的农田是否因受到列车的损害而减产？列车员说，恰恰相反，飞速驰过的列车把吃稻谷的飞鸟吓走了，农民反而受益。当然铁路公司也不能向农民收取赶鸟费。

同样是火车驶过农田，结果却不同。这说明了什么？

（三）自然垄断

市场经济发展到一定阶段，当生产集中于一个或少数大企业、市场价格由一个或少数大企业控制时，就会出现垄断。因而垄断是指一个或少数企业独占生产和市场。市场效率以完全自由竞争为前提，而垄断的出现意味着产品价格和利润水平不是取决于市场供求关系。垄断者通过垄断价格来获取超额利润，不利于竞争，不利于厂商改进技术，市场效率也因此而丧失，为此政府必须干预。

（四）信息不充分

市场竞争以生产者与消费者都能取得充分的信息为前提。就生产者而言，在安排生产前它应明确消费者需要什么、需要多少等；就消费者而言，在进行消费前，它应了解产品的质量、价格性能比、售后服务以及同种产品的不同品牌等。但市场经济体制下，生产决策与消费决策一样，同属私人行为，这种分散、个别的决策是难以全面、准确地把握市场信息的。

（五）收入分配不公

讨论：

我国现阶段收入分配不公的表现主要有哪些？

市场经济体制下，收入是按生产要素（资本、土地、劳动力等）进行分配的。但由于人们所拥有的生产要素不同、即使拥有同种生产要素但要素禀赋不同、市场的不完全竞争等因素的存在，使收入分配结果出现明显的不公平。可见，市场机制即使是灵敏有效率的，但它本身不能兼顾社会公平。收入分配的过分悬殊，导致社会的不安定，将会直接影响市场效率。因此，协调市场机制内在的公平与效率矛盾的机制是政府干预，以调节收入分配。

（六）经济周期

在市场经济体制下，价格的变动是市场主体决定投资取舍的重要因素。由于市场价格对产品供求状况的反映具有滞后性特征，即只有当产品大量过剩，供给远远大于需求时，产品价格才会下跌，厂商才会因此而改变投资决策，而这已现实地造成了经济的过剩。可见，市场机制不可避免地会产生通货膨胀、通货紧缩等问题。经济周期的出现，不论是通货膨胀还是通货紧缩，都涉及千家万户的生活问题，都是经济问题导入政治问题的连接口。为了实现经济的持续发展，政府干预经济成为必要。

此外还有个人偏好不合理。在市场运行中，个人偏好往往有不合理的方面。消费者对有些物品不能给予正确的评价，如有人对香烟、毒品有好感，这种由于个人偏好不正确所带来的市场运行结果自然是不完善的，政府也有必要干预。

三、政府干预

市场配置资源存在市场失灵，社会资源配置必须还要有效地运用另一种方式即政府配置或称政府干预。政府干预的主要作用是弥补市场失灵。

（一）政府干预方式

政府干预主要有两种方式：直接干预与间接干预。直接干预实质上是政府的行政干预，即通过政府的各种不同的职能机构，依照立法和规章，对市场及企业本身实行的监督指导。间接干预指政府在市场外围通过制定和调整政策，来影响市场的运作，即通过各种政策对市场内在机制的杠杆作用来间接地施加影响。在市场经济中政府所能利用的两个主要经济杠杆是财政和金融。

前面列举的六种市场失灵现象，政府可采取不同的干预方式，如表1－1所示。

表1－1

市场失灵	政府干预
公共物品	提供公共物品
外部效应	减税或补贴鼓励正效应；增税或收费限制负效应；立法
垄断	反垄断法；价格管制；国有化；税收和金融扶植小企业
信息不充分	公开信息
收入分配不公	税收；社会保障；转移支付
经济周期	财政政策和货币政策

相关资料

五证合一

2016年6月30日，国务院办公厅发布了《关于加快推进“五证合一、一照一码”登记制度改革的通知》，从2016年10月1日起正式实施“五证合一、一照一码”。“五证”是指营业执照、组织机构代码证、税务登记证、社会保险登记证和统计登记证。

（二）政府失灵

> **思考：**
> 如何更有效地减少政府失灵？

在政府与市场的关系中，通常把政府的活动领域界定在市场失灵的区域。但理智地说，政府并不能在市场失灵的所有区域有效活动，也就是政府干预并非总是有效的。有时候政府的不作为比有作为更明智。因为，政府也不是万能的，它不完全具备理想化政府的条件，即存在政府失灵，如信息失真、决策失误、管理失控、监督失效等。

（三）正确履行政府职能

政府职能是指政府依法对国家政治和社会事务进行管理时应承担的职责和所具有的功能。政府职能反映着公共行政的基本内容和活动方向，是建立行政组织和进行机构设置、人员配备的最基本依据。

政府职能在不同的社会形态、不同的经济发展阶段和不同的政治经济体制下，其具体构成存在共性，也存在很大的差别。西方国家的政府职能经历过“守夜人”的小政府阶段、“政府干预”的大政府阶段、市场与政府互补合作阶段。我国的政府职能随着计划经济体制转向市场经济体制也发生了深刻的转变，市场经济条件下政府主要有四个职能：经济调节职能、市场监管职能、社会管理职能和公共服务职能。

相关资料

财政为国家建设提供坚实的财力保障

1950 年全国财政收入 62 亿元，2005 年突破 3 万亿元，2007 年突破 5 万亿元，2011 年突破 10 万亿元，2015 年突破了 15 万亿元。全国财政收入从 1950 年的 62 亿元到突破 1 000 亿元大关，用了 28 年时间；从 1 000 亿元到 1 万亿元用了 21 年时间；从 1 万亿元到 15 万亿元用了 16 年时间。

在财政收入增长的同时，我国财政支出的规模也不断加大。全国财政支出规模从 1950 年的 68 亿元，扩大到 2015 年的 17.6 万亿元。

第二节 公共财政

一、公共财政的概念

通过以上对公共需要与私人需要、公共物品与私人物品、市场失灵与政府干预等问题的分析，可以对什么是公共财政的问题作出回答了。财政部门是政府的一个综合部门，它的活动属于政府的经济行为，它虽然不直接从事生产，但为政府弥补市场失灵提供财力，以最大限度地满足社会公共需要。

简要地说，**公共财政是政府为满足社会公共需要而对一部分生产总值进行的分配活动**，是与市场经济相适应的一种财政类型。其实质是取之于公众、用之于公益、管之于公决。

要全面地理解公共财政，必须回答公共财政作为一种分配活动，“由谁来分配”、“对什么进行分配”、“依据什么进行分配”、“为什么分配”等问题。

思考：

我国公共财政的提出为什么经历了较长的过程？

（一）公共财政的分配主体是政府

分配主体就是回答“由谁来分配”的问题。公共财政的分配主体是政府，也就是说，公共财政是政府为主体的经济行为。

市场经济条件下，经济活动的主体有三个：一是个人或家庭；二是企业；三是政府。从理财的角度来说，以家庭为主体进行的理财活动称为“家政”；以企业为主体进行的理财活动称为“财务”；只有以政府为主体的理财活动才能称为“财政”。个人或家庭、企业和政府这三者的经济功能和主要目标是不同的。

个人或家庭的主要经济功能是劳动供给、储蓄投资、分配和消费等。个人或家庭在劳动力市场提供劳动力而获得劳动收入，在资本市场通过投资获得资本收入等，用依法纳税后的可支配收入进行消费或储蓄，主要目标是追求个人或家庭福利最大化。其理财活动都是在市场价格和供求关系的引导下，以个人或家庭为主体，分散决策、自主选择的。

企业的主要经济功能是生产经营各种私人物品。企业在各种要素市场购买生产要素，通过生产经营过程生产出商品或服务，在商品或服务市场把商品或服务转化为收入，用收入扣除成本费用后的剩余部分通过财务分配形成职工工资、政府税收、企业利润等，主要目标是追求利润最大化。其理财活动也是在市场引导下，以单个企业为主体，分散决策、自主选择的。

政府的主要经济功能是弥补市场失灵。政府通过税收、非税收入等形式来形成财政收入，通过财政支出把资金用于社会公共需要，解决个人或家庭、企业无力解决或不愿解决的具有“公共性”的经济问题，为个人或家庭、企业的生活和生产经营活动创造良好的外部条件，主要目标是实现社会福利最大化。其理财活动是在非市场领域、通过公众选择和集中决策实现的，这种实现手段就是公共财政。所以，公共财政是以政府为主体的经济行为。

（二）公共财政的分配客体是生产总值

解决了“由谁来分配”的问题，接下来的就是“对什么进行分配”的问题。公共财政的分配客体（对象）是一部分生产总值，也就是说，公共财政是对一部分生产总值进行的分配活动。

生产总值即国民生产总值，是指一个国家或地区在一定时期内生产的全部最终产品和服务价值的总和。公共财政通过税收收入、非税收入等形式集中一部分生产总值，形成政府财政收入，然后通过财政支出用于各方面，满足社会公共需要。

生产总值由第一、二、三产业共同创造，目前我国政府集中的公共收入主要来自第二产业。随着经济的发展，来自第三产业的公共收入将不断增加。

生产总值的不断增多为财政分配提供了更为广阔的活动领域，也为公共财政发挥更大的作用提供了经济条件。生产总值的增加，政府、企业、个人或家庭的收入也会随着增加，但生产总值在一定时期总量是既定的，政府与市场的配置份额之间存在此消彼长的关系，因而就有在生产总值中政府通过财政集中多少为合理的问题，从理论上说，应以社会资源的有效配置为标准。具体地说，可用财政收入占生产总值的比重来衡量财政规模是否合理。

正确地认识公共财政的分配客体，有助于更好地分析公共财政的地位和作用，也有助于更好地使公共财政分配格局合理化。

（三）公共财政的分配依据是公共权力

私人部门用于满足私人需要的资金，凭借对生产要素的所有权取得，而政府用于满足公共需要的资金，依据公共权力获得。公共权力是指由政府和相关公共部门掌握并行使的，用以处理公共事务、维护公共秩序、增进公共利益的权力。实际上它是全社会范围内的政治权力，是以全社会成员的共同利益为基础的，国家产生后就表现为国家权力。

从经济学角度来考察，公共权力的运行具有以下特点：

1. 稀缺性。公众共同组建了政府，而直接行使政府公共权力的却只能是部分人，即存在着公共职位公众所有与部分人代理的矛盾。

2. 经营性。是指公共权力可以作为一种手段由其行使者对权力的接受者进行经营，使其发生一定的变化运动，从而实现对所掌握资源的最优配置。

3. 代理性。公共权力来源于公众，公众是公共权力的所有者。在公共权力的运行中，实际上在公众和权力行使者之间建立了一种典型的委托代理关系。

在组织财政收入方面，政府可以依据其公共权力获取财政收入，这类收入带有明显的强制性征收的特色，主要是税收收入。

政府也可以依据公共产权获取财政收入，这类收入主要是非税收入，包括行政事业性收费、国有资本经营收入、国有资源（资产）有偿使用收入等。

此外，政府还可以依据信用关系获得财政收入，这类收入是政府按照有借有还的信用原则来筹集的，主要是政府债务收入。

（四）公共财政的分配目的是满足社会公共需要

分配目的就是回答“为什么分配”的问题。公共财政的分配目的是满足社会公共需要，这是由公共财政的本质属性决定的。

公共需要是相对于企业、个人或家庭需要而言的，是市场机制不能满足的需要。满足社会公共需要的任务主要由政府来实现，也就是说，只能由政府通过财政才能满足社会公共需要。

政府是否满足社会公共需要以及满足的程度如何，主要取决于政府的财力状况和管理水平。现实社会中的社会保障、公共卫生、基础设施、环境保护等公共需要都很难确保满足，因为政府只能提供公共需要中政府认为在现有的财力状况、技术条件、管理水平下应予以提供的部分，社会公共需要与政府财力永远是矛盾的，政府不可能满足所有的社会公共需要。

当然，社会公共需要的变化必然带来政府的变革，可以说公共需要是推动政府改革的“原动力”。公共财政收支范围的宽窄、收支规模的大小、收支形式的变化等不仅取决于财政本身，更要取决于社会公共需要的变化。

相关案例

2012年开始，杭州就免费开放了室外的公共WiFi网络，成为全国首个免费开放WiFi的城市。不限时间，不限流量，覆盖主城区220平方公里的面积。四年多来，杭州的公共WiFi铺设点不断增加。目前浙江正在推进全省无线局域网i－zhejiang的建设，用户只要一次注册，就能享受全省漫游免费上网。

你对此有何感想？

二、公共财政的特征

完全意义上的公共财政至少应体现这样几个特征：一是财政支出的公益性；二是财政收入的完整性；三是财政管理的公开性。

（一）财政支出的公益性

财政支出的公益性是指公共财政支出主要用于满足社会公共需要，以弥补市场失灵。这是公共财政的根本性特征，也是公共财政与建设型财政等类型的重大区别。因而可以说，公共财政是弥补市场失灵的财政。

市场经济条件下，之所以需要政府及其公共部门，抛开政府的政治行为，单从经济角度看，是因为政府及其公共部门的存在及其职能的实现，有助于增进和实现公共利益。或者说是因为市场不能解决所有的经济问题，而政府公共财政活动的范围恰好就是市场失灵的领域，由政府通过公共财政来解决有助于增进和实现社会共同利益。

公共财政支出的公益性，就支出目的来说，主要用于满足公共需要，实现绝大多数社会成员的公共利益。因而主要支出内容应包括：一是用于代表全社会共同利益和长远利益的事务；二是只有用于政府出面组织和实施才能实现的事务；三是用于企业、个人或家庭不愿意举办而又是社会存在和发展所必需的事务。也就是说，作为建立在市场经济运行机制基础上并符合市场经济要求的公共财政，财政支出的公益性必须满足“市场在资源配置中起基础性作用”这一基本条件，否则公共财政就会出现“越位”和“缺位”等情况。

（二）财政收入的完整性

讨论：

公共财政的“越位”和“缺位”有哪些表现？

财政收入的完整性是指全部政府收入都要纳入政府预算。即在预算之外不得存在其他政府收入。这是公共财政的基础性特征。也就是说，公共财政是政府财政，而不是部门财政。

公共财政收入的基本形式是税收，非税收入是补充形式。不论是税收收入还是非税收入，都是依据政府公共权力获得的，都是政府的财政收入，都必须纳入政府预算，不应该成为哪个部门或集团的收入而流入预算之外。因而，公共财政收入应等同于政府收入。

（三）财政管理的公开性

财政管理的公开性是指财政管理活动必须公开透明，让公众清楚政府的收入和支出及相应的管理制度。这是公共财政的关键性特征。而要做到公开性，必须做到民主性和法治性，所以，公共财政是阳光财政、法治财政、民主财政。

公共财政是阳光财政。政府的“钱”是社会公众的“钱”，是纳税人的“钱”，政府只是代表公众把“钱”收上来，然后用于社会公共需要。因而，公众有权知晓政府收了多少“钱”、政府把“钱”用到哪里去了，有权监督政府预算的编制和执行情况，政府也有义务把财政收支内容向公众公开。我国财政的公开性近些年有了较大的体现，改变了过去所有财政数字都保密的做法，但真正的阳光财政建设还需努力。

公共财政是民主财政。政府提供公共产品不是通过公民的买卖来作出决定，而必须通过一定的政治程序即所谓的“政治投票”作出决策。各级政府的财政预算是由本级人民代表大会投票表决产生的，而各级人大代表是由不同行政区的选民投票选举产生的。财政预算代表了人民的根本利益，一经批准，就具有法律效力，政府必须按照批准的预算组织执行；财政预算在执行中需要调整，也必须通过权力机构批准；预算执行结果即财政决算，也要经过人民代表大会审批。可见，整个公共财政活动的过程应具有广泛的民主基础，公共财政要最大限度地实行民主决策，充分接受民主监督。当然，我国的民主政治还在完善过程中，公共财政的民主性特征还在逐渐地显现。

公共财政是法治财政。公共财政作为一种与市场经济相适应的财政模式，其一切活动都必须纳入法制规范的范围。也就是说，社会公众通过权力机关和相应的法律程序来约束、规范和监督政府的财政行为，确保公共财政真正代表社会公众的利益。一是财政收入的法治性。税收、非税收入都要通过权力机关的批准或授权，财税部门才能依法征收，不得超越法律的约束而随意地征收或减免。二是财政支出的法治性。所有的财政支出都应纳入政府预算，并经过权力机关批准，在预算之外不得存在任何政府的支出活动。三是财政管理的法治性。财政管理的一切行为都应当置于法律的根本约束和规范下，都要遵守行政许可法、预算法、会计法、审计法和相关实施条例以及各种税法、会计准则等多层次的法律法规条例。随着我国法制建设的不断完善，公共财政的法治性将更好地显现。

相关资料

三公经费

2015 年中央本级“三公”经费财政预算 63.16 亿元，其中，因公出国（境）费 19.38 亿元，公务用车购置及运行费 34.59 亿元，公务接待费 9.19 亿元。2015 年中央本级“三公”经费财政决算 53.73 亿元，比预算减少 9.43 亿元，其中，因公出国（境）费、公务用车购置及运行费、公务接待费分别减少 1.94 亿元、3.72 亿元、3.77 亿元。

三、公共财政的建设

公共财政的建设过程就是财政管理公共化程度不断提高的过程。财政管理水平的公共化，实际上就是提高公共选择的民主决策程度和公众的参与程度。在一个法治国家里，公民一方面依法纳税，另一方面可享受政府提供的公共品。与传统的政府结构相比，这种公民与政府之间的关系能更好地体现市场的要求和公共财政的内涵，是公共财政发展的必然趋势。

相关链接

2014 年 11 月，中国社会科学院财经战略研究院发布了《中国公共财政建设报告 2014（全国版）》。中国公共财政建设指标体系由中国公共财政建设综合指数、四大分项指数、十大因素指数、38 个二级指标和 88 个具体评价指标构成。

课题组运用综合评价技术，通过专家打分、问卷调查、统计分析等方法，对中国公共财政建设状况进行了定量分析和评价，得到了 2014 报告年度中国公共财政建设指数及其分项指数。根据测算，2014 报告年度，中国公共财政建设综合指数的得分为 69.08 分，比 2013 报告年度的得分 67.53 分提高了 1.55 分。从总体上看，与评价的初始年份 2007 报告年度相比，7 年来中国公共财政建设取得了显著的进展，年均增幅为 0.96 分。

我国于 1998 年明确提出建立公共财政的改革目标，之后，我国财政领域进行了一系列的重大改革。

（一）实施部门预算改革

政府预算是公共财政存在的形式。部门预算通俗地说就是一个部门一本预算。它是由政府各部门分别编制经财政部门审核后提交人代会审议通过的反映政府各部门所有收支的预算。我国于 1999 年开始实施部门预算制度的改革，现在部门预算已在我国普遍实行。

实行部门预算改革，实现了“一个部门一本预算”的目标，在预算编制方法上采用了零基预算，在预算编制内容上实行了综合预算，进一步规范了向人代会报送预算的格式和内容，政府预算的公开性增大，为公共财政的建设打下了扎实的基础。

（二）深化“收支两条线”改革

早在 1990 年我国就作出了实行“收支两条线”管理改革的决定，当时是以预算外资金的财政专户管理为主要内容的“收支两条线”改革，试图加强预算外资金的管理，但没有取得实质性的进展。2001 年开始又对深化“收支两条线”改革提出了新要求，其核心内容是收支脱钩、收缴分离，逐步淡化和取消预算外资金，将预算外资金全部纳入预算管理。其主要做法：一是各级执收执罚部门和单位将依托政府职能所得的收入上缴国库或财政专户；二是改革预算外资金收缴制度，实行收缴分离；三是改革收支挂钩的做法，实行综合财政预算。

（三）实行政府采购改革

我国从 1996 年开始政府采购工作试点，1998 年开始全面的试点和推行。2003 年 1 月《政府采购法》正式实施，标志着政府采购制度改革工作进入了新的发展时期。依法行政、依法采购、规范管理成为政府采购工作的基本要求。

建立政府采购制度能有效地促进公平交易，给企业提供平等的竞争机会，有利于促进我国市场经济的健康发展。能更加规范政府采购行为，有利于发挥政府采购的宏观调控作用。同时，也要求政府各级国家机关、实行预算管理的事业单位和社会团体采取公正、公平、公开的形式使用财政资金，有利于加强财政支出管理和提高财政资金使用效率。

（四）推行国库集中收付改革

国库集中收付制度或称国库单一账户制度是以国库单一账户体系为基础，资金缴拨以国库集中收付为主要形式的财政国库管理制度。也就是财政统一开设国库单一账户，所有财政资金都集中于一家银行账户中，各单位不再设立银行账户，所有财政收入直接缴入国库，所有财政支出均根据预算由财政直接向商品或劳务供应者支付。

我国国库集中支付制度改革始于 2001 年，当年国务院批准了财政部和中国人民银行提出的《财政国库管理制度改革方案》，2002 年修改完善了有关管理办法。与此同时，地方的国库管理制度改革试点工作也在积极推进。经过几年的努力，现在我国各地都推行了国库集中收付制度。

（五）推进政府收支分类改革

我国政府收支科目的基本框架，是建国初期参照原苏联体制设计、适应计划经济体制下的财政管理要求建立的。几十年来，虽然根据不同时期财政经济运行的情况和特点作过一些小的调整，但总体框架和体系基本没有改变。

2005 年 12 月国务院批准同意从 2007 年 1 月 1 日起全面实施政府收支分类改革。

改革后的收入分类，是按收入的来源和性质来全面反映政府的各项收入，设类、款、项、目四级。类级科目包括税收收入、社会保险基金收入、非税收入、贷款转贷回收本金收入、债务收入和转移性收入六类。

支出有按功能分类和按经济分类两大类。支出功能分类能完整反映政府的职能活动，说明政府的钱究竟做了什么。支出经济分类能明细反映政府各项支出的具体用途，说明政府的钱是怎样花出去的。

思考：

政府支出分类为什么要有功能分类和经济分类？

这样的政府收支分类基本上实现了“体系完整、反映全面、分类明细、口径可比、便于操作”的改革目标。能充分发挥其“数据辞典”的作用，为预算管理、统计分析、宏观决策和财政监督等提供全面、真实和准确的经济信息。

（六）建立现代财政制度

财政是国家治理的基础和重要支柱，现代财政制度是优化资源配置、维护市场统一、促进社会公平、实现国家长治久安的制度保障。

建立现代财政制度需要从三个方面着手：一是建立现代预算制度；二是建立现代税收制度；三是建立事权与支出责任相适应的财政体制。按照 2014 年 6 月颁布的《深化财税体制改革总体方案》部署，2016 年要完成财政改革的重点工作和任务，2020 年要基本建立现代财政制度。

相关知识

“财政”一词的来历

“财政”一词最早于13至15世纪出现在拉丁文中，意为结算支付期限、支付款项、确定罚款支付等。16世纪“财政”一词传入法国，意为公共收入。17世纪演变为专门指国家理财。19世纪进一步阐明是指国家及一切公共团体的理财，并相继传入欧洲其他国家，英语为finance。19世纪末，日本引进finance的词义，同时借用中国的两个汉字“财”与“政”，立“财政”一词。19世纪90年代，“财政”一词由日本传入我国，在戊戌变法（1898年）“明定国事”诏书中首次出现“改革财政，实行国家预算”的条文。我国早期用“度支”、“国计”、“国用”等词来概括财政现象。

第三节 财政职能

财政职能是指财政分配活动所固有的功能。它主要回答“财政能干什么”或“应该干什么”的问题。只要有财政活动，就有财政职能，即财政职能是客观存在的，但“固有的”并不是“固定”的，财政职能是发展变化的。在市场经济体制下，财政具有资源配置、收入分配、稳定经济三大职能。

一、资源配置职能

（一）资源配置职能的含义

资源配置职能是指财政通过税收和支出等政策，引导资源流向，为政府满足各种公共需要提供财力保障的职能。

财政具备资源配置职能的客观因素是市场失灵，也就是说市场配置所不能解决的领域就是财政发挥资源配置职能的领域。即财政要利用公共政策对市场配置所形成的无法提供公共品、外部效应、自然垄断、信息不对称等失灵领域进行引导、修正和补充。

（二）资源配置职能的范围

财政配置资源的范围取决于政府职能的范围。在市场经济体制下，市场发挥基础性资源配置的作用，政府对经济活动主要是参与、调节、引导、补充。因而财政资源配置的范围主要有：

1. 市场配置失灵而社会又需要的公共品方面。如外交、国防、司法、治安、行政管理、基础教育、公共卫生、科技文化、社会保障、环境保护、大型公共设施和基础设施，以及对公共资源的管理。

2. 对外部效应的干预。如控制和治理废水、废气、废料等环境污染，实施森林保护、城市绿化等。

3. 对自然垄断的矫正。如城市供水、供电、供气、公共交通等。

4. 信息不对称的矫正。如政府强制规定私人必须从事某些活动，或政府提供信息等。

（三）资源配置职能的目标

资源配置职能的目标是资源达到最有效的利用，即实现帕累托效率。资源配置的核心是效率问题，效率又取决于资源的使用方式和使用结构。资源的最有效利用就是使所有资源处于一种最优组合状态，产生最大的社会经济效益。

帕累托效率，也称“帕累托最优”，是指资源配置的任何改变都不可能使得任何人的福利有所增加而不使其他人的福利减少。或者说，不可能通过改变资源配置，使一些人得到利益，同时又没有使另一些人受到损失，则这种资源配置达到了最优。

但在现实经济生活中，由于客观和主观条件的限制，所有经济资源不可能都实现最优配置。务实地说，只能使资源配置达到一种人们认为较理想的状态，即为资源的合理配置。

讨论：

查阅并了解维尔弗雷多·帕累托，谈谈你对帕累托效率的理解。

（四）资源配置职能的方式

1. 调整财政收入占生产总值的比重。主要是为了调节经济资源在政府部门和非政府部门之间的配置，使政府掌握数量合理的经济资源。这要根据各级政府所承担的政治、经济和社会职能，特别是本行政辖区内公民对公共品的需要，按照政治程序确定各自所应当提供的公共品的范围、数量、结构等。

2. 优化财政支出结构。主要是为了调节经济资源在部门、产业、地区之间的配置，以满足各方面的社会公共需要，保障国家安全、社会和谐、人民康福。也就是政府要在可支配的经济资源总量内，通过优化支出结构来促进社会经济结构的合理化。

3. 调整财政体制。主要是为了调节经济资源在政府内部的配置，包括中央政府与地方政府及地方各级政府之间的资源配置，既要尽量满足地方政府发展社会经济的资源需求，更要保证中央政府为进行宏观调控所必须掌握的资源，使资源的总体配置与区域配置相互衔接与协调。

4. 制定相关财政政策。主要是为了调节经济资源在非政府部门的配置，特别是按照国家的发展战略和社会经济发展规划，引导非政府部门的资源流向，鼓励和支持非政府部门在直接或间接地提供公共品方面发挥更大作用。

相关案例

有一个小镇，居民主要以养羊卖羊毛为生。小镇上家家都有羊群，羊群在该镇周围公共草地免费吃草。随着人口与羊群的增加，草地会相对变少，羊群会无法生存，居民生活会没有保障。为了羊群的生存和小镇居民的长期生活，如何合理使用公共草地？更宽泛地说，当公共资源出现掠夺式使用，而不能给资源以休养生息时，该怎么办？

二、收入分配职能

(一) 收入分配职能的含义

收入分配职能是指在市场按要素分配的基础上，财政通过税收、支出和转移支付等手段对市场分配的不公平进行调节的职能。

一般来说，经济活动中收入和财富的分配取决于生产要素的投入以及这些生产要素的市场价格。但是在市场经济下，由于每个分配主体所提供的生产要素的数量不同，质量有异，所拥有的资源稀缺程度不同，市场价格可能有偏差，加上各种非竞争性因素的干扰，使得各分配主体获得的收入可能与其要素投入不相称，甚至差距较大。如果这种收入差距超出社会各阶层的接受程度，则不仅导致经济的波动，还将造成社会的不稳定。因此，市场经济体制下必须依靠政府的力量，对收入分配不公平的格局加以调整。

(二) 收入分配职能的范围

财政在执行收入分配职能时，要划分市场分配与财政分配的界限，各司其职。

1. 凡是属于市场分配的范围财政不宜直接介入。这里的核心问题是按弥补市场失灵的要求来科学界定政府职能，解决政府职能的“越位”与“缺位”问题。如企业职工工资、企业利润、租金收入、红利收入、股息收入等，应由市场来进行配置。

2. 凡是属于财政分配的范围，财政则应尽力做到公平分配。就目前而言，一是要规范工资制度，对于公务员以及由预算拨款的事业单位职工，应根据国家经济发展的状况并参照企业职工的平均工资来确定其工资标准，并将各种工资性收入都纳入工资总额，取消各种明贴和暗补，提高工资的透明度，实现个人消费品的商品化；二是对医疗保险、社会福利等社会保障资金，财政应履行集中分配的职责，通过各种转移支付形式，使每个社会成员能够享受同等的待遇。

(三) 收入分配职能的目标

收入分配职能的目标是实现社会公平。即把收入差距维持在社会各阶层能接受的范围内。公平不等于平均，“共同富裕”并不等于所有的人拥有均等的财富，收入分配要克服平均主义做法，在国家政策法规允许的范围之内以正当的手段通过诚实劳动获得较多收入，使一部分人先富起来，是符合公平要求也符合效率要求的；但也不是收入差距越大就说明效率越高，差距过大会影响社会安定，也不利于提高效率。

> **讨论：**
> 了解联合国有关组织对基尼系数的区段划分，结合所了解的情况，谈谈你对我国目前收入差距的看法。

分析收入差距最常用的技术方法是洛伦兹曲线和基尼系数。

洛伦兹曲线是描述一国或一区域财富和收入分配性质的一种曲线。横轴表示人口的百分比，纵轴表示收入的百分比。如果收入绝对公平，即每个人得到同等数量的收入，则洛伦兹曲线表现为一条呈45度角的直线（OM）；如果收入绝对不公平，则洛伦兹曲线将与正方形的底边和右边重合。任何实际收入都介于这两种极端情况之间，表现为一条向下弯曲的曲线（见图1－1）。

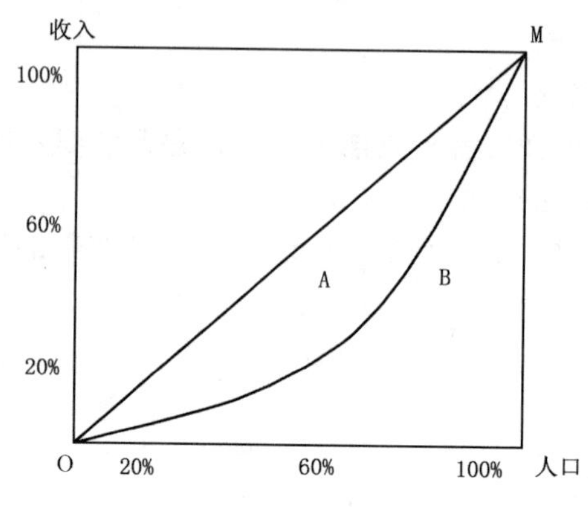

图 1－1 洛伦兹曲线图

基尼系数用来测定收入分配的公平程度，是用实际的洛伦兹曲线与绝对公平线之间的面积（A）除以绝对公平线与绝对不公平线所构成的三角形的总面积（A＋B）所得到的比值即 A÷（A＋B）。基尼系数越小，收入分配越公平。国际上通常认为基尼系数在 0.3 左右为最佳状态，0.3～0.4 之间为正常状态，超过 0.4 为警戒状态。

相关资料

我国的基尼系数

年份	2008	2009	2010	2011	2012	2013	2014	2015	2016
系数	0.491	0.490	0.481	0.477	0.474	0.473	0.469	0.462	0.465

（四）收入分配职能的方式

1. 税收。税收是对全社会收入进行强制性调节的分配形式，是财政实现收入分配与再分配最常用的手段，特别是个人所得税、财产税、遗产税、赠与税等，可以调节个人的收入和财产，把收入与财产的差距缩小到社会所能接受的范围。

2. 转移支付。包括一般性补助和专项性补助，更多的是将资金直接分配给特定的地区，有明确的受益范围，是一种直接的收入分配方式，有利于缩小地区间的收入差距。

3. 社会保障制度。即通过社会救济、社会保险、社会优抚和社会福利等社会保障措施，使每一社会成员得以维护社会基本的生活、福利水平，它主要是通过提高低收入者的收入水平来改变收入分配不公的程度。

4. 公共支出。就是通过提供公共品来满足社会共同需求，其受益对象范围广泛，通过改善人们的工作和生活环境，可以间接提高社会整体的收入水平。

5. 通过财税政策鼓励社会慈善事业。在经济发达国家，慈善事业被称为市场分配、政府分配之外的社会“第三次分配”，对维护社会公平起到非常重要的作用。我国的慈善事业还处于初级阶段，需要政府的大力支持来促进其加快发展。

三、稳定经济职能

（一）稳定经济职能的含义

稳定经济职能是指财政通过自身收支活动和实施特定的财政政策，调节社会供求总量与结构，促进经济稳定发展的职能。

市场机制运行的过程，就是使生产要素不断调整并重新配置的过程，使社会总供求不断打破旧的平衡又不断寻求新的平衡的过程，因此，市场经济必然表现出一种周期性的波动。由于熨平经济的周期性震荡无法通过市场本身来实现，只能通过政府的宏观调控来缓解。财政的稳定经济职能，就是通过财政收支活动的调整，对人们的生产、消费、储蓄、投资等行为发生影响，使社会就业率、物价水平、国际收支差额保持在一个合理的区间，以保持经济的稳定增长。

经济稳定是为了经济发展。经济稳定是动态的稳定，是适度增长的稳定，不是静态的稳定，更不是大起大落。经济增长主要指国民生产总值的增加，而经济发展是指物质生产增长的同时带来经济结构的优化和社会经济条件的有效改变。

（二）稳定经济职能的范围

> **思考：**
> 经济稳定与经济发展是什么关系？

市场机制不能自动地实现社会总供求的平衡，客观需要通过政府公共财政活动来调节社会总供求，实现社会总供求大体平衡以维持经济稳定发展。因而，财政稳定经济职能的范围主要表现为公共财政活动对社会总需求和社会总供给的影响。公共财政支出特别是购买支出是社会总需求的一个直接构成因素，其数量和结构必然会影响社会总需求的总量和结构。公共财政也可以通过税收或支出来影响劳动供给、社会投资等从而起到调节社会总供给的效应。

（三）稳定经济职能的目标

稳定经济职能的总体目标是保持经济的稳定发展，实现社会总需求与社会总供给的基本平衡，具体目标包括充分就业、物价稳定、经济发展、国际收支平衡。详细内容在第十一章中讲述。

（四）稳定经济职能的方式

财政实现稳定经济职能的方式主要是财政政策。总体上说，在经济过热时期，实施紧缩性财政政策；在经济萧条时期，实施扩张性财政政策；在经济平衡时期，实施中性财政政策。具体地说，针对社会总需求与社会总供给的不同状态，通过税收、财政支出、转移支付等具体政策来调节。

1. 运用财政政策，逆经济风向调节，促进社会总供求的平衡。经济稳定的目标集中体现为社会总供给和社会总需求的大体平衡。当总需求超过总供给时，财政可以实行紧缩政策，减少支出和增加税收或两者并举，一旦出现总需求小于总供给的情况，财政可以实行适度放松政策，增加支出和减少税收或两者同时并举，由此扩大总需求。针对不断变化的经济形势而灵活地变动支出和税收，被称为“相机抉择”的财政政策。

2. 运用财政制度，对经济发挥“自动”稳定的作用。主要通过制定累进所得税制度和失业救济金制度等来实现。从原则上说，凡是业已规定了的，当经济现象达到某一标准就必须安排的收入和支出，均具有一定的“自动稳定”作用。

3. 合理安排财政收支结构，促进经济结构的优化。例如，通过投资、补贴和税收等多方面安排，加快农业、能源、交通运输、邮电通信等公共设施的发展，消除经济增长中的“瓶颈”，并支持第三产业的兴起，加快产业结构的转换，保证国民经济稳定与高速的最优结合。

4. 保障社会公共需要，为经济和社会发展提供和平和安定的环境。提高治理污染，保护生态环境以及文教、卫生支出的增长速度，同时完善社会福利和社会保障制度，使增长与发展相互促进、相互协调，避免出现某些发展中国家曾经出现的“有增长而无发展”或“没有发展的增长”的现象。

相关资料

新中国历任财政部长

第一任：薄一波，1949 年 10 月 19 日至 1953 年 9 月 18 日。

第二任：邓小平，1953 年 9 月 18 日至 1954 年 6 月 19 日。

第三任：李先念，1954 年 6 月 19 日至 1975 年 1 月 17 日。

第四任：张劲夫，1975 年 1 月 17 日至 1979 年 8 月 17 日。

第五任：吴　波，1979 年 8 月 17 日至 1980 年 8 月 16 日。

第六任：王丙乾，1980 年 8 月 16 日至 1992 年 9 月 3 日。

第七任：刘仲藜，1992 年 9 月 3 日至 1998 年 3 月。

第八任：项怀诚，1998 年 3 月至 2003 年 3 月。

第九任：金人庆，2003 年 3 月至 2007 年 8 月。

第十任：谢旭人，2007 年 8 月至 2013 年 3 月。

第十一任：楼继伟，2013 年 3 月至 2016 年 11 月。

第十二任：肖　捷，2016 年 11 月至今。

【重要概念】

公共需要　市场失灵　公共物品　外部效应　非排他性　非竞争性　公共财政　资源配置职能　收入分配职能　稳定经济职能

【思考与实训】

1. 列举生活中你遇到的与财政有关的事项。
2. 谈谈你体会的市场失灵。
3. 调查你所在地近几年财政改革情况，并思考其利与弊。

4. 查找资料和调查，思考我国财政应如何更好地发挥其职能？

【分析与讨论】

这些年我国财政改革不断深化，许多方面取得较好成效，结合你掌握的资料，你认为财政改革还存在哪些问题？应该如何进一步深化改革？

第二章

财政支出

学习要点

- 财政支出规模和结构
- 一般公共服务支出
- 社会保障支出
- 教科文卫支出
- 政府采购制度
- 绩效评价方法

导读

政府的钱花在哪里

2016 年，我国一般公共预算支出 187 841 亿元。主要支出项目：教育支出 28 056 亿元，增长 6.8%；科学技术支出 6 568 亿元，增长 12%；文化体育与传媒支出 3 165 亿元，增长 2.9%；社会保障和就业支出 21 548 亿元，增长 13.3%；医疗卫生与计划生育支出 13 154 亿元，增长 10%；城乡社区支出 18 605 亿元，增长 17.1%；农林水支出 18 442 亿元，增长 5.9%；住房保障支出 6 682 亿元，增长 4.3%；债务付息支出 4 991 亿元，增长 40.6%。

那么，我国财政支出的规模有多大，支出结构如何，支出绩效如何评价……本章为你解读财政支出。

第一节　财政支出概述

财政支出，是政府对已经集中的财政收入进行有计划的再分配活动，也就是政府为了满足社会公共需要而对财政资金进行有计划的支付活动。财政支出是财政分配的第二阶段，它规定了政府活动的范围和方向，是政府行使职能的财力保证，也是政府调控国民经济的重要手段。

一、财政支出分类

（一）按财政支出性质分类

按性质分类，可以把财政支出分为购买性支出和转移性支出。

1. 购买性支出。**购买性支出是政府用于购买商品和劳务的支出。**它既包括政府购买日常行政管理所需商品和劳务的支出，也包括政府投资兴办各项事业所需商品和劳务的支出。如行政管理支出、国防支出、公共事业支出、公共投资支出等。这些支出项目的具体用途有所不同，但都有一个共同点：政府一方面付出资金，另一方面相应地获得了物品或劳务，并运用这些物品或劳务来履行政府的各种职能。它所体现的是政府的市场性再分配活动。

2. 转移性支出。**转移性支出是政府财政资金单方面的、无偿转移的支出。**即通过财政支出将财政资金向公民或经济主体进行单方面的无偿支付，不相应取得商品和劳务。如社会保障支出、财政补贴支出、公债支出、捐赠和援助支出等。这些支出的具体用途有所不同，但都有一个共同点：政府付出了资金，却无任何物品或劳务所得，不存在交换的问题。它所体现的是政府的非市场性再分配活动。

在财政支出总额中，购买性支出所占的比重大些，财政活动对生产和就业的影响就大些，通过财政所配置的资源规模就大些。联系财政的职能来看，以购买性支出占较大比重的支出结构的财政活动，执行配置资源的职能较强；以转移性支出占较大比重的支出结构的财政活动，则执行收入分配的职能较强。

思考：

为什么说转移性支出占较大比重的财政活动，执行收入分配的职能较强？

这种分类有利于强化对财政分配活动的控制，有利于分析财政支出对宏观经济运行的影响。

（二）按财政支出功能分类

财政支出功能分类就是按政府主要职能活动进行分类，反映政府各项职能活动及其政策目标。

根据《2016年政府收支分类科目》，我国政府支出功能分类设置为一般公共服务、外交、国防、公共安全、教育、科学技术、文化体育与传媒、社会保障和就业、社会保险基金、医疗卫生与计划生育、节能环保、城乡社区事务、农林水事务、交通运输、资源勘探电力信息等事务、商业服务业等事务、金融支出、援助其他地区支出、国土资源气象等事务、住房保障支出、粮油物资储备、预备费、国有资本经营预算支出、其他支出、债务还本支出、债务付息支出、债务发行费用和转移性支出等33类。

这种分类能够清晰反映政府各项职能活动支出的总量、结构和方向，便于根据建立公共财政体制的要求和宏观调控的需要，有效进行总量控制和结构调整；支出按功能分类符合国际通行的做法，这种分类方法将各部门和单位相同职能的支出归于同一个功能下，不受国家政府组织机构差别的影响，有利于进行国际比较。

（三）按财政支出经济性质分类

财政支出经济性质分类就是按支出的经济性质和具体用途进行的分类。在支出功能分类明确反映政府职能活动的基础上，支出经济分类明细反映政府的钱究竟是怎么花出去的。支出经济分类与支出功能分类从不同侧面、以不同方式反映政府支出活动，两者相对独立又相互联系。

财政支出经济性质分类具体包括：工资福利支出、商品和服务支出、对个人和家庭的补助、对企事业单位的补贴、转移性支出、债务利息支出、基本建设支出、其他资本性支出、其他支出等。

这种分类方法使政府支出分类体系更加完善，使政府每一项支出的具体用途得以真实具体的反映，更加全面、清晰地反映政府支出情况。这种分类是细化部门预算的重要条件，同时也是预算单位执行预算和进行会计核算的基础。

此外，还有一些其他的分类方法，如财政支出权限分类、按使用部门分类等。

相关知识

民生支出

按照财政部统计口径，民生支出分为“与民生直接相关的支出”和“与民生密切相关的支出”，其中，“与民生直接相关的支出”包括教育、文体传媒、社保和就业、医疗卫生、住房保障等5个类级科目；“与民生密切相关的支出”包括科技、节能环保、城乡社区事务、农林水、交通运输、商业服务业、国土资源气象、粮油物资储备等8个类级科目。

二、财政支出规模

（一）财政支出规模的衡量

财政支出规模，是指政府在一个财政年度内所安排的财政支出数量。它可用绝对量表示，也可用相对量反映。

1. 财政支出的绝对量，就是一个财政年度内安排的财政支出的实际数量。它可以按照不同的要求或目的加以细分，如中央财政支出总量、地方财政支出总量等。财政支出的绝对量直观反映了政府在一个财政年度内的财政支出规模，体现了财政支出总量与财政收入总量的相互关系，也体现了财政支出总量与宏观经济运行的相互关系。但要科学地研究财政支出规模，只看财政支出的绝对量是不够的，更重要的还要看财政支出的相对量。

2. 财政支出的相对量，是指一个财政年度内财政支出总量与相关经济指标的比率。这里的相关经济指标主要是指国内生产总值（GDP）。因而反映财政支出相对量的指标主要是财政支出占GDP的比率。它反映了在一个财政年度中全部GDP由政府支配的份额，也就反映了社会经济资源在政府配置和市场配置之间的比例关系。

此外还需关注两个指标：财政支出边际倾向和财政支出弹性。

财政支出边际倾向，是指财政支出增加额与 GDP 增加额相比的系数。一般来说，国民经济运行正常，财政支出边际倾向是基本稳定的。如新增 GDP 部分政府控制的比例提高，财政支出边际倾向就会提高。

财政支出弹性，就是财政支出增长率与 GDP 增长率相比的系数。如果财政支出增长率慢于 GDP 增长率，则财政支出弹性会缩小。

（二）影响财政支出规模的因素

财政支出占 GDP 比重的直接决定者是财政收入占 GDP 的比重。因而，影响财政收入占 GDP 比重的因素（经济发展水平、分配政策、政府职能、物价水平等，见第三章），也会影响财政支出的规模。当然影响财政支出规模的还有其他特殊因素：

1. 人口数量。随着人口规模增大，财政支出规模将不得不扩大。像学龄儿童数量的增多，教师数量与教育部门的投入品也要相应地增加。

2. 国际因素。如局部战争不断，甚至威胁国家安全，则政府的国防支出必然增加。

3. 财政支出效率。采用科学化精细化管理，则有利于提高财政支出效益；如果管理无方，则会造成财政资金浪费甚至支出规模膨胀。

（三）财政支出规模的变化趋势

财政支出增长似乎是市场经济国家经济发展中的一条规律。

1. 因政府活动扩张而增长。德国经济学家瓦格纳通过对许多国家资料的分析，得出“政府活动扩张法则”：政府活动不断扩张所带来的财政支出的不断增长，是社会经济发展的一个客观规律。他把导致财政支出增长的因素分为政治因素和经济因素。政治因素就是市场关系的复杂引起对商业规律、司法治安等的需求，这就要求政府将更多的资源用于提供治安和法律设施等。经济因素就是经济发展推进了城市化进程，需要政府提供的公共物品或劳务的范围越来越大。

2. 因政府收入增长而增长。英国经济学家皮考克和威斯曼认为，财政支出的增长是由于财政收入的增长造成的，即“收入增长引致论”或称“内外因素论”。内在因素是指在税率不变的情况下，由于经济发展、GDP 的增加，政府所得的税收收入也会增长，而追求政治权利最大化的政府是会多支出的，于是政府支出会增长。外在因素是指经济发展遭遇动荡（战争、饥荒等），这时政府的财政支出要增加，政府就会提高税率。但动荡过后，税率水平和财政支出规模不会退回到原来的水平上。

3. 因经济发展阶段不同而增长。美国经济学家马斯格雷夫和罗斯托用“经济发展阶段论”来解释财政支出增长的原因。他们认为，在经济发展早期，政府投资在全社会投资中占有较高比重，因为政府要为经济发展提供必要的基础设施。在经济发展的中期，政府投资应继续进行，但主要是对私人投资的补充。经济发展进入成熟阶段，财政支出将转向不断增长的教育、保健、社会福利等方面，且这方面支出的增加会超过其他支出的增长，也会快于 GDP 的增长。

4. 因官僚行为而增长。按照公共选择理论的观点，官僚是指负责执行通过政治制度作出的集体选择的代理人集团，明确地说是指负责提供服务的政府部门。经济学家们经常假设个人是以追求自身利益为最大目标，美国经济学家尼斯克南认为，官僚以追求机构最大化为目标，政府机构不断膨胀，导致财政支出规模不断扩大，甚至财政支出规模的增长超出了公共品最优产出水平所需要的支出水平。

（四）我国的财政支出规模

近年，我国财政支出规模呈持续增长趋势。2015年全国财政支出175 768亿元，增长15.8%。其中：中央本级一般公共预算支出25 549亿元，增长13.2%；地方财政用地方本级收入、中央税收返还和转移支付资金及动用结转结余等安排的支出150 219亿元，增长16.3%。

> **讨论：**
>
> 了解一下其他同类国家的财政支出规模，结合我国国情，你认为怎样的财政支出规模是合理的？

一般而言，财政支出占GDP的比重越高，说明财政参与GDP分配的比例就越高、社会财力就越集中、政府对国民经济运行的介入程度也就越高。但这一比重并不是越高越好，也不是越低越好，它有一个合理的限度。理论上说，合理的财政支出规模应当充分保证国家基本职能的实现、经济资源的合理配置，还要有效地推动社会进步。具体地说，就是要有合理的财政支出占GDP的比重，还要有合理的财政支出边际倾向和财政支出弹性。

三、财政支出结构

财政支出结构，是指财政资金用于各方面的数量、比例及相互关系。实际上就是按照不同的要求和分类标准对财政支出进行归纳、综合所形成的财政支出类别构成及比例关系。财政支出结构直接关系到政府动员社会资源的程度，其对市场经济运行的影响可能比财政支出规模的影响更大。

一国财政支出结构的现状及其变化，表明了该国政府正在履行的重点职能以及变化趋势。

（一）制约财政支出结构的因素

制约财政支出结构的因素主要有三个：

1. 政府职能。财政支出是政府活动的资金来源，也是政府活动的直接成本。因此，政府职能的大小及其侧重点，决定了财政支出的规模的结构。如政府职能侧重于社会管理，则政府活动也主要在社会活动领域，那么财政支出中的社会公益事业支出、社会保障支出等所占比重就会提高；如国家的经济职能较强，则财政支出中用于经济建设支出的比重将提高。

2. 经济发展阶段。同一个国家，由于所处的经济发展阶段不同，财政支出结构也会不同。一般来说，在经济发展的早期阶段，财政投资支出应占较大的比重，交通、通讯、水利等基础设施具有极大的外部性，政府必须加大投资力度以创造良好的投资环境；在经济发展的中期，财政投资只是私人投资的补充，因为一方面是许多基础设施建设已基本完成，另一方面是私人部门的资本积累较为雄厚，这时的财政投资支出增长率会放慢，而公共消费支出比重会不断提高；在经济发展的成熟期，财政投资的增长率可能会回升，因为这时的人均收入水平提高，人们对生活质量提出更高的要求，需要更新基础设施，同时用于社会保障和收入分配方面的资金比重将会较大幅度地提高。

3. 资源配置方式。如果资源配置以政府集中配置为主，则政府财政支出中的经济建设支出所占比重会较大，公益事业支出和社会保障支出的比重较低；如果资源配置以市场为基础，则政府财政支出中的公共事业支出、社会保障支出等会增长。

（二）我国财政支出中存在的主要问题

1. 财政支出的范围不够规范，存在着“越位”、“缺位”现象。财政支出责任与职能范围没有根据市场经济发展的需求进行调整，许多该由市场解决的问题，政府却大包大揽，浪费了稀缺的财政资源，而另外一些应该由财政供给的领域却出现保障不足或无力保障的局面。这不仅使政府宏观调控的职能和力度弱化，也不利于市场经济体制的建立与完善。

2. 经济建设支出的占比偏高。我国财政在经济建设方面的支出 2015 年达到 13%，高于发达工业国家 5% ~10%。尤其是经济建设支出内部框架不合理，政府参与的竞争性、经营性项目过多，而用于基础设施、公用事业等方面的支出明显不足。

3. 行政支出的占比过大，分配结构存在缺陷。主要表现在三个方面：一是成本高而效率低；二是行政管理支出的形式和结构不合理；三是对行政管理支出控制不严格。

4. 文教卫生支出占比偏低且上升缓慢。目前财政支出对文化事业的投入与其所承担的职责和任务极不相称，影响了文化事业的发展。从国际比较来看，文教卫支出在财政支出中的比重仍低于世界平均水平，也与发达国家存在着较大差距。

5. 社会保障支出明显不足。主要表现在四个方面：一是支出总量不足；二是支出增长缓慢；三是结构不合理，地区差异较显著；四是社保资金增值困难甚至出现减值的情况，有安全隐患。

要使我国的财政支出结构更加合理化，必须进一步转变政府职能，科学界定财政支出项目，优化财政支出结构，强化财政支出管理。

相关资料

我国财政支出占 GDP 的比重

年份	财政支出（亿元）	GDP（亿元）	财政支出占 GDP 的比重（%）
1978	1 122.1	3 624.1	30.96
1990	3 083.6	18 667.8	16.52
1998	10 798.2	84 402.3	12.79
2007	49 781.4	257 305.6	19.35
2008	62 592.7	300 670.0	20.82
2009	76 299.9	335 353.0	22.75
2010	89 874.2	397 983.0	22.58
2011	108 930.0	471 564.0	23.10
2012	125 952.9	540 367.4	23.30
2013	140 212.1	595 244.4	23.56
2014	151 785.6	643 974.0	23.57
2015	171 500.0	676 708.0	25.34

第二节　财政支出的主要内容

一、一般公共服务支出

（一）一般公共服务支出的概念

一般公共服务支出，是指财政用于国家各级权力机关、行政管理机关行使其职能所发生的费用开支。它反映着国家性质和一定时期政治经济任务的主要方向，决定于国家政权结构及其范围。

（二）一般公共服务支出的内容

一般公共服务支出具体包括人大事务、政协事务、政府办公厅（室）及相关机构事务、发展与改革事务、统计信息事务、财政事务、税收事务、审计事务、海关事务、人事事务、纪检监察事务、人口与计划生育事务、商贸事务、知识产权事务、工商行政管理事务、食品和药品监督管理事务、质量技术监督与检验检疫事务、国土资源事务、海洋管理事务、测绘事务、地震事务、气象事务、民族事务、宗教事务、港澳台侨事务、档案事务、共产党事务、民主党派及工商联事务、群众团体事务、彩票事务、国债事务、其他一般公共服务支出。

（三）一般公共服务支出的管理

一般公共服务支出是一项为社会提供服务的公共管理支出，其支出水平具有“刚性”的特征，但其消费性质又决定了一般公共服务支出应尽力节约使用。从我国的情况来看，我国一般公共服务支出要合理、适度，不能超越社会经济发展水平，更不能超越国家财政的承受能力。管理方法包括：

> **讨论：**
>
> 了解一下外国政府公务支出的相关情况。你如何看待我国的“公务消费”？

1. 规范一般公共服务支出范围。
2. 按市场经济要求健全制度，加强财务管理，优化支出结构。
3. 执行预算法，严格预算管理，强化预算约束力。

相关案例

2014 年 7 月 16 日，《关于全面推进公务用车制度改革的指导意见》下发。按照方案，我国取消一般公务用车，普通公务出行社会化，适度发放公务交通补贴。中央和国家机关补贴标准为司局级每人每月 1 300 元，处级每人每月 800 元，科级及以下每人每月 500 元。地方公务交通补贴标准不得高于中央和国家机关补贴标准的 130%，边疆民族地区和其他边远地区标准不得高于中央和国家机关补贴标准的 150%。中央和国家机关公务用车制度改革已在 2014 年底完成，地方党政机关公务用车制度改革已在 2015 年底完成。

对此你有何看法？

二、外交、国防与公共安全支出

（一）外交支出

外交支出，是财政为保证对外交往工作的正常开展而安排的资金。对外交往包括国际间政治、经济、文化各方面交流勾通和合作。外交支出经费使用计划的安排应遵循“统筹兼顾，保证重点”的原则，确立严格的经费使用报批程序和审批权限，使有限的资金发挥更大的效益。

外交支出的主要内容包括：外交管理事务、驻外机构、对外援助、国际组织、对外合作与交流、对外宣传、边界勘界联检、其他外交支出。

（二）国防支出

国防支出，是指财政用于现役部队及国防后备力量、国防动员及其他国防方面的费用支出。国防支出水平一般由以下几类因素决定：

1. 经济发展水平的高低。国防支出规模从根本上说是由经济实力决定的，经济实力越强，能用于国防方面的支出就可能大；经济实力越弱，国防开支就会受到很大的限制。

2. 国家管辖控制的范围大小。一个国家领土越大、人口越多，用于保卫国土、保护国民安全的防护性开支就会越大。

3. 国际政治形势的变化情况。在爆发军事战争或处于军事对峙时期，国防开支会大幅上升；和平时期，国家周边外交政策比较成功，与邻近国家和睦相处时，国防开支会相应减少。

4. 物价水平和技术标准。一定时期的国防支出必然受到物价水平和各种技术标准的制约，并与之成正比关系变化。

> **思考：**
> 查阅资料，了解世界上主要发达国家的国防支出情况，并与我国进行对比。

（三）公共安全支出

公共安全支出是反映政府维护社会公共安全方面的支出。主要包括：武装警察、公安、国家安全、检察、法院、司法、监狱、劳教、国家保密、其他公共安全支出。

三、教育科技文化卫生支出

（一）教科文卫支出的概念

教育科技文化卫生支出，是指国家财政用于文化、教育、科学、卫生等事业的经费支出。它属于社会公共消费性支出。教科文卫事业虽然不直接创造物质财富，但它是社会发展、人类进步所不可缺少的。

（二）教科文卫支出的内容

1. 教育支出，主要包括教育管理事务、普通教育、职业教育、成人教育、广播电视教育、留学教育、特殊教育、教师进修及干部继续教育、教育附加及基金支出、其他教育支出。

2. 科学技术支出，主要包括科学技术管理事务、基础研究、应用研究、技术研究与开发、科技条件与服务、社会科学、科学技术普及、科技交流与合作、其他科学技术支出。

3. 文化体育支出，主要包括文化、文物、体育、广播影视、新闻出版、其他文化体育与传媒支出。

4. 医疗卫生支出，主要包括医疗卫生管理事务、医疗服务、社区卫生服务、疾病预防控制、卫生监督、妇幼保健、农村卫生、中医药、其他医疗卫生等支出。

（三）完善教科文卫支出

教科文卫支出虽属于社会消费性支出，但其提供的并非都是纯公共品，有些属于准公共产品或混合品。因此，其费用也不应该完全由政府的税收来补偿。为了促进各项事业的健康发展，提高财政公共事业支出的效益，从总体上说，应建立政府财政与社会公众共同出资的费用分担机制。按照这一思路，可把公共事业分为纯公益性事业、半公益性事业和经营性事业。把经营性事业和一部分半公益性事业有计划地推向市场，形成事业产业。

1. 教科文卫事业在社会经济发展中居于重要地位，财政工作一方面要在支出安排上加大投资力度，另一方面要加强管理，提高资金使用效率。

2. 逐步提高教育支出占 GDP 的比重。

3. 对于科学技术支出，除政府公共财政拨款补助少量大院大所发展成为国家工程技术研究中心外，其他应以各种形式与企业和经济实体联合，建立多种形式、多种所有制、多层次的技术开发服务体系。

4. 对于文化、卫生、体育事业支出，也应遵循政府和社会共同兴办的原则，凡是有营利能力的文化、卫生、体育事业，政府财政资金应退出。

讨论：

在教育经费有限的情况下，你认为职业教育和高等教育哪个应该优先发展？

相关链接

2016 年 7 月，中共中央办公厅、国务院办公厅印发了《关于进一步完善中央财政科研项目资金管理等政策的若干意见》。提出改进中央财政科研项目资金管理：一是简化预算编制，下放预算调剂权限；二是提高间接费用比重，加大绩效激励力度；三是明确劳务费开支范围，不设比例限制；四是改进结转结余资金留用处理方式；五是自主规范管理横向经费。同时，完善中央高校和科研院所差旅会议管理、仪器设备采购管理、基本建设项目管理。

四、社会保障支出

（一）社会保障的内容

社会保障，是指国家依据一定的法律和法规，在劳动者或全体社会成员因年老、疾病、伤残丧失劳动能力或丧失就业机会以及遇到其他事故而面临生活困难时，向其提供必不可少的基本生活保障和社会服务。

社会保障是由多种保障形式组成的一个体系，构成这个体系的主要内容是：

1. 社会保险。社会保险是指国家根据法律，强制由劳动者、企业、政府三方共同筹集基金，在劳动者及其家属生、老、病、伤、残、失业时给予的物质帮助。社会保险是最基本的社会保障项目，是现代社会保障的核心内容。其主要内容有：养老保险、失业保险、医疗保险、生育和疾病保险、伤残保险、工伤保险、丧葬和遗属保险。

2. 社会救助。社会救助是指通过政府财政拨款，保障生活确有困难的贫困者最低限度的生活需要。主要特点有：全部费用由政府从财政资金中解决，接受者不需要缴纳任何费用；受保人享受社会救助待遇需要接受一定形式的经济状况调查，政府向符合救助条件的个人或家庭提供救助。其对象主要有：因残疾或伤残丧失劳动能力者，因天灾人祸陷入生活困境者，低于国家规定最低生活水准者，无生活来源的鳏寡孤独者等。

3. 社会福利。社会福利是指政府出资为那些生活困难的老人、孤儿和残疾人等特殊困难群体提供生活保障而建立的制度。其主要内容有：社会津贴（如物价补贴）、职业福利（行业或企业自身为职工提供的资金和服务）、社会服务（为有特殊困难的孤老残幼提供的设施和服务）。

4. 社会优抚。社会优抚是指对政府和社会有功劳的特殊社会群体给予补偿和褒扬的一种制度，主要包括：对现役军人的安置；对现役军人及其家属的优抚；对烈属和残疾军人的抚恤；对军人退役后的生活保障等。

（二）社会保障支出

社会保障支出，是财政对丧失劳动能力、失去就业机会以及遇到其他事故而面临经济困难的社会成员提供基本生活保障的支出。与上述社会保障体系的构成内容是不等同的。按财政支出功能分类，包括社会保障和就业支出、社会保险基金支出两类。

1. 社会保障和就业支出，包括社会保障和就业管理事务、民政管理事务、财政对社会保险基金的补助、补充全国社会保障基金、行政事业单位离退休、企业关闭破产补助、就业补助、抚恤、退役安置、社会福利、残疾人事业、城市居民最低生活保障、其他城镇社会救济、农村社会救济、自然灾害生活救助、红十字事业、其他社会保障和就业支出。

2. 社会保险基金支出，包括基本养老保险基金支出、失业保险基金支出、基本医疗保险基金支出、工伤保险基金支出、生育保险基金支出、其他社会保险基金支出。

（三）我国的社会保障制度及其完善

我国的社会保障制度始建于20世纪50年代初。几十年来，社会保障制度从无到有、保障项目从少到多、保障范围从小到大、保障水平从低到高，取得了较好的社会效果，对维护社会安定和促进经济发展发挥了积极作用。但是，我国目前的社会保障制度与市场经济发展的要求还不相适应，主要体现在：

> **讨论：**
>
> 你和你的家庭享受过哪些政府提供的社会保障服务？

1. 社会保障的覆盖面不广。应逐步提高社会保障的社会化程度，建立一个包容社会各领域，真正面向全社会、多层次的社会保障体系。随着市场经济的不断完善，应逐渐把非国有经济及个体劳动者都纳入不同形式的社会保障制度范围内，让他们共同享受同等的权利。

2. 社会保障资金运用管理保障资金的运作效率不高。要改变这一状况，一是要进一步完善社会统筹与个人账户相结合的筹资方式，不断扩大范围，以减轻保障负担，使政府能集中财力满足社会救济和社会福利等保障项目的需要。二是要拓宽社会保障资金的筹集渠道，规范社会福利彩票和体育彩票发行管理办法，改进发行机制，扩大发行规模，用于补充社会保障基金。三是要加强社会保障基金的监督管理和保值增值。要研究和制定在政府宏观调控政策指导下社会保险基金用于投资的渠道和办法，建立社会保险监督组织，各级政府部门之间要建立分工协作的行政管理体系和监督体系，切实增加社会保险基金管理的规范性和透明度，提高社会保障管理体系的运转效率。

从财政角度来看，未来我国社会保障建设应重点考虑以下几点：

第一，开征社会保障税，以保证社会保障基金的稳定增长。这可以说是我国社会保障制度改革的必然趋势。从世界范围看，社会保障税是各国筹集社会保障基金的理想手段，使其成为政府履行社会保障功能的主要资金来源。

第二，调整财政支出结构，提高社会保障支出在财政支出中的比重。把隐藏在其他财政支出中的有关社会保障支出的内容显现出来，在总量上适度增加社会保障支出。

第三，建立社会保障预算。在复式预算制度下，社会保障预算应成为特种预算的一个重要内容，以加强社会保障的计划管理，使社会保障基金收支相互对应，提高保障基金运用的规范化程度和科学化水平。

第四，做好农村社会保障工作。农村社会保障是我国社会保障体系中最脆弱的环节。如果不解决这一部分人的社会保障问题，社会保障制度改革完善的成效很难评判。鉴于我国农村地域的广阔性及地区差异，可逐步地、有选择地、低起点地推进农村社会保障。

相关资料

最低生活保障

2015 年末，全国享受最低生活保障人数为 6 611.2 万人，其中：1 708.0 万人享受城市居民最低生活保障，4 903.2 万人享受农村居民最低生活保障。全国城市居民最低生活保障月人均标准达到 450.1 元，比 2010 年末的 251.2 元增长 79.2%，年均增长率达到 12.5%。全国农村最低生活保障年人均标准达到 3 182.3 元，比 2010 年末的 1 404 元增长 126.7%，年均增长率达到 17.2%。截至 2015 年底，城乡低保月人均支出水平分别达到了 303.4 元和 144.6 元。

五、农林水事务支出

（一）农林水事务支出的概念

农林水事务支出，是指财政用于农业、林业、水利事务方面的支出。

（二）农林水事务支出的主要内容

农林水事务支出具体包括：农业支出、林业支出、水利支出、南水北调支出、扶贫支出、农业综合开发支出、其他农林水事务支出等。这里的“农业支出”是指大口径的农业方面的支出，具体包括种植业、畜牧业、渔业、兽医、农机、农垦、农场、农业产业化经营组织、农村和垦区公益事业等方面的支出。

思考：

查阅“中央一号文件”，至今已连续发布多少年？主要关注哪个行业？

相关链接

村级公益事业一事一议财政奖补，是政府对村民一事一议筹资筹劳开展村级公益事业建设进行奖励或补助的政策。财政奖补资金主要由中央和省级以及有条件的市、县财政安排。奖补范围主要包括：农民直接受益的村内小型水利设施、村内道路、环卫设施、植树造林等公益事业建设，优先解决群众最需要、见效最快的村内道路硬化、村容村貌改造等公益事业建设项目。财政奖补既可以是资金奖励，也可以是实物补助。今后将继续提高政府对农民筹资筹劳的奖补力度和中央财政占政府奖补资金的比例，进一步完善一事一议财政奖补机制，深入推进村级公益事业建设均衡有序发展。

六、财政投资支出

（一）财政投资支出的概念

财政投资支出，是指政府通过预算安排用于公共性质项目的资金支出。

与非政府部门的投资相比，财政投资支出具有三个特点：投资动因的社会性、投资行为的自觉性、投资使用的无偿性。政府通常根据宏观经济政策目标，结合非政府投资的状态来安排自身投资的方向、规模与结构，使全社会的投资达到优化状态。通过产业政策的引导作用，通过政府投资的导向作用，并通过税收、财政补贴、折旧政策等，来制约非政府投资的条件，调控非政府投资的方向。

公共财政条件下的财政投资支出领域应该是市场失灵领域。西方国家一般是从市场调节走向政府干预，而我国是从政府干预走向市场调节。当然，随着我国市场经济体制的逐步完善，财政投资支出的领域也会变化。

讨论：

为什么说我国财政投资支出的领域不能完全照搬西方发达国家的做法？

（二）财政投资支出的内容

按照投资项目的性质不同，可以把财政投资项目划分为公益性投资项目、基础性投资项目和竞争性投资项目三大类。

公益性投资项目，是指科学、文化、教育、卫生、体育、环境保护、广播电影电视等公共事业设施，公检法等政权设施，政府、社会团体、国防等公益设施。公益性投资项目主要是满足社会公共需要，是政府为巩固国防、保障社会安全、满足人民物质和精神生活需要而投资建设的项目。它具有社会效益高而经济效益低的特点，应由政府进行投资。

基础性投资项目，是指农、林、牧、渔、水利、气象、交通、邮电通讯、城市公用设施等基础设施，能源等基础工业以及一部分支柱产业项目。基础性投资项目不仅与生产发展有关，也与人民生活质量的提高有关，它具有资金需求量大、产品（服务）需求量多、建设周期长、投资回收期长、兼有经济效益和社会效益等特点。全部基础性项目都由政府来投资是不现实的，私人部门也可参与基础性项目的投资。但基础设施建设应成为今后一段时间政府财政投资支出的一个重点领域。要说明的是，支柱产业项目理应属于竞争性项目，但由于支柱产业项目的一部分属于国家的幼稚产业或属于高新技术产业，在我国仍然属于市场失灵领域，仍然需要政府支持，因此暂且把它们归入基础性项目。

竞争性投资项目，是指工业（不含能源）、建筑业、商业、房地产业等营利性投资项目。这些投资项目在经营上具有很强的竞争性，投资效益具有明显的排他性，提供的是私人品，不属于市场失灵领域，因此不属于财政投资支出的范围。

（三）财政投资支出的管理

我国目前不论是从财政投资占全社会投资的比重看，还是从财政投资占 GDP 的比重看，都呈现逐渐下降的趋势。其中有些年份的比重有所上升，是因为经济出现衰退，政府采取措施（如积极财政政策）增加财政投资支出所致。

财政投资支出的管理包括立项管理、筹资管理、建设管理等内容。

立项管理：是指根据项目受益范围大小、投资数额多少及项目在社会经济发展中的重要性等因素，分别由中央政府和地方政府立项。中央政府的投资项目，主要是中央政府机关、国防外交及跨省区的重大公共工程和事业设施，其余项目按“谁受益、谁投资”的原则分别由各级地方政府立项决策。

筹资管理：是指按照中央与地方的事权划分和分税制体制的要求，中央项目所需投资由中央财政安排，地方项目所需投资由地方财政安排。各级财政的投资项目原则上由公共财政的税收收入进行无偿拨款解决，但对于有些公益性项目和基础性项目的投资，可鼓励捐赠和由企业、个人投资兴办。

建设管理：是指实施项目责任制和监督措施，建设项目要采用招标、投标方式管理，引入竞争机制，节约投资，提高投资效益。

相关案例

根据交通运输部的统计公报：截至 2015 年底，全国收费公路里程为 16.44 万公里，当年通行费收入 4 097.8 亿元，支出总额为 7 285.1 亿元，收支缺口高达 3 187.3 亿元。事实上，在 2010 年时收费公路还处在盈利的状态。2010 年全国收费公路收支盈余 32.5 亿元，但随后转为缺口并逐年扩大，2015 年的收支缺口甚至是 2014 年的两倍。

对此你有何看法？

七、财政补贴

（一）财政补贴的概念

财政补贴，是政府为了实现特定目的，向企业或公民提供的无偿性资助。它是对国民生产总值的一种再分配，是经济利益转移的一种形式，是政府调控经济运行的重要手段。如运用得好，财政补贴能促进市场价格机制的不断完善、生产要素的合理配置、社会稳定和对外贸易的发展。

（二）财政补贴的内容

财政补贴的内容包括：价格补贴、企业亏损补贴和其他补贴。

> **思考：**
>
> 政府为什么要对有关企业进行财政补贴？

价格补贴，是指由于购销价格倒挂而由财政给予的补贴。

企业亏损补贴，是对国有企业由于客观原因造成的生产经营亏损给予的补贴，也称“政策性亏损补贴”。

其他补贴，是指除上述两种补贴以外的财政补贴，如职工和居民的生活补贴、某些公益事业补贴、财政贴息等。

（三）财政补贴的方式

财政补贴的方式主要是两种：一种是财政退库（暗补），即采取冲减财政收入的方式用于财政补贴。也就是说，通过税收或企业上缴利润等已经进入财政金库的资金，用冲减金库收入来弥补给企业。另一种是列预算支出（明补），即把补贴直接纳入预算支出的内容，价格补贴采用这种方式。我国于1985年后都采取列入预算支出的补贴方式。

（四）财政补贴的完善

实践证明，财政补贴只能作为一种辅助性的调节手段。财政补贴是国家调节国民经济和社会生活的重要杠杆，但是，若补贴范围过广、项目过多，也会扭曲比价关系，削弱价格作为经济杠杆的作用，成为国家财政的沉重负担。在市场经济体制下，必须合理确定财政补贴的范围，适时调整财政补贴的标准，不断加强财政补贴的管理，有效改进财政补贴的方式，使财政补贴真正有效地发挥调节作用。

相关知识

农业支持保护补贴

2016年5月，财政部、农业部印发了《关于全面推开农业“三项补贴”改革工作的通知》，将种粮农民直接补贴、农作物良种补贴和农资综合补贴合并为“农业支持保护补贴”。政策目标调整为：

1. 支持耕地地力保护。补贴对象原则上为拥有耕地承包权的种地农民。鼓励各地创新方式方法，以绿色生态为导向，引导农民深松整地、减少化肥农药用量等措施，切实加强农业生态资源保护，自觉提升耕地地力。

2. 支持粮食适度规模经营。支持对象重点向种粮大户、家庭农场、农民合作社和农业社会化服务组织等新型经营主体倾斜，体现“谁多种粮食，就优先支持谁”。

第三节 政 府 采 购

一、政府采购概述

（一）政府采购的概念

政府采购（又称“公共采购”），是指政府为了实现其职能的需要，按照规定的方式和程序，为政府部门或所属公共部门购买商品和劳务的行为。作为一项财政制度，政府采购制度在世界许多国家施行，并成为政府加强财政支出管理、实施宏观经济调控的有效手段。

1999 年财政部颁布了《政府采购管理暂行办法》，推动了各地政府采购试点工作。2002 年 6 月 29 日，第九届全国人民代表大会常务委员会第 28 次会议通过了《政府采购法》，于 2003 年 1 月 1 日正式实施。《中华人民共和国政府采购法实施条例》2014 年 12 月 31 日已经国务院第 75 次常务会议通过，自 2015 年 3 月 1 日起施行。

思考：

你所了解的政府采购商品有哪些？通过政府采购程序，购买商品或劳务的价格是更高还是更低？

（二）政府采购的特点

1. 资金来源的公共性。政府采购资金来源于财政拨款和需要由财政偿还的公共借款，这些资金最终来源为纳税人的税收、政府公共服务收费和公债收入，即公共资金，是政府能够掌握和运用的资金。

2. 采购活动的非营利性。政府采购是一种非商业性的采购，它不以营利为目的，而是为了实现政府职能和公共利益。

3. 采购对象的广泛性。政府采购的对象从一般的办公用品到武器等无所不包，涉及货物、工程、服务等许多领域。

4. 采购管理的规范性。政府采购要按《政府采购法》进行管理，按照一定的采购方式和程序运作，体现公开、公正、竞争、诚信的原则，接受社会监督。

（三）政府采购的原则

我国政府采购遵循公开透明、公平竞争、公正和诚实信用等原则。

1. 公开透明原则。要求做到政府采购的法规和规章制度、招标信息及开标活动、投诉处理结果及中标或成交结果都要公开，使政府采购活动在完全透明的状态下运作，全面、广泛地接受监督。

2. 公平竞争原则。要求在竞争的前提下公平地开展政府采购活动，要公平地对待每一位供应商，不能有歧视某些潜在的符合条件的供应商参与政府采购活动的现象，以便采购人获得价廉物美的货物、工程和服务，同时还有利于提高企业的竞争能力和自我发展能力。

3. 公正原则。要求政府采购按照事先约定的条件和程序进行，任何单位和个人无权干预采购活动的正常开展。尤其在评标活动中，要严格按照统一的评标标准评定中标或者成交供应商，不得存在任何主观倾向。

4. 诚实信用原则。要求政府采购当事人在政府采购活动中，本着诚实、守信的态度履行各自的权利和义务，讲究信誉，兑现承诺，不得有欺诈、串通、隐瞒等行为。坚持诚实守信原则，能够增强公众对采购过程的信任。

二、政府采购方式

采购方式是政府采购制度的核心内容，它是确立政府采购行为的基本规则。政府采购的方式很多，有公开招标、邀请招标、竞争性谈判、单一来源、询价等。

（一）公开招标采购

公开招标采购，是指采购人按照法定程序，通过发布招标公告的方式，邀请所有潜在的不特定的供应商参加投标，采购人通过某种事先确定的标准从所有投标中择优评选出中标供应商，并与之签订政府采购合同的一种采购方式。

讨论：

为什么说采购方式是政府采购制度的核心？

公开招标采购方式一般具有以下特点：一是程序复杂，要对各个环节和程序作仔细的设计和考虑。二是规模大，这种采购一般属于集中性采购，把各种性能需求相同的采购对象集中起来，以达到规模效益。三是效率高，由于资金量大、集中度高，降低了成本，提高了透明度和竞争性，因此效率也是比较高的。四是耗时较长，由于从发布公告、投标人作出反应、评标到签订合同，有许多时间上的要求，要准备许多文件，因此耗时较长，费用也较高。

（二）邀请招标采购

邀请招标采购，是指采购人根据供应商的资信和业绩，选择若干供应商向其发出投标邀请书，由被邀请的供应商投标竞争，从中选定中标者的招标方式。

这种采购方式一般具有以下特点：一是采购人在一定范围内邀请特定的供应商投标；二是邀请招标无须发布公告，采购人只要向特定的潜在投标人发出投标邀请书即可；三是竞争的范围有限，采购人拥有的选择余地相对较小；四是招标时间大大缩短，招标费用也相应降低。

（三）竞争性谈判

竞争性谈判，是指采购人通过与多家供应商进行谈判，最后从中确定最优供应商的一种采购方式。这种采购方式主要适用于招标后没有供应商投标或者没有合格标的或者重新招标未能成立的、技术复杂或者性质特殊不能确定详细规格或者具体要求的、采用招标所需时间不能满足用户紧急需要的以及不能事先计算出价格总额的采购项目。

（四）单一来源采购

单一来源采购，是指虽然达到了招标采购的数额标准，但由于所采购项目的来源渠道单一，或者发生了不可预见的紧急情况不能从其他供应商处采购，以及必须保证原有采购项目一致性或者服务配套的要求，需要继续从原供应商处添购且添购资金总额不大等特殊情况，只能由一家供应商提供的采购方式，因为它是一种没有竞争的采购，所以也叫直接采购。

（五）询价

询价，是指采购人向有关供应商发出询价单让其报价，然后在报价的基础上进行比较并确定最优供应商的一种采购方式。这种采购方式主要适用于采购的货物规格、标准统一，现货货源充足且价格变化幅度小的采购项目，而且一般采购的额度较小。

另外，还有政府采购监督管理部门认定的其他采购方式。

相关资料

2015 年我国政府采购规模为 21 070.5 亿元，首次突破 2 万亿元，比上年增加 3 765.2 亿元，增长 21.8%；占全国财政支出和 GDP 的比重分别达到 12% 和 3.1%。

三、政府采购制度的完善

我国政府采购制度框架基本上已经形成，相关机构、人员基本组建完毕，采购模式趋于规范，已对政府管理和社会生活产生较重要的影响。

步入“十三五”规划新时期，我国社会经济发展正在经历速度变化、结构优化、动力转换的调整，对深化政府采购制度改革、提高采购质量和效率提出了更高的要求。完善政府采购制度改革还需做好以下工作：

第一，加强需求控制和结果评价。政府采购的理想状态是基于科学合理的预算和采购需求，实现规范有效的供给。因此，恰当地、以尽可能低的成本和代价，获得政府履行公共职责的货物、工程和服务，既是采购科学化的根本目标和出发点，也是检验政府采购是否科学合理的基本标准。

第二，保持公开透明和公众参与，促进政府采购程序、过程和操作规范化。政府采购被称为“阳光采购”，人们常说阳光是最好的防腐剂，政府采购的全过程，都应该在公开、透明的环境中进行。实际上，对于政府采购而言，反腐需要透明度，提高采购质量和效率需要透明度，提高采购与供应对接的程度需要透明度，潜在供应商、社会公众参与和监督政府采购也需要透明度。因此，公开、透明是政府采购科学、合理的最根本保证。

第三，通过优化制度和政策设计，充分发挥政府采购的调节器作用。当前，供给侧结构性改革已经按下快进键，政府采购在整个供给侧改革过程中，扮演着重要角色，所以要从财政政策的要求通盘考虑，在更高的工作层次上积极作为。

思考：

查阅资料，说一说我国的政府采购规模与主要发达国家相比偏大还是偏小？

第四，强化监督和制衡，实现政府采购良治善为。《政府采购法》在主体平等、“管采分离”基础上构建的政府采购管理运行体系，在监管部门、采购人、采购代理机构、评审专家与供应商之间形成了一种制衡机制，即采购人决定“买什么”，而不“组织买”；采购代理机构“组织买”，而不“监督买”；监管部门负责“监督买”，而不参与“组织买”；同时供应商发挥内部监督作用。

相关链接

《中华人民共和国政府采购法实施条例》

第二十条 采购人或者采购代理机构有下列情形之一的，属于以不合理的条件对供应商实行差别待遇或者歧视待遇：

（一）就同一采购项目向供应商提供有差别的项目信息；

（二）设定的资格、技术、商务条件与采购项目的具体特点和实际需要不相适应或者与合同履行无关；

（三）采购需求中的技术、服务等要求指向特定供应商、特定产品；

（四）以特定行政区域或者特定行业的业绩、奖项作为加分条件或者中标、成交条件；

（五）对供应商采取不同的资格审查或者评审标准；

（六）限定或者指定特定的专利、商标、品牌或者供应商；

（七）非法限定供应商的所有制形式、组织形式或者所在地；

（八）以其他不合理条件限制或者排斥潜在供应商。

第四节 政府和社会资本合作

一、政府和社会资本合作的概念

政府和社会资本合作（Public - Private - Partnership，PPP），是指政府通过特许经营权、合理定价、财政补贴等事先公开的收益约定规则，引入社会资本参与基础设施和公共服务的投资和运营，以利益共享和风险共担为特征，发挥双方优势，提高公共产品或服务的质量和供给效率。在该模式下，鼓励私营企业、民营资本与政府进行合作，参与公共基础设施的建设。

PPP具有以下特点：

1. PPP是一种新型的项目融资模式。它主要根据项目的预期收益、资产以及政府扶持措施的力度而不是项目投资人或发起人的资信来安排融资。项目经营的直接收益和通过政府扶持所转化的效益是偿还贷款的资金来源，项目公司的资产和政府给予的有限承诺是贷款的安全保障。

2. PPP融资模式可以使民营资本更多地参与到项目中，以提高效率，降低风险。PPP方式的操作规则使民营企业参与到项目的确认、设计和可行性研究等前期工作中来，这不仅降低了民营企业的投资风险，而且能将民营企业在投资建设中更有效率的管理方法与技术引入项目中来，还能有效地实现对项目建设与运行的控制，从而有利于降低项目建设投资的风险，较好地保障国家与民营企业各方的利益。

3. PPP模式可以在一定程度上保证民营资本“有利可图”。私营部门的投资目标是寻求既能够还贷又有投资回报的项目，无利可图的基础设施项目是吸引不到民营资本的投入的。而采取PPP模式，政府可以给予私人投资者相应的政策扶持作为补偿，从而很好地解决了这个问题，如税收优惠、贷款担保、给予民营企业沿线土地优先开发权等。

4. PPP模式可减轻政府初期建设投资负担和风险。在PPP模式下，公共部门和民营企业共同参与项目的建设和运营，由民营企业负责项目融资，有可能增加项目的资本金数量，进而降低较高的资产负债率，而且不但能节省政府的投资，还可以将项目的一部分风险转移给民营企业，从而减轻政府的风险。同时双方可以形成互利的长期目标，更好地为社会和公众提供服务。

思考：

PPP模式为什么不能用于所有项目？

PPP模式主要适用于政府负有提供责任又适宜市场化运作的公共服务、基础设施类项目。例如：燃气、供电、供水、供热、污水及垃圾处理等市政设施，公路、铁路、机场、城市轨道交通等交通设施，医疗、旅游、教育培训、健康养老等公共服务项目，以及水利、资源环境和生态保护等项目。

相关链接

1992年英国最早应用PPP模式。英国75%的政府管理者认为，PPP模式下的工程达到和超过价格与质量关系的要求，可节省17%的资金。80%的工程项目按规定工期完成，常规招标项目按期完成的只有30%；20%未按期完成的、拖延时间最长没有超过4个月。同时，80%的工程耗资均在预算之内，一般传统招标方式只能达到25%；20%超过预算的是因为政府提出调整工程方案。按照英国的经验，适于PPP模式的工程包括：交通（公路、铁路、机场、港口）、卫生（医院）、公共安全（监狱）、国防、教育（学校）、公共不动产管理。

二、政府和社会资本合作的常见类型

1. 按照服务于社会经济发展的不同方面，PPP项目大致可分为经济、社会和政府三类。经济类包括交通运输、市政公用事业、园区开发、节能环保等领域；社会类包括保障性住房、教育、文化、卫生等领域；政府类主要服务于司法执法、行政、防务等领域。

2. 按照PPP项目运作方式分类，主要包括委托运营（O&M，Operations & Maintenance）、管理合同（MC，Management Contract）、租赁—运营—移交（LOT，Lease - Operate - Transfer）、建设—运营—移交（BOT，Build - Operate - Transfer）、建设—拥有—运营（BOO，Build - Own - Operate）、购买—建设—运营（BBO，Buy - Build - Operate）、移交—运营—移交（TOT，Transfer - Operate - Transfer）、改建—运营—移交（ROT，Rehabilitate - Operate - Transfer）、区域特许经营（Concession），以及这些方式的组合等。具体运作方式的选择主要由PPP项目类型、融资需求、改扩建需求、收费定价机制、投资收益水平、风险

分配基本框架和期满处置等因素决定。

3. 按照社会资本、特许经营者和项目公司获得收入的方式，PPP 项目可分为使用者付费方式、政府付费方式和可行性缺口补助方式。

使用者付费方式通常用于可经营性系数较高、财务效益良好、直接向终端用户提供服务的基础设施项目，如市政供水、城市管道燃气和收费公路等。

政府付费方式通常用于不直接向终端用户提供服务的终端型基础设施项目，如市政污水处理厂、垃圾焚烧发电厂等，或者不具备收益性的基础设施项目，如市政道路、河道治理等。

> **讨论：**
> 你身边有哪些 PPP 项目？它们属于什么类型？

可行性缺口补助方式指用户付费不足部分由政府以财政补贴、股本投入、优惠贷款、融资担保和其他优惠政策，给予社会资本经济补助。该方式通常用于可经营性系数较低、财务效益欠佳、直接向终端用户提供服务但收费无法覆盖投资和运营回报的基础设施项目，如医院、学校、文化及体育场馆、保障房、价格调整之后或需求不足的网络型市政公用项目、交通流量不足的收费公路等。

相关资料

我国的 PPP 项目

财政部 2014 年第一批 PPP 示范项目 26 个（原为 30 个，后调出 4 个），总投资额 1 538 亿元；2015 年第二批示范项目 206 个，总投资额 8 126 亿元；2016 年第三批示范项目 516 个，总投资额 11 708 亿元。

从全国情况来看，截至 2016 年 12 月末，全部入库项目 11 260 个，总投资额 13.49 万亿元。

三、政府和社会资本合作的模式

1. 经营性项目。对于具有明确的收费基础，并且经营收费能够完全覆盖投资成本的项目，可通过政府授予特许经营权，采用建设—运营—移交（BOT）、建设—拥有—运营—移交（BOOT）等模式推进。应放开相关项目的建设、运营市场，推动自然垄断行业逐步实行特许经营。

2. 准经营性项目。对于经营收费不足以覆盖投资成本、需政府补贴部分资金或资源的项目，可通过政府授予特许经营权附加部分补贴或直接投资参股等措施，采用建设—运营—移交（BOT）、建设—拥有—运营（BOO）等模式推进。同时政府通过建立投资、补贴与价格的协同机制，为投资者获得合理回报积极创造条件。

> **思考：**
> PPP 项目对财政有什么意义？

3. 非经营性项目。对于缺乏“使用者付费”基础、主要依靠“政府付费”回收投资成本的项目，可通过政府购买服务，采用建设—拥有—运营（BOO）、委托运营等市场化模式推进。要合理确定购买内容，把有限的资金用在刀刃上，切实提高资金使用效益。

相关知识

PPP 分工

2016 年 10 月 12 日，财政部发布了《关于在公共服务领域深入推进政府和社会资本合作工作的通知》，这是财政部首次提出了统筹推进公共服务领域深化 PPP 改革工作的思路。此前的 8 月 30 日，国家发改委发布了《关于切实做好传统基础设施领域政府和社会资本合作有关工作的通知》，则提出了国家发改委在统筹推进传统基础设施领域 PPP 工作思路。至此，PPP 领域两大部委分工更加明确。

第五节　绩效评价

一、绩效评价的意义

财政支出绩效评价体系，是近些年来出现在西方国家政府公共支出管理中的一项重要制度，其核心是强调公共支出管理中的目标与结果及其结果有效性的关系，形成一种新的、面向结果的管理理念和管理方式，以提高政府管理效率、资金使用效益和公共服务水平。

一个有效的支出绩效评价系统，不仅能向公共服务的提供者显示公众的满足程度和公共预期目标的实现程度，而且也能指明公共支出决策的改进空间和应采取的行动。正是由于财政支出绩效评价在整个财政支出管理中的重要地位和作用，从 20 世纪 50 年代起，许多国家和国际组织、决策研究机构都在公共管理中研究和推行公共支出绩效评价制度。

思考：

为什么说支出绩效评价是深化财政改革的必然要求？

建立财政支出绩效评价体系，实质上是建立一套完整的政府行为约束机制（包括行政约束和舆论约束），使政府各部门以可操作、可量化的形式注重成本与效益。

相关链接

2011 年，财政部先后出台了《财政支出绩效评价管理暂行办法》、《财政部关于推进预算绩效管理的指导意见》等规章制度。2014 年，财政部印发《地方财政管理绩效综合评价方案》。2015 年 11 月，财政部印发《中央对地方专项转移支付绩效目标管理暂行办法》。

二、绩效评价的方法

财政支出绩效评价的形式和方法有多种，下面就基本方法作简要介绍。

（一）成本—效益分析法

成本—效益分析法，就是针对政府实现公共支出目标提出的若干个实施方案，详列各种方案的全部预期成本和预期效益，通过比较分析，选择最优的公共支出方案。成本—效益分析法主要适用于效益是经济的、有形的、可以用货币衡量的支出项目，如公共支出中的公共工程项目。

在成本—效益分析法中，准确地测定各备选项目的成本和效益是一个关键步骤。财政投资项目的社会效益和社会成本非常复杂，须全面深入地分析、鉴定和衡量。

成本—效益分析法对于选择最优工程投资方案，提高公共支出使用效益大有裨益。但由于分析过程复杂、多面，实际运用的难度较大，对政府财政部门及公共支出使用单位工作人员的素质、技术水平要求较高。

> **讨论：**
>
> 成本—效益分析法的难点在哪里？

（二）最低费用选择法

最低费用选择一般不用货币来计量备选的公共支出项目的社会效益，只计算各备选项目的有形成本，并以成本最低为择优的标准。这种方法适用于政府公共开支中的国防、政治、文化、卫生等项目，其成本是易于计算的，但效益却不易衡量，而且通过此类支出所提供的商品或劳务，不可能以任何形式进入市场交换。

最低费用选择法以取得一定社会效益而所需费用的大小为标准来评价公共支出效益的高低。取得同样的效果，如果花费低则效益高，反之则效益低。

> **相关资料**
>
> 《财政支出绩效评价管理暂行办法》规定：绩效评价标准是指衡量财政支出绩效目标完成程度的尺度。绩效评价标准具体包括：（1）计划标准。是指以预先制定的目标、计划、预算、定额等数据作为评价的标准。（2）行业标准。是指参照国家公布的行业指标数据制定的评价标准。（3）历史标准。是指参照同类指标的历史数据制定的评价标准。（4）其他经财政部门确认的标准。

（三）比较分析法

比较分析法，是指将两个以上的可比数字或指标进行对比，以确定差异的方法，如本期支出实际完成数与预算数相比较、本期实际完成数与上期实际完成数相比较。运用比较分析法评价支出效益时，必须使对比的指标在内容、计算方法、度量单位、统计口径等方面保持一致。

此外，还可运用的方法有：目标比较法、因素分析法、专家评议法、公众评判法、询问查证法等。

相关链接

地方财政管理绩效综合评价方案

评价内容主要是地方财政管理情况，具体包括实施透明预算、规范预算编制、优化收支结构、盘活存量资金、加强债务管理、完善省以下财政体制、落实“约法三章”、严肃财经纪律等8个方面，评价得分采用百分制。

（一）实施透明预算（15分）

1. 省级预算公开（7分）；2. 市级预算公开（4分）；3. 县级预算公开（4分）。

（二）规范预算编制（15分）

1. 财政预算编制规范性（4分）；2. 公共财政年初预算到位率（4分）；3. 部门预算管理（4分）；4. 提前下达转移支付到位率（3分）。

（三）优化收支结构（15分）

1. 提高收入质量（6分）：（1）宏观产业税负（3分）；（2）公共财政收入中税收收入占比（3分）。

2. 优化支出结构（9分）：（1）重点支出占比（4.5分）；（2）人均重点支出（4.5分）。

（四）盘活存量资金（15分）

1. 加快支出进度（4分）；2. 清理压缩结余结转资金（4分）；3. 清理压缩总预算暂存暂付款（4分）；4. 清理压缩专项支出财政专户余额（3分）。

（五）加强债务管理（15分）

1. 政府性债务率（6分）；2. 政府性债务新增债务率（4分）；3. 政府性债务逾期率（3分）；4. 政府性债务偿债率（2分）。

（六）完善省以下财政体制（15分）

1. 改善省内支出均衡度（10分）；2. 提高一般性转移支付比重（5分）。

（七）落实“约法三章”（10分）

以禁止新建政府性楼堂馆所、控制财政供养人员增长、控制压缩“三公”经费支出等为对象，评价地方落实“约法三章”的情况。

1. 控制压缩三公经费支出（4分）；2. 控制财政供养人员增长（4分）；3. 禁止新建政府性楼堂馆所（2分）。

（八）严肃财经纪律（-10分）

以财政资金违规情况为对象，评价地方财政资金绩效监督情况，引导和督促地方加强行政权力运行的监督和制约，健全惩治和预防腐败体系。评价内容是财政资金违规情况。

【重要概念】

财政支出　财政支出结构　一般公共服务支出　社会保障支出　政府采购　政府和社会资本合作　财政补贴　成本—效益分析法

【思考与实训】

1. 调查你所在地近些年财政支出情况，思考如何进一步完善财政支出结构。
2. 查找资料和调研，思考我国或你所在省市县财政用于民生支出情况。
3. 调查你所在省市县乡当年的三农支出情况，并思考其利与弊。
4. 查找资料和调研，思考我国政府采购制度应如何更加完善。

【分析与讨论】

“我国行政成本过高”的问题被很多人关注。根据掌握的资料和调研，分析与讨论如何更加有效地管理行政管理支出。

第三章

财政收入

学习要点

- 财政收入的规模和结构
- 税收收入的主要种类
- 公债的发行与偿还
- 公债规模的衡量
- 非税收入的内容
- 财政风险的防范

导读

政府的钱从哪里来

2016年，我国一般公共预算收入159 552亿元。主要收入项目：国内增值税40 712亿元；国内消费税10 217亿元；企业所得税28 850亿元；个人所得税10 089亿元；进口货物增值税、消费税12 781亿元；出口退税12 154亿元；城市维护建设税4 034亿元；车辆购置税2 674亿元；印花税2 209亿元；资源税951亿元；契税4 300亿元；土地增值税4 212亿元；房产税2 221亿元；耕地占用税2 029亿元；城镇土地使用税2 256亿元；车船税、船舶吨税、烟叶税等税收收入870亿元；非税收入29 198亿元。

那么，到底什么是财政收入，它由哪些内容构成，政府为什么要发行公债……本章为你解读财政收入。

第一节 财政收入概述

一、财政收入分类

财政收入，是政府为了满足需要，从分散在各微观主体的生产总值中集中起来的一部分货币资金。财政收入是财政分配的第一阶段，是财政支出的保障，也是政府调节经济运行的重要手段。

（一）按财政收入性质分类

按财政收入性质分类就是把各类政府收入按其性质进行归类和层次划分，以便全面、准确、明细地反映政府收入的总量、结构和来源情况。

根据我国政府收入构成情况，结合国际通行的分类方法，财政收入分为：

1. 税收收入。包括增值税、消费税、企业所得税、个人所得税、资源税、城市维护建设税、房产税、印花税、城镇土地使用税、土地增值税、车船税、船舶吨税、车辆购置税、关税、耕地占用税、契税、烟叶税、其他税收收入。

2. 社会保险基金收入。包括基本养老保险基金收入、失业保险基金收入、基本医疗保险基金收入、工伤保险基金收入、生育保险基金收入、其他社会保险基金收入。

3. 非税收入。包括政府性基金收入、专项收入、彩票资金收入、行政事业性收费收入、罚没收入、国有资本经营收入、国有资源（资产）有偿使用收入、其他收入。

4. 贷款转贷回收本金收入。包括国内贷款回收本金收入、国外贷款回收本金收入、国内转贷回收本金收入、国外转贷回收本金收入。

5. 债务收入。分为国内债务收入和国外债务收入。

6. 转移性收入。具体包括返还性收入、财力性转移支付收入、专项转移支付收入、政府性基金转移收入、彩票公益金转移收入、预算外转移收入、单位间转移收入、上年结余收入、调入资金等。

这种分类方法有利于加强财政经济分析与决策，也有利于国际比较与交流。

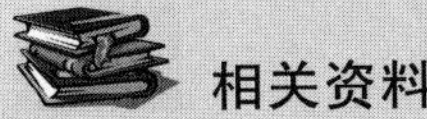

相关资料

财 政 收 入

2015 年全国一般公共预算收入决算数：税收收入 124 922. 20 亿元；非税收入 27 347. 03 亿元，其中：专项收入 6 985. 08 亿元，行政事业性收费收入 4 873. 02 亿元，罚没收入 1 876. 86 亿元，国有资本经营收入 6 080. 21 亿元，国有资源（资产）有偿使用收入 5 463. 89 亿元，其他收入 2 067. 97 亿元。

（二）按财政收入产业分类

可分为来自第一产业、第二产业和第三产业的财政收入。这种分类不仅可以反映各产业的经济效益，还可以反映产业结构是否合理，有助于政府制定科学的产业政策，调整产业结构，促进国民经济的稳定发展。

（三）按财政收入所有制分类

可分为来自国有经济收入、集体经济收入、外商投资企业收入、股份制经济收入、联营企业收入、私营经济收入、个体经济收入、其他企业收入。这种分类可反映各种所有制经济的发展状况，有助于政府制定有关政策，促进各种所有制合理发展。

> **思考：**
>
> 政府取得收入的途径和方式经常对我们的生活产生重大和复杂的影响，请举例说明。

此外，财政收入还可以按管理级次划分为中央财政收入和地方财政收入；按来源的国境划分为国内收入和国外收入；按取得收入的时间划分为经常性收入和临时性收入，等等。

二、财政收入规模

财政收入规模是指财政收入在数量上的总水平。它是反映政府财力和政府职能范围大小的重要指标。

（一）衡量财政收入规模的指标

1. 财政收入绝对量。是指一定时期内财政收入的总额。它是一个有序列、多层次的指标体系，主要包括财政总收入和一般预算收入、中央和地方财政总收入、中央本级财政收入和地方本级财政收入等。

从静态看，财政收入绝对量反映了一个国家或地区在一定时期内的经济发展水平和财力集中程度，体现了政府运用各种收入手段调控经济的范围和力度。从动态看，把财政收入绝对量连续起来，可以看出财政收入规模与经济发展、经济体制改革、政府职能变化等关系。

2. 财政收入相对量。这是指一定时期内财政收入与有关社会经济指标的比率，包括财政收入占 GDP 的比重、人均财政收入等。

由于绝对指标在一国不同时期、不同国家和地区之间不完全具备可比性，因此在分析财政收入规模时，不仅要分析绝对数量指标，更要分析相对指标。

（二）影响财政收入规模的因素

合理的财政收入规模，对保证政府职能的实现和国民经济的持续发展具有重要意义。财政收入规模受到多种因素的制约，主要有：

1. 经济发展水平。经济发展水平反映一国社会产品的丰富程度和经济效益的高低。经济发展水平越高，财政可分配的对象——GDP 就越多，一般来说该国财政收入总额也就越大，财政收入占 GDP 的比重也可能提高。

经济发展水平对财政收入规模的制约是基础性和决定性的，二者之间存在着根与叶、源与流的关系。从世界各国的情况考察，发达国家财政收入规模大都高于发展中国家，绝对量和相对量都是如此。

生产技术水平是制约财政收入规模的重要因素，因为一定的经济发展水平总是与一定的生产技术水平相适应。技术进步往往以生产速度加快、生产质量提高为结果；另外技术进步必然带来物耗比例的降低、经济效益的提高，这些都为增加财政收入创造条件。

讨论：

财政收入占GDP的比重是不是越高越好？

2. 分配制度。在经济发展水平既定的情况下，分配制度能够影响GDP在政府、企业和个人之间的分配。经济发展水平相同的国家，财政收入规模未必相同。

3. 价格水平。财政收入表现为一定量的货币收入，物价水平必然会影响财政收入规模。

4. 政府职能。政府职能是制约财政收入规模的直接因素。政府职能范围越大，相应需要的财政收入规模也就越大。

相关资料

我国历年财政收入及GDP规模

单位：亿元

年份	财政收入	GDP	年份	财政收入	GDP
1996	7 407.99	71 176.6	2006	38 760.20	211 923.5
1997	8 651.14	78 973.0	2007	51 321.78	257 305.6
1998	9 875.95	84 402.3	2008	61 330.35	300 670.0
1999	11 444.08	89 677.1	2009	68 518.30	335 353.0
2000	13 395.23	99 214.6	2010	83 101.50	397 983.0
2001	16 386.04	109 655.2	2011	103 874.40	471 564.0
2002	18 903.64	120 332.7	2012	117 253.52	519 322.0
2003	21 715.25	135 822.8	2013	129 209.64	568 845.0
2004	26 396.47	159 878.3	2014	140 370.03	636 463.0
2005	31 649.29	183 217.4	2015	152 269.23	676 708.0

三、财政收入结构

财政收入结构，是指财政收入的项目构成及其相互关系。包括财政收入的所有制构成、价值构成和产业部门构成等。

（一）财政收入的所有制构成

财政收入的所有制构成，即财政收入的经济成分构成，是分析财政收入由不同所有制经营单位上缴的税金等组成以及各部分收入占总额比重的依据。

1. 财政收入与国有经济。我国经济结构一直以国有经济为主导，反映在财政收入结构上，财政收入也主要来源于国有经济。

随着非公有制经济的发展，国有经济的范围进一步缩小，国有经济的主导作用将主要通过其控制国民经济的重要生产部门及国有企业资产组织结构来实现。从财政收入角度分析，国家除了以税收和国有资产收益形式稳定地从国有经济中直接取得财政收入外，更重要的是通过发挥国有经济的主导作用，为国民经济全局的发展奠定良好基础，并在此基础上间接地增加财政收入。

讨论：

改革开放以来我国财政收入的所有制结构发生了哪些变化？说明了什么？

2. 财政收入与非国有经济。集体经济、个体经济、私营经济、外商投资经济、港澳台投资经济和其他混合经济（联营经济、股份制经济）中的非国有部分，构成了非国有经济。

近年来，非国有经济在我国经济中的比重迅速上升，其产值和上缴财政的比重有了很大程度的提高，成为我国财政新的增长源泉。

（二）财政收入的产业构成

1. 第一产业与财政收入。第一产业是国民经济的基础，其发展状况会影响到人民生活及整个国民经济的发展。从这个意义上说，第一产业也是我国财政收入的基础。

农业对财政收入的影响主要表现在两个方面：一是直接来源于农业的财政收入。包括农牧业税和农村其他税收收入，现在农牧业税已取消。二是间接来自农业的收入。主要表现在由于工农业产品交换中存在着“剪刀差”，使农业部门创造的一部分价值转移到以农产品为原料的轻工业部门实现，农业等于为工业承担了部分税负。直到近几年提出“工业反哺农业”的思路，这一情况才有所改变。

2. 第二产业与财政收入。第二产业是国民经济的主导，对财政收入的增长起决定性作用。因此，也是财政收入的主要来源。

无论从绝对额还是从相对额来看，第二产业目前及今后一段时期仍是我国财政收入的支柱。因此，为第二产业发展创造更好的条件，实行有利于增强工业和建筑业活力的政策，是增加财政收入的关键。

3. 第三产业与财政收入。随着经济的发展和产业结构的调整，第三产业得到了迅速发展。可以预见，随着我国第三产业更加迅速地发展，它为财政提供的收入将会越来越多。

此外，还有财政收入的价值构成（财政收入与 C、V、M 的关系）、财政收入的地区构成（中央财政收入与地方财政收入及各地区间财政收入的关系）、财政收入的形式构成（税收、非税收入与其他收入的关系）等，这里不再展开论述。

相关案例

我国中央财政收入占全国财政收入的比重，2007 年为 54.1%，2008 年为 53.3%，2009 年为 52.4%，2010 年为 51.1%，2011 年为 49.5%，2012 年为 47.9%，2013 年为 46.6%，2014 年为 45.9%，2015 年为 45.5%。你怎么看这一比重的变化？

第二节 税收收入

一、税收原理

（一）税收的概念

税收，是国家凭借公共权力，依照法律规定的标准和程序，向经济单位和个人强制地、无偿地取得财政收入的一种形式。

对这一概念可以从以下三个方面来理解：

1. 税收与国家存在本质的联系，税收收入是国家机器赖以存在并行使其职能的物质基础。

2. 税收是财政收入的一种形式，而且是最基本、最重要的形式。古今中外的政府曾采用过税收、公债等形式取得财政收入，但在财政收入的各种形式中，产生最早、运用最普遍、筹集资金最有效的收入形式是税收。

3. 税收是按照法律规定征收的，征税的依据是国家公共权力。税收是一种强制的、无偿的财政收入，这种收入的取得必须在一定的法律范围内进行，征纳双方的权利义务关系通过税法来规范和调整。税收凭借的是公共权力，在国家存在的条件下，这种公共权力表现为国家的政治权力。

（二）税收的基本特征

税收的基本特征又称为税收的“三性”，即税收与其他财政收入形式相比，具有强制性、无偿性、固定性三大特征。

1. **强制性**：是指税收是以国家的法律、法规、制度等形式规定并强制实施的。因为国家征税凭借的是政治权力，依靠的是法律手段，纳税人必须依据税法的规定纳税，否则就会受到法律的制裁。也就是说，这种强制性与生产资料的占有没有直接关系，是一种超经济的强制。

> **思考：**
> 税收作为最主要的财政收入形式的原因是什么？

2. **无偿性**：是指政府征税以后，税款即为政府所有，成为政府的财政收入，既不需要偿还，也不需要对纳税人付出任何代价。税收的这种无偿性特征是针对具体的纳税人而言的，即政府征税时不是与纳税人进行等价交换，政府无需对纳税人直接返还已纳税款，也不需要直接对纳税人提供相应服务或特许权力。这一特征使得税收同公债、银行信用等有偿分配形式相区别。

3. **固定性**：是指征税事项的既定性和相对稳定性，即征税前政府就以法律形式预先规定了课税对象、纳税人、征收标准等事项，这些事先规定的事项对征纳双方都有约束力，不经国家批准不得随意更改。

相关链接

财政部长肖捷曾说：在现代社会，除了有意仿效鲁滨逊式的生存方式之外，要试图寻找一个脱离税收影响的空间是徒劳无益的。美国政治家本杰明·富兰克林说："这个世界上只有死亡和征税是确定无疑的。"

你如何看待税收？

（三）税制要素

税制是税收制度的简称。**税收制度是国家规定的税收法令条例和征收办法的总称。**税收制度由纳税人、课税对象、税率、纳税环节、纳税期限、减免和附加、违章处理等基本要素构成。其中，纳税人、课税对象、税率是构成税收制度的三个最基本的要素。

1. 纳税人。**纳税人是税法规定的直接负有纳税义务的单位和个人**（明确对谁征税）。纳税人可以是自然人，也可以是法人。纳税人和负税人不同。纳税人是直接向国家缴纳税款的单位和个人；而负税人是最终负担税款的单位和个人。在税负不能转移的情况下，它与纳税人是一致的；在税负能够转嫁的情况下，它与纳税人是不一致的。

2. 课税对象。**课税对象又称征税对象，是国家征税的客体**（明确对什么征税）。课税对象规定了征税的范围，是一种税区别于另一种税的主要标志。各国的征税对象主要包括所得、商品和行为三大类。

3. 税率。**税率是税额与课税对象数额之间的比例**（明确征多少税）。在课税对象既定的条件下，税额和税负的大小就取决于税率的高低。它直接关系到政府财政收入和纳税人的负担，体现国家的税收政策，起着调节收入的作用。因此，税率是税收制度的核心。

一般来说，税率采用以下几种形式：

（1）比例税率。是指对同一课税对象，不论其数额大小，只按一个比例的税率统一征税，具有计算简便、方便征纳、有利于鼓励企业规模经营和平等竞争的优点，但不太符合量能纳税原则，调节收入分配的功能较弱。通常适用于对流转额的课税。

（2）累进税率。是根据课税对象数额的大小，将课税对象划分为若干等级，并分别规定不同的税率。课税对象数额越大，税率越高。累进税率一般适用于对所得税额的课税。累进税率根据计算税款方法的不同，又可分为全额累进税率和超额累进税率。

全额累进税率是征税对象的全部数额都按照与之相适应等级的一个税率征税。

超额累进税率，即把课税对象按数额大小划分为若干等级，每个等级由低到高分别规定相应的税率，各等级分别计算税款，最后加总各等级应纳税款即得到按超额累进税率计算的应纳税总额。

超额累进税率累进幅度缓和，税收负担较为合理，能较好地体现公平原则。

（3）定额税率。是按单位课税对象直接规定一个固定税额，而不采取百分比的形式。它实际上是比例税率的一种特殊形式。定额税率和价格没有直接联系，它一般适用于从量定额征收，因而又称为"固定税额"。

（四）税收分类

1. 按税收客体分类，税收可分为流转税、所得税、资源税、财产税、行为税五大类。这种分类便于研究各个税种的课税对象性质和调节作用。

流转税，是指以商品和非商品的流转额作为课税对象征收的一类税收。商品和非商品的流转额大小一般不受提供商品和劳务的成本、费用高低的影响，纳税人只要有了销售收入和劳务收入就要纳税。因此，它有利于保证税收收入。

所得税，是指以纳税人取得的各项应税所得额作为课税对象征收的一类税收。应税所得额是纳税人取得的收入扣除税法允许扣除的成本、费用后的余额。所得税体现了无所得者不征、少所得者少征、多所得者多征的量能负担原则。

资源税，是指以自然资源为课税对象征收的一类税收。开征资源税不仅可以取得财政收入，而且可以促进资源的合理开发和利用，利于企业公平竞争。

财产税，是指以纳税人的各种应税财产作为课税对象征收的一类税收。应税财产包括纳税人所有的有形和无形财产。财产税能调节纳税人的收入水平，缩小贫富差距，促进社会稳定。

行为税，是指以纳税人的特定行为作为课税对象征收的一类税收，主要是为了通过征税来引导纳税人的行为，贯彻“寓禁于征”的政策。这类税收课税对象的选择性较灵活，一旦达到目的便可停征。

2. 按税收能否转嫁分类，税收可分为直接税和间接税。这种分类主要便于研究税负的归宿和纳税人的实际税负水平及税收政策对社会财富公平分配的作用。

直接税，是指税收负担不容易转嫁、纳税人与负税人为一致的税收，如所得税和部分财产税。

间接税，是指税收负担容易转嫁、纳税人与负税人不一致的税收，如流转税。

3. 按税收与价格的关系分类，税收可分为价内税和价外税。这种分类主要便于研究税收对价格的影响，进一步研究税收对企业生产经营及利润的影响，从而为制定合理的税收政策服务。

价内税，是指以税金为商品价格构成要素的税收。由于税金是价格的组成部分，在其他因素不变的情况下，税金的变动会引起价格的相应变动，从而影响企业利润。价内税容易为纳税人接受，税金也随销售收入的实现而实现，利于组织财政收入。我国除增值税外的流转税属于价内税。

价外税，是指税金作为商品价格的附加部分的税收。由于税金是价格的附加部分，在其他条件不变的情况下，税金的变动不会引起价格的相应变动，也不会影响企业利润。价外税税负透明，税价分离，体现了税收的中性原则。我国现行的增值税就是价外税形式。

4. 按税收征管和使用权限分类，税收可分为中央税、地方税、中央地方共享税。这种分类能更好地适应分税制财政体制，有利于规范中央与地方的财政分配关系。

中央税，是指由中央政府征收管理，收入归中央政府支配的税收。一般税源充分、收入较多、范围较广的税种属于中央税，如消费税等。

地方税，是指由地方政府征收管理，收入归地方政府支配的税收。一般税基具有流动性，并与地方经济关系密切的税种属于地方税。

中央与地方共享税，是指由中央与地方政府共同负责征收管理，收入由中央和地方政府按一定比例分享的税收。一般涉及中央与地方共同利益，需要发挥双方作用的税种属于共享税。

5. 按税收计征标准分类，税收可分为从价税和从量税。这种分类有利于掌握各类税种的计征标准，也有利于研究价格对税收的影响程度，从而制定合理的税收政策和价格政策。

从价税，是以课税对象的价格或金额为标准计征的税收。其计税依据与课税对象的价格直接相关，当课税对象的价格发生变动时，其税额会发生相应的变化。从价税一般采用比例税率或累进税率，大部分流转税和所得税适用。

从量税，是以课税对象的数量、体积、面积、容积等实物数量为标准计征的税收。其计税依据与课税对象的价格没有直接关系。从量税一般采用定额税率，体现了等量税负的原则。

二、我国的主要税种

目前，我国共有二十余种税。下面按照税收客体分类进行简要介绍。

（一）流转税类

流转税是以流转额为课税对象的税种，流转额包括商品流转额和非商品流转额。商品流转额是指销售商品的收入额；非商品流转额是指交通运输、邮电通讯以及各种服务性行业的营业收入额。流转税与商品生产和流通密切相关，具有征收普遍、税源广泛、税负容易转嫁、计征简便等特点。

1. 增值税。**增值税是以商品或劳务中的增值额为课税对象的一个税种。**所谓增值额，是指商品生产和流通过程中新创造的价值。

（1）纳税人。增值税纳税人是指税法规定负有缴纳增值税义务的单位和个人。“单位”是指企业、行政单位、事业单位、军事单位、社会团体及其他单位；“个人”是指个体工商户和其他个人。应税行为的年应征增值税销售额超过财政部和国家税务总局规定标准的纳税人为“一般纳税人”，未超过规定标准的纳税人为“小规模纳税人”。

（2）征收范围。在我国境内销售或进出口货物，提供加工、修理修配劳务，销售服务、无形资产或者不动产的均属征收范围。其中，销售服务是指提供交通运输服务、邮政服务、电信服务、建筑服务、金融服务、现代服务、生活服务；销售无形资产是指转让无形资产所有权或者使用权的业务活动；销售不动产是指转让不动产所有权的业务活动。

（3）税率。增值税的税率有 5 档，分别是 17%、13%、11%、6%、0%。小规模纳税人增值税征收率为 3%。

2. 消费税。**消费税是以特定消费品为课税对象所征收的一种税。**在对货物普遍征收增值税的基础上，选择一些消费品再征收一道消费税，是为了调节产品结构，引导消费方向，保证财政收入。

（1）纳税人。在我国境内从事生产、委托加工和进口应税消费品的单位和个人。

（2）消费税的征税范围。消费税采取列举征税的办法，即只对列入征税目录的消费品征税。目前的征税范围包括烟、酒、木制一次性筷子、实木地板、游艇、高尔夫球及球具、高档手表、高档化妆品、贵重首饰及珠宝玉石、鞭炮焰火、成品油、摩托车、小汽车、电池、涂料。

（3）税率。消费税的税率有比例税率和定额税率两种形式。税率形式的选择，主要是根据课税对象情况来确定，对一些供求基本平衡、价格差异不大、计量单位规范的消费品，选择计税简单的定额税率，如黄酒、啤酒、成品油等；对一些供求矛盾突出、价格差异较大、计量单位不规范的消费品，选择税价联动的比例税率，如烟、白酒、化妆品、护肤护发品、鞭炮、汽车轮胎、贵重首饰及珠宝玉石、摩托车、小汽车等。

3. 关税。**关税是国家对进出本国国境的货物和物品征收的一种税。**我国分为进口关税和出口关税两类，由海关负责征收。

（1）纳税人。进出口货物的，以货物的收发货人或其代理人为纳税人；进出口行李物品和邮递物品的，以物品的持有人、所有人、收件人或其代理人为纳税人。

（2）征税对象是进出口国境的货物和物品。货物是指贸易性商品。物品包括入境旅客随身携带的行李和物品，个人邮递物品，各种运输工具上的服务人员携带进口的自用物品、馈赠物品以及以其他方式进入国境的个人物品。

（3）税率。关税税率分为进口税率和出口税率两部分。我国加入世界贸易组织以来，关税税率作了较大的调整。

相关链接

“营 改 增”

2011 年，经国务院批准，财政部、国家税务总局联合下发营业税改征增值税试点方案。从 2012 年 1 月 1 日起，在上海交通运输业（包括陆路、水路、航空、管道运输服务）和部分现代服务业（主要是部分生产性服务业，如研发和技术服务、信息技术服务、文化创意服务（设计服务、广告服务、会议展览服务等）、物流辅助服务、有形动产租赁服务、鉴证咨询服务、广播影视服务）开展营业税改征增值税试点。至此，货物劳务税收制度的改革拉开序幕。自 2012 年 8 月 1 日起至当年年底，国务院扩大营改增试点至 10 省市，截至 2013 年 8 月 1 日，“营改增”范围已推广到全国试行。从 2014 年 1 月 1 日起，将铁路运输和邮政服务业纳入营业税改征增值税试点，至此交通运输业已全部纳入营改增范围。自 2014 年 6 月 1 日起，将电信业纳入营业税改征增值税试点范围。

2016 年 5 月 1 日，营业税改征增值税试点全面实施，范围扩大到建筑业、房地产业、金融业、生活服务业四大行业。我国开始全面实施“营改增”，营业税将退出历史舞台，增值税制度将更加规范。这是自 1994 年分税制改革以来，财税体制的又一次深刻变革。

（二）所得税类

所得税是对所有以所得额为课税对象的税种的总称。

1. 企业所得税。**企业所得税对在中华人民共和国境内的企业和其他取得收入的组织的生产经营所得和其他所得征收的一种税。**

（1）纳税人。企业所得税的纳税人是所有实行独立经济核算的中华人民共和国境内的内资企业或其他组织，包括国有企业、集体企业、私营企业、联营企业、股份制企业以及其他有经营收入的单位。

（2）征税对象。课税对象为纳税人在纳税年度内来源于我国境内、境外的全部生产经营所得和其他所得，包括销售货物所得、提供劳务所得、转让财产所得、股息红利所得、利息所得、租金所得、特许权使用费所得、接受捐赠所得和其他所得。

（3）税率，就是据以计算企业所得税应纳税额的法定比率。《中华人民共和国所得税法》规定一般企业所得税的税率为25%；非居民企业适用税率为20%，现在减按10%的税率征收；符合条件的小型微利企业，减按20%的税率征收；国家需要重点扶持的高新技术企业，按15%的税率征收。

2. 个人所得税。**个人所得税是以自然人取得的各类应税所得为征税对象而征收的一种税。**个人所得税的征税对象不仅包括个人，还包括具有自然人性质的企业。

（1）纳税人。有纳税义务的中国公民和在中国境内取得收入的外籍人员。根据国际通行的住所标准和时间标准规定：在中国境内有住所，或者无住所而在境内居住满一年的个人，从中国境内外取得的所得，依法应缴纳个人所得税；在中国境内无住所又不居住或者无住所而在境内居住不满一年的个人，从中国境内取得的所得，依法应缴纳个人所得税。

（2）课税对象。我国个人所得税采用分类课征制，其课税对象为下列11类所得：工资、薪金所得；个体工商户的生产、经营所得；对企事业单位的承包经营、承租经营所得；劳务报酬所得；稿酬所得；特许权使用费所得；利息、股息红利所得；财产租赁所得；财产转让所得；偶然所得；经国务院财政部门确定征税的其他所得。

（3）税率。采用超额累进税率和分项比例税率两种税率征收。工资、薪金所得，适用3%～45%的七级超额累进税率；个体工商户的生产、经营所得和对企事业单位的承包经营、承租经营所得，适用5%～35%的五级超额累进税率；稿酬、劳务报酬所得、特许权使用费所得，利息、股息、红利所得，财产租赁所得，财产转让所得，偶然所得和其他所得，一律适用20%的比例税率。

（三）资源税类

资源税是以自然资源为课税对象的税种。作为课税对象的资源是指具有商品属性的自然资源。

1. 资源税。资源税是对我国境内从事特定资源开发的单位和个人，就其由于资源开发条件的差异而形成的级差收入征收的一种税。2016年7月1日起，我国全面推开资源税改革，实行从价计征，清理收费基金，突破目前仅对矿产品和盐征税的局限，试点开征水资源税，进一步完善绿色税收制度，理顺资源税费关系，减轻企业负担，有效建立税收与资源价格直接挂钩的调节机制。

> **思考：**
>
> 目前，我国财政收入主要来自哪些税种？

2. 土地使用税是以国有土地为征税对象，对拥有土地使用权的单位和个人征收的一种税。

3. 耕地占用税是对占用耕地建房或从事其他非农业建设的单位和个人按其实际占用耕地面积征收的一种税。

（四）财产税与行为税类

财产税，是以纳税人拥有或支配的财产为课税对象的一类税。我国现行税制中，属于财产税的有房产税、契税、车船使用税等。对财产课税符合量能纳税原则，可以促进社会资源合理配置，限制挥霍和浪费。

行为税，是指以纳税人的某种特定行为作为课税对象的一类税，是当今世界各国广泛征收的税种。我国目前属于行为课税的有固定资产投资方向调节税（2000 年起暂停征收）、土地增值税、城市维护建设税、印花税、屠宰税、环保税等。对特定行为征税，不仅可以增加财政收入，而且可以通过征税对某种行为加以限制或加强监督管理。例如，环境保护税就是对破坏生态环境、破坏自然资源的生产经营行为征收相应数量的税收。

三、税收征收管理

（一）税收征收管理的概念

税收征收管理，是税务主管部门代表国家，依据税收法律、法规，指导纳税人正确履行纳税义务，并对征税和纳税过程进行组织、管理、监督、检查等一系列工作的总称。

税收征收管理是税收管理的重要环节。在国家税收制度已定的情况下，能否把税款及时征收入库，关键在于税收征收管理的质量和效率。

（二）税收征收管理体系

1. 健全的征管法规。
2. 科学的征管制度。
3. 规范的征管规程。
4. 现代化的征管手段。
5. 严密的监控网络。
6. 高素质的干部队伍。

（三）税收征收管理机制

税收征收管理机制由税务登记、纳税申报、税款征收、税务检查、票证管理、税务行政复议和税务代理等环节构成。

税收征收管理机制的这些内容可分解为管理、征收、检查三个环节，通常称为“管、征、查”。管理是征收和检查的前提和基础，征收是管理和检查的目的和效果，检查是管理和征收事后监督的一种形式。

相关知识

金 税 工 程

目前税务机关实施的新系统，简称“金税三期”，主要功能是更加强大的大数据评估及云计算。

1. 评估纳税人的税号下，进项发票与销项发票的行业相关性、同一法人相关性、同一地址相关性、数量相关性、比率相关性……（增值税发票还敢虚开吗?）

2. 开票软件已经增加了商品编码，单位编码还远吗？一旦有了“单位编码”，大数据准确性会超出你想象，它会比企业更了解自己的库存状况。（库存账实还敢不一致吗?）

3. 商品品目由商品编码控制、商品数量由单位编码控制，单价、金额本身就是数字，大数据计算企业的商品增值额，库存存量额（以及增值税的留抵）。(增值税还能逃吗?）

4. 大数据还知道企业发生了多少固定资产发票（买过多少房，买过几辆车）；多少费用发票（多少是加油的、多少是办公的、多少是差旅的，多少是请客的），通过同行业比对知道应该产生多少利润。(企业所得税还能逃吗?)

5. “五证合一”，税务、工商、社保随时合并接口。（再虚做几个人工资没余地了，个人所得税和社保还能逃多少?)

第三节 非税收入

一、非税收入的概念

思考：

政府有哪些收入是通过税收以外的方式筹集到的？举例说明。

非税收入是指除税收以外，由各级政府、国家机关、事业单位、代行政府职能的社会团体及其他组织依法利用政府权力、政府信誉、国家资源、国有资产或提供特定公共服务取得的财政资金，是政府财政收入的重要组成部分。

第一，非税收入的征收主体是各级政府。这与税收的征收主体是一致的。作为政府收入，不论是税还是非税，其征收和分配主体都只能是政府，政府以外的任何经济单位、社会团体和个人都无权征收。

第二，非税收入的征收目的是为了公共利益。这与税收的目的也是一致的，非税收入既然是以政府为主体而征收的收入，就不是出于特定部门、单位或个人的私利需要，而是为了社会公共利益。

第三，非税收入的征收范围限定在能够按受益原则确定的特定产品或劳务（混合品），一般是在市场领域与政府活动两极之间的规制领域内发挥作用，而税收则适用于不能确定特定消费者的产品或劳务的范围内。

第四，非税收入的征收管理要依法进行。非税收入的项目和标准要依法确定，调整、变更及资金使用要依法进行，收入和支出都要纳入政府预算管理。

相关案例

自2012年10月8日零时起，服役了26年的郑州黄河公路大桥终止向过往车辆收费，正式回归公益属性。而国家审计署2008年的一项审计调查显示：总投资1.78亿元人民币的郑州黄河大桥，在1996年还清银行贷款后，违规继续收费14.5亿元。

对于许多路桥公司超期收费现象你如何看?

二、非税收入的内容

政府非税收入主要包括行政事业性收费、政府性基金、国有资本经营收入、国有资源（资产）有偿使用收入、彩票资金收入、专项收入、罚没收入、其他收入。

（一）行政事业性收费

行政事业性收费，是国家机关、事业单位、代行政府职能的社会团体及其他组织根据法律法规等有关规定，依照国务院规定程序批准，在向公民、法人提供特定服务的过程中，按照成本补偿和非营利原则向特定服务对象收取的费用，包括行政性收费和事业性收费两部分。

1. 行政性收费。**行政性收费是指国家机关或法律、行政法规授权的组织在履行政府职能过程中，依照法律、法规并经有关部门批准，向单位和个人收取的费用。**行政性收费具有国家强制性、社会管理性、成本补偿性等特点。

按收费的内容和管理手段划分，行政性收费可分为管理性收费、证照性收费和资源性收费三类。

2. 事业性收费。**事业性收费是指事业单位或法律法规授权的其他组织向社会提供特定服务，依照国家法律、法规并经有关部门批准，向服务对象收取的补偿性费用。**事业性收费具有特定性、服务性、补偿性等特点。

讨论：

行政事业性收费与经营性收费有什么不同?

按收费内容、行业和性质划分，事业性收费可分为社会福利性、公益性收费；执法检验、检测性收费；专业技术咨询服务性收费；中介服务性收费；基础设施使用性收费。

（二）政府性基金

政府性基金，是指各级政府及其所属部门依照法律、法规并经有关部门批准设立，凭借行政权力或政府信誉，为支持某项事业发展，向单位和个人征收的具有专项用途的资金。

政府性基金按资金使用划分，可分为工业发展基金、交通建设基金、教育事业基金、城市建设基金等；按筹集方式划分，可分为附加在税收上征收的基金，如教育费附加、农业税附加等；附加在价格上征收的基金，如电力建设基金、三峡工程建设基金、邮电附加等；以销售（营业）收入为对象征收的基金，如文化事业建设费、碘盐基金等。

（三）国有资本经营收入

国有资本经营收入包括企业上缴的国有资本分享的税后利润，国有股红利、股息，企业国有产权（股权）出售、拍卖、转让收入以及依法由国有资本享有的其他收入。

（四）国有资源（资产）有偿使用收入

国有资源有偿使用收入，包括土地出让金收入，新增建设用地土地有偿使用费，海域使用金，探矿权和采矿权使用费及价款收入，场地和矿区使用费收入，出租汽车经营权、公共交通线路经营权、汽车号牌使用权等有偿出让取得的收入，政府举办的广播电视机构占用国家无线电频率资源取得的广告收入，以及利用其他国有资源取得的收入。

国有资产有偿使用收入包括国家机关、实行公务员管理的事业单位、代行政府职能的社会团体以及其他组织的固定资产和无形资产出租、出售、出让、转让等取得的收入，世界文化遗产保护范围内实行特许经营项目的有偿出让收入和世界文化遗产的门票收入，利用政府投资建设的城市道路和公共场地设置停车泊位取得的收入，以及利用其他国有资产取得的收入。

（五）专项收入

专项收入包括排污费、水资源费、教育费附加、矿产资源补偿费、探矿权和采矿权使用费及价款收入、内河航道养护费收入、公路运输管理费、水路运输管理费等收入。

（六）彩票资金收入

彩票公益金收入是指国家为支持社会公益事业发展，通过发行彩票筹集的专项财政资金，包括福利彩票公益金收入和体育彩票公益金收入。

（七）罚没收入

罚没收入是指司法机关、行政执法机关和经济管理部门对公民、法人或其他组织违反行政管理秩序的行为依法给予罚款、没收违法所得和没收非法财物等行政处罚所取得的资金和财物变价款。

（八）其他非税收入

其他政府非税收入包括捐赠收入、主管部门集中收入及其他收入。捐赠收入是指以国家机关、实行公务员管理的事业单位以及代行政府职能的社会团体名义接受的非定向捐赠货币收入。主管部门集中收入主要指国家机关、实行公务员管理的事业单位、代行政府职能的社会团体及其他组织集中所属事业单位收入。

相关案例

在经济下行压力下，一些地方财政收入中的非税收入却明显上升，“税不够，费来凑”的现象值得警惕。以山西省为例，2011 年，全省税收收入占公共财政收入的比重是71.9%，2014 年税收占比下滑到62.3%，非税收入占比上升了9.6 个百分点。4 年间，该省非税收入年均增速为25.4%，公共财政收入中税收这个“大头”越来越小。你对此有何看法?

三、非税收入的管理

近年来，随着国民经济的持续快速发展，我国财政收入增长很快，政府非税收入增长也很快，但非税收入的管理仍存在一些问题，以下措施有助于加强非税收入的管理：

（一）加快非税收入管理的法制建设

法制建设是推进非税收入管理的基础和前提。由于非税收入的构成比较复杂，与其制定一部综合性的非税收入法规，不如就每一种类型的非税收入制定单独的法规，如行政事业性收费管理条例、彩票管理条例、国有资源有偿使用收入管理条例等。通过法规的形式明确财政部门在非税收入管理中的主体地位，为强化非税收入管理提供必要的法律手段。

思考：

非税收入和税收收入哪个更容易监管？为什么？

（二）实施非税收入的分类管理

1. 从严审批管理收费基金，合理控制收费基金规模。
2. 完善国有资源（资产）有偿使用收入管理政策，防止国有资源（资产）收入流失。
3. 加强国有资本经营收入管理，维护国有资本权益。
4. 加强彩票公益金管理，提高彩票公益金使用效益。
5. 规范其他政府非税收入管理，确保政府非税收入应收尽收。

相关资料

2015 年，全国缴入国库的土地出让收入 33 657.73 亿元，同比下降 21.6%。其中，招拍挂和协议出让价款29 820.20 亿元，下降22.4%；补缴的土地价款1 455.18 亿元，下降23.0%；划拨土地收入1 103.57 亿元，增长 17.8%；出租土地等其他收入 1 278.78 亿元，下降24.4%。当年，从土地出让收益中计提的教育资金、农田水利建设资金分别为436.69 亿元和423.51 亿元，同比下降33.4%和35.6%。

（三）健全非税收入的收缴制度

各级财政部门是政府非税收入征收主管机关。除法律、行政法规另有规定外，政府非税收入可以由财政部门直接征收，也可以由财政部门委托的部门和单位征收，委托征收所需费用，由财政部门通过预算予以拨付。各级财政部门要按照既有利于及时足额征收、方便缴款人，又有利于提高效率、降低征收成本的原则，确定政府非税收入征收管理方式。按照深化“收支两条线”管理改革和财政国库管理制度改革的要求，各级财政部门要积极推进政府非税收入收缴管理制度改革。

（四）加强非税收入的票据管理

财政部门是政府非税收入票据的管理机关，各级财政部门要将政府非税收入票据纳入财政票据管理体系，按照管理权限，负责政府非税收入票据的印制、发放、核销、检查及其他监督管理工作。

（五）实行非税收入的预算管理

各级财政部门要继续深化“收支两条线”管理改革，将政府非税收入分步纳入预算管理。各级财政部门要通过编制综合财政预算，实现政府税收与非税收入的统筹安排，要合理核定预算支出标准，进一步明确预算支出范围和细化预算支出项目。要继续扩大实行收支脱钩管理的范围。要尽快研究制定政府非税收入成本性支出管理办法，确保“收支两条线”改革工作的稳步进行。要建立非税收入的资金绩效评价制度，加强对非税收入使用情况的监督，切实提高资金使用效益。

相关资料

美国非税收入管理

美国的非税收入具有以下特色：

- 规范的政府非税收入项目结构。美国政府非税收入项目数量较少，较为规范，大多是在向居民提供基础服务中收取的使用费收入以及公有资产收益、博彩、酒类专卖等政府专营收入，充分体现了公益性、服务性、有偿性等原则。
- 依据法律设定非税收入项目。美国公共部门出台任何政府非税收入项目都要求有严格的法律依据，变动收入标准也须经过严格的法律或行政审议程序。美国对于收费的审批管理基本与税收相同。地方政府确立收费项目时，要通过地方政府议会或社区的选民通过投票来决定。
- 实行基金预算管理。美国政府非税收入同其预算管理体制相适应，在统一预算管理下，分类设置了不同的基金账户。美国联邦基金包括：一般基金、特种基金、政府内部运营和管理基金、公共企业运营基金。政府非税收入大多进入公共企业运营基金和特种基金。美国政府非税收入主要是直接列作部门收入并由部门使用，实行“收支一条线”管理，专款专用。
- 具有较为严格的监督管理。美国政府非税收入的所有相关收支情况必须向议会、公众进行详细、及时、完整的报告，收支活动都要接受各方的严格监督，对于社会公益事业的收入和支出的预算和决算，也要经过政府审查和批准，并对其财务情况进行审议和监督。

第四节 公共债务收入

一、公债的分类

（一）公债的概念

公债，是公共债务的简称（即国债），是指政府以债务人的身份，采取有借有还的信用方式，通过在国内外发行债券取得的财政收入。它是政府取得财政收入的特殊形式和调节经济的重要手段。

与税收比较，公债具有自愿性、有偿性和灵活性等基本特征。

自愿性，是指一般情况下，人们是否认购公债和认购多少取决于认购者自己的意愿。

有偿性，是指公债的发行及偿还必须遵循信用原则，即政府不但要按期还本，还要按事先规定的条件向认购者支付利息，所以公债是一种非经常性财政收入。

灵活性，是指公债发行与否及发行多少，通常不通过法律预先规定，由政府根据财政资金的余缺情况灵活确定。

上述特征使公债能与其他财政收入形式互相补充、互相配合，发挥其特有的重要作用。

（二）公债的分类

1. 按照发行区域不同，可将公债分为国内公债和国外公债。国内公债简称内债，是指国家作为债务人向本国境内的居民和单位发行的国债。国外公债简称外债，是指政府作为债务人在境外发行的公债。

2. 按照举债主体不同，可将公债分为中央公债和地方公债。中央公债是指中央政府出于宏观调控等目的而发行的国债；地方公债是指地方政府为满足本级财政的需要而发行的公债。

3. 按照偿还期限长短分类，可将公债划分为短期公债、中期公债和长期公债。短期公债一般是指偿还期为1年或1年以内的公债；中期公债一般是指偿还期在1年以上10年以下的公债；长期公债通常是指偿还期在10年以上的公债。

> **思考：**
> 许多经济学家认为，债务负担不能转移到下一代的身上，而必须由当代人承担。你支持这种观点吗？

4. 按照公债的流动特点为标准分类，可以将公债分为上市公债和非上市公债两类。上市公债是指可以在市场上公开买卖的公债，其投资者除了在公债的发行市场按规定购买公债以外，还可以在证券交易所或其他合法的证券交易市场按行市买卖公债。非上市公债即不能在二级流通市场上公开买卖的公债。非上市公债与上市公债的主要区别在于前者不允许在流通市场上自由买卖、转让。从各国情况看，非上市公债一般还具有债务期限长、利息率高的特点。

相关链接

2008 年年底，为应对国际金融危机，国务院推出 4 万亿投资计划，其中中央安排资金 1.18 万亿元，其余由地方政府配套解决。与此同时，国务院通过特别批准的方式，在 2009 年政府工作报告中首次提出安排发行地方政府债券 2 000 亿元，以期部分缓解 4 万亿投资计划中地方政府的配套资金压力，正式开启了我国地方政府债券之门。

2011 年 10 月，国务院批准上海、浙江、广东、深圳试点在国务院批准的额度内自行发行债券，但仍由财政部代办还本付息；其余地区的地方政府债券仍由财政部代理发行、代办还本付息。

2014 年 5 月 22 日，财政部印发《2014 年地方政府债券自发自还试点办法》，继续推进地方政府债券改革。2015 年开始，“自发自还”地方债正式开始发行，并成为债券市场的重要供给力量。

二、公债的发行与偿还

（一）公债的发行

公债发行，是指政府将公债出售给认购者，并将公债收入集中到政府手中的过程。它是公债运行的起点，其核心是确定公债发行的方法。公债发行方法概括起来有以下几种：

1. 公募法，又称为“公开发行法”，是政府预先将各项公债发行条件公诸于众，然后公开向社会发售公债的方法，其又可分为直接公募法和间接公募法。直接公募法是指由财政部通过邮政机关或其他通讯系统，面向全国公众募集公债，发行的费用和损失全部由国库承担。间接公募法是指由银行代理政府通过银行系统向公众募集公债。通常在公债发行额既定的条件下，募集额未达到发行额的差额由银行认购。由于银行机构健全、网点多，所以推销比较方便，收回资金时间也较短。

2. 承销法，又称“银行包销法”，是指银行等金融机构承购政府所发行的全部公债，然后再转向社会销售的发行方法，具有节省发行费用、手续简便且收入及时入库的优点。包销法与间接公募法的区别在于：间接公募法中银行只是代理发行事务，公债发行权仍在政府手中；而包销法则是公债发行权的转让，通常政府一次性取得公债收入后便不再干预发行事务，而由银行自主发行并承担相应责任。

3. 公卖法，是指政府委托经纪人在证券交易所按市场价格公开出售公债的方法，主要适用于短期公债的发行。其优点是可以吸收大量的社会游资，调节社会资金运转；其缺点是受证券行市影响，公债收入不够稳定。

4. 特别发行法，是指政府向政府管理的某些非银行金融机构直接发行公债的方法，具有非公开性和政府对政府部门暂时存款利用的特点。

思考：

公债发行的几种方法各有什么优缺点？

（二）公债的偿还

公债偿还，是指国家按照公债发行条件清偿债务的过程，包括公债偿还方法和偿还资金来源两方面内容。

1. 公债偿还的方法。公债偿还的方法通常有直接偿还法和购销法两种。

（1）直接偿还法，是指公债到期时，政府按照发行条件直接向公债持有人偿本付息的方法。其特点是政府向债权人还本付息时不通过市场。这种方法又可具体分为比例偿还法、轮次偿还法、抽签偿还法和到期一次偿还法。

（2）购销法，是指政府按照市价，在证券市场上收购公债，以清偿债务本息的方法。其优点是偿还成本较低、操作简单。政府往往在公债市场价格相对较低时收购公债，从而可以减轻政府的财政负担。

2. 公债偿还的资金来源。公债偿还的资金来源大致有以下几种：

（1）财政结余。从理论上说，这是政府清偿债务的资金来源之一。但财政结余是否能保证用于清偿债务取决于多种因素。特别是近年来，世界上多数国家的财政实践结果一般很少出现结余，因此用财政结余清偿债务不具有实践价值。

（2）预算列支。即政府将当年需还本付息的资金列入国家支出预算。这种方法资金来源比较稳定可靠，手续也较简便。但由于不同年份的偿债数额不同，因而采用这种方法清偿债务会冲击当年预算安排。

（3）偿债基金。即政府设立一种专门基金用以清偿公债。偿债基金具有来源稳定，能适应各年度间不同偿债资金数额需要的特点。

（4）举借新债。即政府通过发行新债券，为到期债务筹措偿还资金，也就是以借新债的收入作为还旧债的资金来源。

相关案例

2016 年第九期和第十期电子式储蓄国债于 2016 年 10 月 10 日开始发行。尽管国债收益随着降息降准“缩水”，但市民购买的热情依旧高涨。虽然天气转凉，但购买国债的市民依旧提前一天排队，甚至到 ATM 取款机处“取暖”。据悉，本次国债 3 年期票面年利率 3.8%，5 年期票面年利率 4.17%。发行当日，各个银行网点的国债额度基本上不到半个小时便全部“售罄”。

分析一下国债热销的原因是什么？

三、公债的规模

（一）衡量公债规模的指标

1. 绝对数指标。主要有：历年累计国债发行总额、当年国债发行总额和当年到期需还本付息的国债总额。对国债总规模的控制是防止债务危机的重要环节。其中，控制当年发行额和到期需偿还额更具有重要意义。

2. 相对数指标。主要有以下几个：

（1）公债负担率。公债负担率是公债余额占 GDP 的比重，其计算公式为：

公债负担率 =（公债余额 ÷ GDP）×100%

这是一个衡量整个国民经济承受公债能力的指标。利用这一指标控制公债规模，在国际上有一个相对标准，一般控制在60%左右。

（2）公债依存度。公债依存度是当年公债发行额占当年财政支出额的比重，其计算公式为：

公债依存度 =（当年公债发行额 ÷ 当年财政支出额）×100%

这是一个衡量政府财政支出对公债依赖程度的指标。根据国际通用的指标，公债依存度一般在15% ~20%左右。

（3）偿债率。偿债率是当年的公债还本付息额占当年财政收入的比重，其计算公式为：

偿债率 =（当年的公债还本付息额 ÷ 当年财政收入额）×100%

这是一个衡量政府财政当年所承担的还本付息负担的指标，反映了公共财政收入中政府可直接支配的数额及通过公债偿还转移给债权人的财力数额。一般认为这一比率应在8% ~10%左右。

（二）影响公债规模的因素

一般来说，公债发行的规模主要受以下几个因素的制约和影响：

1. 应债主体即债权人的承受能力。应债主体的承受能力是决定国债规模的主要因素，其承受能力的大小决定于他们的收入水平和财务状况。从这一角度考察，对居民发行公债的限度是人均债务必须等于或小于居民人均收入减去人均基本生活必需的收入；对企业发行公债的限度是企业平均债务必须等于或小于企业平均收入减去企业平均基本生产必需的收入。如果公债的规模超过了上述最高限度，势必会对生产经营和生活产生不利影响。

2. 政府即债务人的偿债能力。就是政府作为债务主体，对其所借债务还本付息的能力。公债在借入期可以增加财政可支配资金，但其偿还则要增加财政支出。如果不考虑政府的偿债能力而过量发行公债，就有可能导致政府的债务危机乃至整个经济危机。政府的偿债能力通常由财政收入增长速度和生产总值增长速度等因素决定。

讨论：

政府是否可以无限制地发行公债？

3. 公债的使用方向、结构和效益。如果公债收入的使用方向和结构合理、效益高，不但能提高认购者的负担能力，而且也将大大提高政府的偿债能力。反之亦然。

相关资料

我国中央财政债务

单位：亿元

	2010年	2011年	2012年	2013年	2014年	2015年
中央财政债务余额	67 548.11	72 044.51	77 565.70	86 746.91	95 655.45	106 599.59
国内债务	66 987.97	71 410.80	76 747.91	85 836.05	94 676.31	105 467.48
国外债务	560.14	633.71	817.79	910.86	979.14	1 132.11

四、财政风险

（一）财政风险的概念和特点

公债规模过大或公债结构过分不合理，必然会引发财政风险。狭义的财政风险是指财政的债务风险，广义的财政风险还包括非债务风险。

财政风险，是指财政分配活动所面临的增支和减收及由此引发财政危机的可能性，集中表现为赤字和债务的膨胀，当这种膨胀超越一国经济和社会承受力时，将演变成财政危机，并由此引发一国经济政治的全面危机和社会动荡，危及所有的个人、家庭和企事业单位。

财政风险有如下特征：

1. 隐蔽性。财政风险是社会公共风险的集中表现，但在初始阶段往往表现为其他单个或多个公共风险。当某些方面的风险不断累积，单位或部门依靠自身力量无法化解时，最后才运用财政手段来化解；当这种风险累积到超出财政承受能力、无法进行有效化解时，才会显现为财政风险，进而可能演化为财政危机。也就是说，财政风险在累积阶段容易被假象所掩盖。

2. 公共性。财政天生就是承担全社会公共风险的，财政风险作为政府承担总风险的最后一道防线，往往与金融风险、失业风险、养老风险、外债风险等交织在一起，更确切地说，这些本来不属于财政风险的风险损失最终要由财政来部分或全部地承担。

3. 传导性。从财政风险产生的根源来看，无论内生还是外生的，一般不是财政运行引起的，而主要是经济运行、政策调整或体制因素造成的。财政风险最初可能表现在其他领域，受多种因素的影响，通过传导反映到财政上，或者说其他领域的风险最终会转嫁到财政风险上；财政风险是各种风险最终传导者，是最深层次的宏观经济风险。

（二）财政风险的分类

1. 按承担风险的主体分类，财政风险分为中央财政风险和地方财政风险。

中央财政风险是指中央政府在未来可能发生的支付危机。从各国的情况看，财政风险主要是就中央财政而言的，但如果地方财政风险波及全局，就有可能转化为中央财政风险。

相关案例

在衡量财政风险时，通常将欧洲《马斯特里赫特条约》（简称“马约”）提出的赤字和债务标准作为参考。《马约》规定，成员国财政赤字占当年GDP的比重不应超过3%；政府债务总额占GDP的比例不应超过60%。2016年我国赤字率为3%，政府债务率近40%，同时我国还有一定的隐性赤字和债务。对此你有何看法？

地方财政风险是指地方政府在未来可能发生的支付危机。我国《预算法》规定，地方政府不能发行公债，但事实上我国各级地方政府都程度不同地存在着地方财政风险。

2. 按风险的构成内容分类，财政风险分为债务性财政风险和非债务性财政风险。

债务性财政风险是指政府因借债规模过大、债务结构不合理、债务使用效益不高等原因，在未来可能发生的偿债危机。

非债务性风险是指财政来自债务性风险之外的财政自身的风险及从其他领域最终转嫁给财政承担的各种风险。前者包括因政府职能转换滞后、财政决策失误、财政收入下降、财政支出增长过快、欠发工资等而在未来可能发生的支付危机；后者是指金融、失业、养老、国有企业等领域或部门、单位的风险，在自身难以应对的情况下，最终转嫁给财政承担的风险。

相关链接

我国建立健全地方政府性债务风险应急处置工作机制。建立分级响应机制，主要是按照风险事件性质、影响范围和危害程度等，将政府性债务风险事件划分为Ⅳ级（一般）、Ⅲ级（较大）、Ⅱ级（重大）、Ⅰ级（特大）四个等级。以Ⅰ级债务风险事件为例，当省级或全省（区、市）15%以上的市县无法偿还债务本息，或是全省（区、市）地方政府债务本金违约金额占同期本地区地方政府债务应偿本金10%以上，或者利息违约金额占同期应付利息10%以上，只要其中一项指标异常，就可确定为Ⅰ级债务风险事件。

【重要概念】

财政收入　财政收入结构　税收收入　税率　纳税人　征税对象　非税收入　行政事业性收费　政府性基金　公债　财政风险

【思考与实训】

1. 调查你所在地区近些年财政收入情况，思考如何进一步提升财政收入质量。
2. 查找资料和调研，思考我国或你所在省市县非税收入管理问题。
3. 查找资料和调研，思考如何防范财政风险。

【分析与讨论】

根据掌握的资料和调研，分析与讨论如何更好地处理财政收入与发展经济的关系。

第四章

政府预算

学习要点

- 政府预算的概念及类别
- 政府预算的编制与执行
- 部门预算与传统预算的区别
- 国库集中收付制度

导读

我国政府预算的历史

算起来，我国政府预算交由民意机构审议批准，至今已过 100 年。一百多年前的 1910 年，满清编制了宣统三年（1911 年）预算案，中央一级的预算由咨政院审查批准，而地方的则由省咨议局审查批准。这当然是中国历史上翻天覆地的事件，破天荒、划时代，开历史亘古未有之先河。此前的政府收支，虽然也有一定的计划，但那是皇帝和若干高级大臣密室研究的事情，既不会让他人参与，更不会向社会公开。而宣统三年预算则经咨政院审议，向社会公开，是迥异于传统的现代意义上的预算。

那么，现代社会的政府预算是如何编制的？本章为你解读政府预算。

第一节　政府预算概述

一、政府预算的概念和类别

（一）政府预算的概念

政府预算，是指具有法律效力的政府年度公共财政收支计划。它一般由预算报表和文字说明书两部分组成。法律效力体现在预算管理的全过程，包括预算编制、预算执行与调整和决算编制等环节。世界上各国政府每个预算年度都要编制政府预算。

结合我国实际，政府预算还应该从以下三个方面进行理解：

1. 政府预算是有计划筹集和分配使用公共财政资金的重要工具。从有计划地筹集公共财政资金来说，一是在总量上做到有计划，即每个财政年度内政府预算安排的财政收入数量要与经济发展水平相适应，也就是财政收入占 GDP 的比重要合理。二是在结构上做到有计划。按照建立市场经济体制和公共财政的要求，在财政收入结构上要逐步形成以税收收入为主、非税收入为辅的公共财政收入结构体系。

2. 政府预算是政府调控经济社会运行的重要杠杆。政府针对市场配置资源的缺陷，根据经济社会形势的运行态势，利用不同的预算政策（结余政策、平衡政策和赤字政策）对一部分社会资源进行优化配置，对经济社会运行进行适时调控，从而保证经济社会的全面、协调、可持续发展。

3. 政府预算是政府实行经济监督的重要手段。政府预算编制和执行的全过程，必然会与各方面发生密切的联系，经济运行状况可以透过政府预算收支行动得到反映，从而发挥对经济活动实施监督的功能。

（二）政府预算的类别

> **讨论：**
> 各国政府为什么都要编制预算？

1. 按政府预算组织形式分类，可分为单式预算和复式预算。

单式预算，是指把全部财政收支统一编入一个预算收支表的政府预算，是传统的政府预算编制形式。优点：一是整体性强，能从整体上反映公共财政的全貌，便于政府统筹安排运用财政资金，符合统一性和完整性的预算原则。二是便于管理，操作过程简单、清楚、全面，编制和审批也比较容易。缺点：一是收支对应性不强；二是容易掩盖赤字真相。没有按财政收支的经济性质分别编列和平衡，看不出各类收支之间的对应平衡关系和赤字产生的原因，不利于进行宏观调控。

复式预算，是指把全部财政收支按其性质不同分别编入两个或两个以上预算收支表的政府预算，通常分为经常预算和资本预算。经常预算又称经费预算或普通预算，它是政府编制的满足经常性开支需要的预算，其支出主要用于文教、行政和国防等方面的经费开支，其收入主要是税收。资本预算又称建设预算或投资预算，它是综合反映政府建设资金的来源与运用的预算，其支出主要是用于经济建设，其收入主要是债务收入。

优点：由于复式预算是按财政收支的不同性质分别编制和平衡，有利于对不同性质的收支进行分析、管理和控制，有利于政府职能的分离，有利于提高财政支出的经济效益，有利于实行宏观决策和管理。

缺点：总体功能较弱，编审较复杂，工作量也较大，对预算管理水平有较高的要求。

按照公共财政要求，政府各类收入反映政府以行政权力和国有资产所有者身份集中社会资源的规模和份额，都应纳入预算管理。要进一步完善一般公共预算、国有资本经营预算、政府性基金预算和社会保险基金预算的编制，形成有机衔接、完整的政府预算体系，以全面反映政府收支总量、结构和管理活动。

2. 按政府预算编制方法分类，可分为基数预算和零基预算。

基数预算，是指以上年预算收支执行数为基数，同时考虑计划年度影响收支多种变化因素而编制的预算，也称增量预算。其优点是保持了预算收支的连续性，也易于操作。其缺点是简化了影响计划年度预算收支的多种变量因素，容易造成预算单位之间分配不公的现象，不利于控制不合理支出。

零基预算，是指不考虑过去的预算项目和收支水平，以零为基点编制的预算，也称项目选择预算。其基本特征是不受以往预算安排和预算执行情况的影响，根据现实需要和可能来编制预算。其优点是有利于适应政府职能的转变，保证重点支出；有利于充分体现基层单位意见，便于预算执行；有利于控制预算支出，提高资金使用效率。其缺点是编制复杂、工作量大、技术性要求高，可能会影响某些重要项目的连续性。

3. 按预算内容分合关系分类，划分为总预算、部门预算和单位预算。

总预算，是由本级政府预算和汇总的下一级总预算汇编而成的预算。在我国，建立政府预算组织体系的依据是政府政权结构和行政区域划分。

部门预算，是由各级政府部门编制的，由部门所属单位预算汇编而成的预算。它是政府预算的有机组成部分，也是当前公共财政支出制度改革的重点内容之一。

单位预算，是指列入部门预算的政府机关、社会团体和其他单位的预算。从单位预算的级次划分，分为一级单位预算（主管部门预算）、二级单位预算和三级单位预算。三级单位预算以下称为报账单位，不作为一级预算单位。

4. 按政府预算组织体系的构成环节分类，划分为中央预算和地方预算。

中央预算，是指经法定程序批准的中央政府的年度财政收支计划。中央预算由中央各部门（含直属单位）的预算组成，它在政府预算组织体系中起主导作用。

地方预算，是指经法定程序批准的地方各级政府的年度财政收支计划，由四级地方总预算构成，县以上地方各级总预算分别由政府本级预算和下级总预算组成。地方预算在政府预算组织体系中起基础作用。

此外，按政府预算法律效力分类，将预算划分为正式预算、调整预算与临时预算。

相关案例

浙江省温岭市推行“参与式预算”已有十多年。从2005年泽国、新河两镇起步，至2008年延伸至市级部门，2010年覆盖全市所有镇（街道），到2014年，温岭市、镇两级政府及部门预决算在网上实现全公开。温岭的“参与式预算”，即人民群众以民主恳谈为主要形式参与政府年度预算方案协商讨论，人大审议政府预算并决定预算的修正和调整，实现实质性参与的预算审查监督。这一做法将协商民主与人大预算审查监督有机结合起来，在国内属首开先河。对此你如何看？

二、政府预算的特征

政府预算具有如下特征：

第一，公开性。这是指全部预算收支必须经过立法机关审查批准，并向社会公布，使之置于民众的监督之下。

第二，完整性。这是指政府预算应包括政府全部财政收支，不准少列收支、造假账、预算外另列预算。

第三，统一性。这是指各级政府应编制一个统一的预算，其中所包括的预算收入和支出都要按统一的方法和口径加以计算和全额编列。

第四，年度性。这是指政府预算必须按法定的预算年度编制，要列清全年的财政收支，不允许将不属于本年度的收支内容列入本年度的政府预算之中。

相关链接

预算年度，是指政府预算收支起止的有效期限，通常为一年，亦称财政年度。实行何种预算年度，主要取决于下列因素：农产品收获季节；议会召开时间；传统习惯。目前，世界各国实行的预算年度主要有两种：一种是历年制，即从公历1月1日起至12月31日止。大部分西方政府（如法国、德国、意大利、瑞士等）和俄罗斯、东欧一些国家以及我国都采用历年制。另一种是跨年制。实行跨年制的国家在起止日期上有所不同。如英国、日本等国家的预算年度从当年的4月1日起至次年3月31日止；美国、泰国等国家的预算年度从当年的10月1日起至次年9月30日止；瑞典、苏丹、澳大利亚等国家的预算年度从当年的7月1日至次年的6月30日止。

第五，法律性。这是指编制的政府预算一旦经过权力机关批准之后就具有法律效力，必须贯彻执行。政府预算的法律性体现在预算管理的整个过程，包括预算编制、预算调整和预算执行结果（政府决算）。

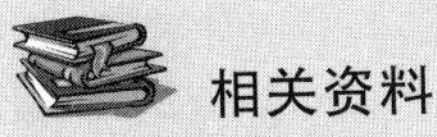

相关资料

预 算 法

《中华人民共和国预算法》于1994年3月22日第八届全国人民代表大会第二次会议通过。并于1995年1月1日起施行。此后，历经四次审议，第十二届全国人民代表大会常务委员会第十次会议在2014年8月31日表决通过了《全国人大常委会关于修改〈预算法〉的决定》，并决议于2015年1月1日起施行。至此，预算法在出台20年后，终于完成了首次修改。

三、政府预算管理程序

政府预算管理程序包括政府预算编制和审批、政府预算执行和政府决算三个环节。

（一）政府预算编制和审批

政府预算编制是政府预算管理的首要和基础环节，由政府行政机关负责。在我国，各级政府负责政府预算的编制工作，具体编制工作由财政部门承担。

1. 政府预算编制原则。根据我国预算管理的法律规定，政府预算编制应当遵循以下原则：（1）及时性原则。这是对预算编制的时间要求。（2）连续性原则。这是指预算收支数字在年度之间要保持一定的连续性。（3）平衡性原则。按照我国《预算法》规定，中央政府公共预算和地方各级预算按照量入为出、收支平衡的原则编制，不列赤字。（4）真实性原则。就是通过科学的方法和手段使预算收支数字真实可靠，不允许虚列冒估。（5）效率性原则。这是指各级政府预算支出的编制应当贯彻厉行节约、勤俭建国的方针，不断提高财政资源的配置效益。（6）合理性原则。这是指各级政府预算支出的编制应当按照国家制定的方针和政策，统筹兼顾，确保重点，在保证政府公共支出合理需要的前提下，妥善安排其他各类预算支出。

2. 政府预算编制程序。就政府预算的编制来讲，包括政府本级预算和政府总预算的编制。一般来说，主要是指政府本级预算的编制，因为政府总预算的编制只是一个汇编的问题。依据上述原则，各级政府本级预算按照“自下而上、自上而下、两下两上、逐级汇编”的程序进行编制。

思考：

我国预算编制为什么要采取“两上两下”的程序？

相关链接

政府预算编制程序

一是“自下而上”上报预算收支建议数。政府各部门接到政府关于编制政府预算的指示和具体规定后，按照上级精神和本单位收支预测情况，提出本单位的计划年度预算收支建议数，报告给政府财政部门。

二是"自上而下"下达预算收支控制指标。财政部门收到各部门上报的预算收支建议数后，同时考虑报告年度预算收支执行情况、历年收支规律、计划年度的经济社会发展情况和影响计划年度收支的各种变化因素等情况，拟定计划年度预算收支控制指标，报政府同意后，再具体分解和下达给各部门。预算收支控制指标具有指令性，一般不得更改。

三是"自下而上"上报预算草案。各预算单位接到上级下达的预算收支控制指标后，具体编制本部门的预算草案。部门预算草案编好后，报告给政府财政部门。

四是"自上而下"批复预算。财政部门收到政府各部门上报的部门预算草案后，结合本身所掌握的一些数据和资料，汇编成政府本级预算草案，报政府审定。然后，由政府提交本级人代会审批。人代会作出批准政府预算的决议后，按照《预算法》规定的时间，财政部门向政府各部门批复部门预算，政府各部门向所属单位批复单位预算。

3. 政府预算审批。按照我国《预算法》的规定，政府预算的审批，包括初审和权力机关的审批。政府预算审批后，还要进一步做好备案和批复工作。

政府预算初审，是指各级政府财政部门应在本级人代会举行的一个月前，将本级预算草案的主要内容提交本级人代会的专门委员会，或者根据本级人大常委会主任会议的决定提交本级人大常委会有关的工作委员会，或者提交本级人大常委会进行初步审查。

政府预算审批，是指各级政府在本级人代会举行会议时，向大会作关于预算草案的报告。中央预算草案由全国人民代表大会审查和批准。地方各级政府预算草案由本级人民代表大会审查和批准。

政府预算备案，是指地方各级政府应及时将经本级人民代表大会批准的预算及下一级政府报送备案的预算汇总，报上一级政府备案。县级以上各级政府还要将汇总后的预算报本级人大常委会备案。国务院和县级以上地方各级政府对下一级政府报送备案的预算，认为有同法律、行政法规相抵触或者有其他不适当之处，需要撤销批准预算的决议的，应当提请本级人大常委会审议决定。

政府预算批复，是指各级预算经本级人民代表大会批准后，本级政府财政部门应当在20日内向本级各部门批复预算。各部门应当在接到本级政府财政部门批复的本部门预算后15日内向所属各单位批复预算。

相关链接

我国《预算法》规定：中央对地方的一般性转移支付，应当在全国人大批准预算后30日内正式下达。中央对地方的专项转移支付，应当在全国人大批准预算后90日内正式下达。省、自治区、直辖市政府接到中央一般性转移支付和专项转移支付后，应当在30日内正式下达到本行政区域县级以上各级政府。县级以上地方各级预算安排对下级政府的一般性转移支付和专项转移支付，应当分别在本级人代会批准预算后的30日和60日内正式下达。

（二）政府预算执行

1. 政府预算执行组织体系。政府预算经过批准以后进入执行阶段。预算执行是政府预算管理的中心环节。政府预算执行的组织体系包括行政领导机构、管理机构和职能机构。国务院及地方各级人民政府是预算执行的领导机构，财政部和各级人民政府财政部门是预算执行的管理机构。财政、税务和海关是预算收入执行的职能机构，也是预算收入的征收机关；财政、国库、部门和单位是预算支出执行的职能机构。

2. 政府预算执行任务。在预算执行阶段，所有参与预算管理的各主体应当共同完成的任务主要包括组织预算收入、拨付预算资金、预算调整、预算执行的检查分析等内容。

各级政府预算由本级政府组织执行，具体工作由本级财政部门负责。财政、税务和海关必须按照政府规定的缴库方式和方法，依法及时、足额征收应征的预算收入。有预算收入上缴任务的部门、企业单位和个人，必须依照法规的规定，将应上缴的预算资金及时、足额地上缴国库。各级财政部门必须依法及时、足额地按拨款原则和方法拨付预算支出资金，并加强管理和监督。

预算调整，就是在预算执行中通过法定程序改变预算收支总额，组织新的预算平衡的重要方法。在预算执行中，由于种种变化因素的出现，造成预算收支的追加或追减，需要调整原批准的预算收支总额，但是，通过预算调整不会影响预算收支的平衡状况。应该注意的是，追加支出必须有相应的收入来源；追减收入必须相应压缩支出。进行预算调整，应当由各级政府编制调整方案，提请本级人大常委会或本级人代会审批。地方各级政府预算的调整方案经批准后，由本级政府报上一级政府备案。

预算执行情况的检查分析是预算执行中一项经常性的工作，主要是对预算收支的完成情况和经济社会发展主要指标进行检查分析。采取的方法一般包括对比分析法和因素分析法。采取的方式包括定期分析、专题分析和典型分析。通过检查分析，及时发现和解决预算执行中的新情况和新问题，以利于全年预算收支任务和经济社会发展主要指标的顺利完成。

（三）政府决算

政府决算，是预算执行的总结和终结。决算草案由各级政府、各部门、各单位在每一预算年度终了后，在年终清理等准备工作的基础上，按照规定的时间编制。具体事项由财政部门部署。各级政府决算的编制程序是自下而上，逐级汇编。政府决算不得代编。编制政府决算草案必须符合法律、行政法规，做到收支数额准确、内容完整、报送及时。

县以上各级政府决算草案由本级人大常委会审查和批准，乡级政府决算草案由本级人民代表大会审查和批准。各级政府决算经批准后，财政部门应当自批准之日起 20 日内向本级各部门批复决算。各部门应当自本级政府财政部门批复本部门决算之日起 15 日内向所属单位批复决算。县级以上地方各级政府应当自本级人大常委会批准本级政府决算之日起 30 日内，将本级政府决算及下一级政府上报备案的决算汇总，报上一级政府备案。

四、预算监督和法律责任

全国人民代表大会及人大常委会对中央和地方预算、决算进行监督；县以上地方各级人民代表大会及人大常务委员会对本级和下级政府预算、决算进行监督；乡、民族乡、镇人民代表大会对本级预算、决算进行监督；各级政府监督下级政府的预算执行；各级政府财政部门监督本级各部门及其所属各单位预算的执行；各级政府审计部门对本级各部门、各单位和下级政府的预算执行和决算实行审计监督。

各级政府未经依法批准擅自变更预算，使经批准的收支平衡的预算总支出超过总收入，或者使经批准的预算中举借债务的数额增加的，对负有直接责任的主管人员和其他直接责任人员追究行政责任。违反法律、行政法规的规定，擅自动用国库库款或者擅自以其他方式支配已入库的库款的，由政府财政部门责令退回或者追回库款，并由上级机关给予负有直接责任的主管人员和其他直接责任人员行政处分。隐瞒预算收入或者将不应当在预算内支出的款项转为预算内支出的，由上一级政府或者本级政府财政部门责令纠正，并由上级机关给予负有直接责任的主管人员和其他直接责任人员行政处分。

讨论：

为什么要加强财政预算监督？

相关资料

《财政违法行为处罚处分条例》（节选）

第七条　财政预决算的编制部门和预算执行部门及其工作人员有下列违反国家有关预算管理规定的行为之一的，责令改正，追回有关款项，限期调整有关预算科目和预算级次。对单位给予警告或者通报批评。对直接负责的主管人员和其他直接责任人员给予警告、记过或者记大过处分；情节较重的，给予降级处分；情节严重的，给予撤职处分：(1) 虚增、虚减财政收入或者财政支出；(2) 违反规定编制、批复预算或者决算；(3) 违反规定调整预算；(4) 违反规定调整预算级次或者预算收支种类；(5) 违反规定动用预算预备费或者挪用预算周转金；(6) 违反国家关于转移支付管理规定的行为；(7) 其他违反国家有关预算管理规定的行为。

第二节　部门预算

一、部门预算概述

部门预算，是指由政府各个部门编制并经法定程序审批通过的反映政府各个部门收支活动的预算。通俗地说，就是一个部门编制一本预算。部门预算是市场经济国家政府预算管理的基本组织形式，是政府预算的重要组成部分。

部门预算有以下几个方面的含义：

1. 从编制范围看，部门预算涵盖了部门或单位所有的收支，不仅包括财政预算内资金收支，还包括各项预算外资金收支及其他收支；既包括一般预算收支，还包括政府性基金收支，体现了综合性原则。

2. 从编制程序看，部门预算是汇总预算。它是由基层预算单位编制，逐级审核汇总形成的。具体编制时，由基层预算单位根据承担的工作任务、发展规划以及年度工作计划测算编制，经逐级上报、审核，并按部门汇总形成。

3. 从细化程度看，部门预算既细化到了预算单位的具体项目，又细化到了按预算科目划分的各支出项目。经部门或单位汇总后，预算既反映了本部门所有收支，还反映了按单位和项目划分的收支具体构成情况，以及单位及项目的收支按支出功能分类的具体构成情况。

4. 从合法性看，部门预算必须在符合国家有关政策、规定的前提下，按财政部门核定的预算控制数编制。预算草案在呈报上级部门前，必须经单位领导同意；财政总预算在上报全国人大前，必须报经国务院批准；全国人大按法定程序批准年度预算后，由财政部门批复到部门，部门再逐级批复到基层预算单位。

相关链接

我国政府预算设置三项后备基金：一是各级一般公共预算应当按照本级一般公共预算支出额的百分之一至百分之三设置预备费，用于当年预算执行中的自然灾害等突发事件处理增加的支出及其他难以预见的开支。二是各级一般公共预算按照国务院的规定可以设置预算周转金，用于本级政府调剂预算年度内季节性收支差额。三是各级一般公共预算按照国务院的规定可以设置预算稳定调节基金，用于弥补以后年度预算资金的不足。

二、部门预算的内容

部门预算主要包括收入预算和支出预算两部分。

（一）收入预算

收入预算包括上年结转、财政拨款、缴入国库的行政事业性收费、专项收入、政府性基金收入、缴入财政专户的行政事业性收费或彩票公益金、单位间转移收入和其他各项收入。

（二）支出预算

支出预算包括基本支出和项目支出。

基本支出包括工资福利支出、商品服务支出和对个人及家庭的补助。其中，工资福利支出包括基本工资、津贴补贴、奖金、养老保险、失业保险、医疗保险和其他支出。商品和服务支出包括公用经费、工会经费和职工福利费等。对个人及家庭的补助包括离休费、退休费、生活补助、助学金、住房公积金和其他支出。

讨论：

基本支出与项目支出有什么不同？

项目支出主要包括基本建设支出、社会事业发展项目支出、经济发展项目支出、债务项目支出、专项业务项目支出和其他项目支出等六类。其中，基本建设支出是指按照国家和政府关于基本建设管理的规定，安排用于基本建设的支出。社会事业发展项目支出是指用于一般社会事业发展方面的专项支出。经济发展项目支出是指用于支持产业发展方面的专项支出。债务项目支出是指用于偿还政府性债务方面的专项支出。专项业务项目支出是指用于部门和单位开展业务工作的专项支出。其他项目支出是指除上述项目支出以外安排的项目支出。

相关资料

财政部2016年部门预算：一般公共预算拨款1 191 222.7万元，上年结转31 164.9万元，收入合计1 222 387.6万元；一般公共服务支出166 023.65万元，外交支出1 002 630.28万元，教育支出27 238.6万元，科学技术支出7 159.1万元，文化体育与传媒支出2 193.03万元，社会保障和就业支出9 633.38万元，农林水支出1 352.15万元，住房保障支出6 143.0万元，结转下年14.41万元，支出合计1 222 387.6万元。

三、部门预算流程

部门预算仍然实行“两上两下”的基本流程，但对每一次“上”和“下”的具体内容作了调整。

（一）“一上”，即自下而上上报支出计划建议数

政府各部门按照部门预算编制通知要求，编制本部门下年度人员支出、公用支出、项目支出计划草案；结合本部门当年编制、实有人员等基础情况，编制年度本部门基本支出预算。根据政府确定的经济社会发展重点及本部门规划，建立和完善部门预算项目库，提出下年度的具体项目计划。按照政府性债务预算的编制要求，提出年度债务收入、债务支出及还本付息支出等计划。按照行政事业单位资产购置预算编制要求，编制年度资产购置预算。为加强部门结余资金的管理，各部门要将截至上年底的结余资金（包括基本支出结余和项目支出结余）当年使用情况、预计结转下年安排使用计划以及拟统筹动用本部门净结余资金安排下年度有关项目支出预算情况，随部门预算一并送财政部门。各部门按照预算编审通知要求，把本部门全套计划分别送财政部门相关处室审核并汇总。

（二）“一下”，即自上而下下达支出核定数

政府财政部门与政府相关部门研究测算下年度地区与本级财政收入，预测政府本级当年一般预算财力规模；审核汇总部门预算建议，下达部门人员支出、公用支出核定数，同时在扣除基本支出数额的前提下，确定项目支出总额；编制下年度政府本级财政预算草案，提出一般预算项目资金分口切块限额，政府性基金、预算外资金等收支规模以及各部门各类项目支出计划，经财政部门最终确定后一并上报政府。政府对本级预算的重点项目支出和分口支出限额研究确定后，财政部门将政府对切块资金提出的具体分配项目支出和安排意见下达相关部门。

> **思考：**
> 为什么要把部门预算编制时间适当提前？

（三）“二上”，即自下而上上报部门预算草案

各部门、各单位根据政府研究确定的切块资金分配和项目安排意见，编制调整本部门收支预算建议，报送财政部门审核汇总。财政部门根据政府对本级预算的重点支出项目和分口、分部门支出限额，以及对切块资金分配和项目支出具体安排意见，在综合平衡的基础上，汇总编制部门预算草案报政府审定。

（四）“二下”，即自上而下批复部门预算

财政部门根据政府审定的意见，进一步调整和完善部门预算，提出下年度本级政府收支预算草案，在规定时间报政府审定。根据政府审定意见，进一步修订审核本级收支预算草案，报同级人大专门委员会初审，提交同级人代会审议批准。在人代会批准财政预算草案的30日内，将部门预算批复到各部门。各部门按照财政部门批复的预算，在15日内逐级批复到所属单位，并报财政部门备案。

为了使预算编制工作顺利进行，需要将预算编制和报送时间适当提前。

相关案例

“白垩鹰”、“绿色森林”、“高贵夫人”……这些神秘的名称，充斥在美国五角大楼公布的预算实施情况的项目表中，它毫无规律可循，更像是计算机随机产生的名字，要将项目和金额对上号只能望洋兴叹。外界称之为“黑色预算”。所谓“黑色预算”，按照《华盛顿邮报》的定义，是指五角大楼为高度机密武器装备的研发和采购安排的经费，海外情报搜集和特种行动花费也属此列。只有极少数国会议员有权对该预算内容进行审查。对此你有何评论？

第三节 国库集中收付制度

一、建立国库集中收付制度的意义

（一）国库和国库体制

国库是国家金库的简称，是负责办理政府预算资金的收纳、划分报解、保管、支拨和监督等工作的机构。国库是政府预算执行的重要环节，是政府预算管理的基础工作。

从世界范围来看，国库体制的类型主要有三种：

独立国库制。即国家专设独立的国库，办理财政预算资金的相关业务。由于自设国库费用较大，且容易引起财政资金的闲置沉淀，所以采用的国家较少。

委托国库制。即国家委托中央银行代理国库业务，采用这种类型的国家较多。

银行存款制。即国库业务由商业银行承担，财政账户的性质同一般存款账户，实行存款有息、结算付费。

建国以来，我国一直实行委托国库制。不设人民银行机构的地方，国库业务由人民银行委托当地的专业银行办理。

（二）国库集中收付制度

国库集中收付制度，又称“国库单一账户制度”，是指由财政部门代表政府设置国库单一账户体系，所有的财政性资金均纳入国库单一账户体系收缴、支付和管理的制度。它由国库集中收入管理制度、国库集中支付管理制度和国库集中账户管理制度三部分构成。国库集中收入管理制度是指一切财政性收入均纳入国库或国库指定的代理商业银行的单一账户；国库集中支付制度是指一切财政性支出均应在实际支付行为发生时才能从单一账户支付出去，支付对象一般应是商品供应者或劳务提供者；国库集中账户管理制度是指设置与国库单一账户配套使用的国库分类账户，集中反映各预算单位的预算执行情况。

国库集中收付制度有以下特征：（1）国库集中收付的主体是政府，是政府的经济行为，是政府财政管理活动的重要内容。（2）国库集中收付的对象是财政性资金，具体包括预算内收入、预算外收入和其他一切财政性资金。（3）国库集中收付的中介是中央银行及其指定的代理商业银行。

（三）建立国库集中收付制度的意义

1. 有利于革除原有国库管理制度的种种弊端：（1）保证财政收入及时、足额入库；（2）有利于规范预算执行和硬化预算约束；（3）有利于促进和加强廉政建设。

2. 有利于提高财政资金的使用效率：（1）提高财政资金的支付效率；（2）增强财政部门调控资金的效率。

3. 有利于国家宏观调控政策的实施：（1）有利于政府预算编制的科学性；（2）有利于财政政策和货币政策的配合。

4. 有利于建立适应社会主义市场经济要求的公共财政框架。公共财政的建立依赖于各项具体财政制度的建设，国库集中收付制度与部门预算制度、政府采购制度共同构成了公共财政支出制度改革的三大核心内容，三者相互影响、相互促进、相辅相成。因此，实行国库单一账户制度不仅仅是一项管理技术的创新，它同时体现了改革与发展的要求。建立和推行国库集中收付制度对我国公共财政框架的构建和完善非常必要。

相关案例

湖北专员办在某次检查中发现，施工企业资金管理具有资金量大、收支周期长、支付对象多等特点，部分施工企业将一些资金违规问题视为行业惯例，习以为常。表现一：默许个人承包商借用其他公司资质承揽工程，从而将资金支付到个人名下。表现二：施工企业与个人承包商签订合同，从而将大额工程款支付给个人。表现三：协助避税，将应付单位款项支付给个人。表现四：大量备用金以个人名义储存。表现五：对大额工程款采取现金形式支付，超范围使用现金。表现六：收支款项不记账。表现七：备用金报销违规。

请分析：存在这种乱象的原因是什么？

二、国库集中收付制度的内容

我国财政国库管理制度改革的主要内容包括以下三个方面：

（一）建立国库单一账户体系

国库单一账户体系需要建立以下几类账户：

1. 国库单一账户。这是财政部门在中国人民银行开设的，用于记录、核算和反映纳入预算管理的财政收入和支出活动，并用于与财政部门在商业银行开设的零余额账户进行清算和实现支付的账户。按收入和支出设置分类账，收入账按预算科目进行明细核算，支出账按资金使用性质设立分账册。

2. 零余额账户。财政部门按资金使用性质在商业银行开设财政零余额账户，用于财政直接支付和与国库单一账户支出清算；财政部门在商业银行为预算单位开设零余额账户，用于财政授权支付和清算。

3. 小额现金账户。由财政部门在商业银行为预算单位开设，用于记录、核算和反映预算单位的零星支出活动，并用于与国库单一账户清算。

4. 特设专户。它是经国务院和省级人民政府批准或授权财政部门开设的特殊过渡性账户。建立国库单一账户体系后，相应取消各类过渡性账户，预算单位的财政性资金逐步全部纳入国库单一账户管理，用于记录、核算和反映预算单位的特殊专项支出活动，并用于与国库单一账户清算。

（二）规范收入收缴程序

1. 划分收入类型。为实现对财政资金的统一管理，按政府收入分类，将财政收入分为税收收入、社会保险基金收入、非税收入、贷款转贷回收本金收入、债务收入、转移性收入。

2. 规范收缴方式。适应建立我国现代国库管理制度的要求，将财政收入的收缴方式分为直接缴库和集中汇缴。直接缴库由缴款单位或缴款人按有关法律法规规定，直接将应缴收入缴入国库单一账户或预算外资金财政专户。集中汇缴由征收机关（有关法定单位）按有关法律法规规定，将所收的应缴收入汇总缴入国库单一账户或预算外资金财政专户。

讨论：

实行国库集中收付制度为什么要规范收入收缴程序？

3. 确定收缴程序。

（1）直接缴库程序：直接缴库的税收收入，由纳税人或税务代理人提出纳税申报，经征收机关审核无误后，由纳税人通过开户银行将税款缴入国库单一账户。社会保险基金收入、非税收入、贷款转贷回收本金收入、债务收入和转移性收入，比照上述程序缴入国库单一账户或预算外资金财政专户。

（2）集中汇缴程序：小额零散税收和法律另有规定的应缴收入，由征收机关于收缴收入的当日汇总缴入国库单一账户。非税收入中的现金缴款，比照本程序缴入国库单一账户或预算外资金财政专户。

此外，还要规范收入退库管理。涉及从国库中退库的，依照法律、行政法规有关国库管理的规定执行。

（三）规范支出拨付程序

1. 划分支出类型。财政支出从总体上分为购买性支出和转移性支出。根据支付管理需要，具体分为四类：

（1）工资支出，即预算单位的工资性支出；

（2）购买支出，即预算单位除工资支出、零星支出之外购买服务、货物、工程项目等支出；

（3）零星支出，即预算单位购买支出中的日常小额部分，除《政府采购品目分类表》所列品目以外的支出，或列入《政府采购品目分类表》、但未达到规定数额的支出；

（4）转移支出，即拨付给预算单位或下级财政部门，未指明具体用途的支出，包括拨付企业补贴和未指明具体用途的资金、中央对地方的一般性转移支付等。

2. 确定支付方式。按照不同的支付主体，对不同类型的支出，分别实行财政直接支付和财政授权支付。

（1）财政直接支付是指由财政部门开具支付令，通过国库单一账户体系，直接将财政资金支付到收款人（即商品和劳务供应者）或用款单位账户。随着改革逐步推向深入，财政直接支付的范围将不断扩大。

（2）财政授权支付是指由预算单位根据财政授权，自行开具支付令，通过国库单一账户体系将资金支付到收款人账户。实行财政授权支付的支出包括未实行财政直接支付的购买支出和零星支出。

3. 设定支付程序。分为财政直接支付程序和财政授权支付程序两种。

（1）财政直接支付程序：预算单位按照批复的部门预算和资金使用计划，向财政国库支付执行机构提出支付申请，财政国库支付执行机构根据批复的部门预算和资金使用计划及相关要求对支付申请审核无误后，向代理银行发出支付令，并通知中国人民银行国库部门，通过代理银行进入全国银行清算系统实时清算，财政资金从国库单一账户划拨到收款人的银行账户。

相关案例

某村花费400多万元建设村委会大楼；某区的“天安门”、“天坛”、“华表”、“华门”等建筑总共花费7 000余万元；某市违规建设的办公大楼，竟花费了7亿元……建豪华得离谱的办公大楼的钱是向上级财政要来的，还是违规收费收上来的？这么大一笔开销经过了什么样的程序？财政资金到底应该花在什么地方？

财政直接支付主要通过转账方式进行，也可以采用“国库支票”支付。财政国库支付执行机构根据预算单位的要求签发支票，并将签发给收款人的支票交给预算单位，由预算单位转给收款人。收款人持支票到其开户银行入账，收款人开户银行再与代理银行进行清算。

每日营业终了前，由国库单一账户与代理银行进行清算。

（2）财政授权支付程序：预算单位按照批复的部门预算和资金使用计划，向财政国库支付执行机构申请授权支付的月度用款限额，财政国库支付执行机构将批准后的限额通知代理银行和预算单位，并通知中国人民银行国库部门。预算单位在月度用款限额内，自行开具支付令，通过财政国库支付执行机构转由代理银行向收款人付款，并与国库单一账户清算。

相关资料

2015 年中央一般公共预算收支决算

2015 年，中央一般公共预算收入 69 267. 19 亿元，为预算的 100. 1%；加上年初从中央预算稳定调节基金调入的 1 000 亿元，收入总量为 70 267. 19 亿元。中央一般公共预算支出 80 639. 66 亿元，完成预算的 99%；加上补充中央预算稳定调节基金 827. 53 亿元，支出总量为 81 467. 19 亿元。收支总量相抵，中央财政赤字 11 200 亿元，与预算持平。年末中央财政国债余额 106 599. 59 亿元，控制在国债余额限额 111 908. 35 亿元以内。

【重要概念】

政府预算　复式预算　零基预算　预算年度　预算调整　部门预算　基本支出　财政直接支付　财政授权支付

【思考与实训】

1. 根据资料和调查，思考我国部门预算存在的问题。
2. 查找资料，思考我国政府预算编制和执行存在的问题。
3. 查找你所在省、市、县当年的预算报告，并分析其特点。
4. 依据掌握的资料，思考如何使我国的政府预算更加公开透明？

【分析与讨论】

根据当年财政部长的预算报告，结合经济形势，分析与讨论我国政府预算安排的特点。

第五章

财政体制

学习要点

- 政府间事权和收支划分
- 预算管理权责划分
- 我国分税制体制
- 政府间转移支付

导读

财政体制与区域发展

改革开放后，我国重点发展沿海地区，实行非均衡发展战略。20 世纪 90 年代后期，区域差距拉大，我国又开始向均衡发展战略倾斜，实施东部率先发展、中部崛起、西部大开发、振兴东部等老工业基地的战略。

2014 年 12 月中央经济工作会议指出，要重点实施“一带一路”、京津冀协同发展、长江经济带三大战略。

世界各国在促进落后地区发展时，都实行以中央财政支持为主的机制，用财政体制作为载体，把建立规范的转移支付制度作为实施区域经济政策的重要手段。

那么，财政体制如何更好地促进区域协调发展呢？本章为你解读财政体制。

第一节 财政体制概述

一、财政体制的概念

财政管理体制，简称“财政体制”，有广义与狭义之分。从广义上讲，财政体制包括预算管理体制、税收管理体制、政府采购管理体制和公债管理体制等，解决纵向和横向两个方面的分配关系。其中，预算管理体制在财政体制中居于中心环节。从狭义上讲，财政体制就是指预算管理体制，主要解决纵向分配关系。本书所述的财政体制特指狭义上的概念。

财政体制，是指通过划分预算管理权责和预算收支范围来处理政府间财政关系的一项根本制度。这种财政关系包括两方面的内容：一是政府间预算管理权责的划分，体现政府间预算管理权责集权与分权的关系；二是政府间财政收支范围的划分，体现政府间财政收支集中与分散的关系。

> **思考：**
> 财政体制主要解决什么问题？

各级政府为了实现其职能，必须有相应的财力作保证，也就是各级政府有多少财力可供支配，主要取决于其职能范围的大小，即取决于各级政府的事权。财政管理体制的实质是处理政府间在管理权限上的集权与分权，在收支范围上的集中与分散的关系问题。

一般来说，决定财权和财力集中与分散程度大小的主要因素包括：国家政权结构、国家的性质和职能、国家对经济社会生活的干预程度和国家的经济体制等。

> **相关资料**
> 英国的基本法对中央政府和地方政府的财政职能作了具体规定：国防、外交、对外援助、教育、空间开发、环境保护、海洋开发、尖端科技、卫生保健、社会保险以及全国性的交通运输、通讯和能源开发等，都由中央政府提供和管理。地方政府的财政职能主要有：从事公共建设事业；维护公共安全；发展社会福利；改良社会设施。

二、财政体制的内容

（一）预算组织管理体系

预算组织管理体系是根据国家政权结构、行政区域划分和预算管理体制规定，按一定方式组合而成的统一整体，也称“预算级次”、“预算分级”或“预算的组成”。世界上主要国家的政权结构一般为三级，相应地预算级次也分为三级。在我国，预算组织管理体系由中央预算和地方预算两大环节组成，地方预算由省、市、县、乡四级总预算组成。县以上地方各级政府总预算分别由政府本级预算和所属下级总预算组成。各级财政相对独立地管理和支配一定的财政收入和财政支出，独立地编制预决算并对同级人民代表大会负责。

（二）预算收支划分

预算收支划分就是确定政府间财政收入的归属和财政支出的责任。政府职能范围决定其事权范围，一级政府事权的大小决定其财政支出的责任，财政支出责任的大小决定其可支配财力的多少。预算收支划分反映了各级政府预算活动范围的大小和财力分配的多少，是正确处理政府间财政分配关系的重要方面，所以说，预算收支划分是财政体制的核心内容。

相关链接

市场经济国家的事权划分方式可归为以下三类：

中央列举法。由宪法等法律单独列举中央或联邦政府的事权，地方概括剩余事权。按照这一划分方式，地方事权较多，代表国家如美国、日本。

共同列举法。法律同时列举中央或联邦事权与地方事权，如有未列举的事权发生时，依据事务属性确定其归属，代表国家如加拿大。

中央推定法。法律列举地方事权，而未列举的事权推定属于中央。即地方列举，中央概括，故中央事权较多。代表国家如南非。

1. 确定政府间财政支出的责任原则。

政府间支出责任划分受政治、历史、文化等特定国情因素影响，具体项目划分上不存在统一的模式，但通常遵循如下原则：

> **讨论：**
> 为什么说预算收支划分是财政体制的核心内容？

适宜性原则。政府各项职能的本质属性天然决定了其在各级政府间的最适配置。国防、外交等与国家利益密切相关，受益范围惠及全民的公共服务，应由中央负责；地方基础设施和消防等以特定区域居民为服务对象，受益范围限于某一区域的服务项目，则由相关地方政府负责。

效率原则。地方政府更了解辖区内居民需求，凡是由地方政府处理、其行政效率更高的事务归地方，反之则由中央负责。

法制规范原则。各级政府支出责任通过法律形式明确加以界定，同时，支出责任的调整应按照一定的法律程序，保持稳定性、规范性。

2. 确定政府间财政收入的归属原则。

税种属性是决定政府间收入划分的主要标准。市场经济国家一般遵循以下具体原则：

集权原则。无论是联邦制国家还是单一制国家，为了保持政策的统一性与社会稳定，维护中央政府权威，一般都在政府间初次分配中集中较多的财力，将收入份额较大的主体税种划归中央政府。

效率原则。对于一些流动性较强的收入，如个人和公司所得税、增值税、销售税、遗产税作为中央政府收入，不仅征管较为简便，而且不易流失；一些流动性不强以土地为课税对象的收入，如房产税、土地税、土地增值税划归地方政府，地方政府较为了解税基等基本信息，同时税基流动性差，收入相对稳定，不仅易于操作，而且征税效率较高。

恰当原则。为了有效实施宏观调控，对于一些调控功能较强的税种通常作为中央政府收入，对于体现国家主权的收入如关税等，不宜作为地方收入或实行中央地方分享。

收益与负担对等原则。对于收益与负担直接对应的收入如使用费等，一般作为地方政府收入。

从各国的具体实践看，日本、英国等单一制国家通常将增值税、个人所得税、公司所得税等大宗税种作为中央收入，中央收入比重相对较高；德国、美国等联邦制国家一般将所得税纳入联邦与州等地方政府的共享范围，财力集中水平略低于单一制国家。另外，各国普遍将财产税、车辆税、销售税等作为地方政府收入。

（三）预算管理权责划分

预算管理权责，是指法律规定的参与预算管理的各主体对预算管理的权限和责任。世界各国关于预算管理权责的划分并没有统一的标准。按照我国《预算法》的规定，参与预算管理的主体主要是指各级人民代表大会、人大常委会、人民政府、财政部门、政府组成部门及其所属单位。预算管理权责主要包括预决算草案编制权、预决算草案审批权、预算执行权、预算调整权、预备费动用权、预算执行报告权、预算监督权和对不合理决定的撤销权等。预算法对参与预算管理的各主体的预算管理权责作了明确划分，见表 5－1。

表 5－1　　预算管理权责划分情况一览表

	人代会	人大常委会	政府	财政部门	部门	单位
预决算草案编制权			★	★	★	★
预决算草案审批权	★	★				
预算执行权			★	★	★	★
预算调整权	★	★	★	★		
预备费动用权			★	★		
预算执行报告权			★	★	★	★
预算监督权	★	★	★	★	★	
对不合理决定的撤销权	★	★	★			

注：表中“★”代表了各主体的预算管理权责。

（四）政府间转移支付制度

所谓转移支付，若不加任何限制词，是指两个货币收入主体相互之间非交易性的货币交换关系。**政府间转移支付制度，是指对财政资金在政府间无偿转移所规定的规则、程序和方法等内容的总称**。

在一国范围内，各地经济社会发展水平通常呈现不均衡状态，财政收支的规模、结构和平衡状况存在不同程度的差异。特别是在实行分税制条件下，政府间事权和支出的划分往往形成了地方政府事权和支出大于中央政府的事权和支出的格局；政府间收入的划分则形成了中央政府收入大于地方政府收入的格局。这样，中央政府的财政收支对比出现收大于支，形成结余；而地方政府的财政收支对比出现支大于收，形成赤字。为了实现纵向政府间财政收支均衡，确保各级政府职能的实现和财政体制的顺利运行，确保地方各级政府能够均等地提供基本满足公众需要的公共产品和公共服务，必须相应建立必要的政府间转移支付制度。具体内容将在第三节讲述。

相关链接

财政部等四部门2016年12月发布了《关于加快建立流域上下游横向生态保护补偿机制的指导意见》。到2020年，各省（区、市）行政区域内流域上下游横向生态保护补偿机制基本建立。在具备重要饮用水功能及生态服务价值、受益主体明确、上下游补偿意愿强烈的跨省流域初步建立横向生态保护补偿机制，探索开展跨多个省份流域上下游横向生态保护补偿试点。流域上下游地区可根据当地实际需求及操作成本等，协商选择资金补偿、对口协作、产业转移、人才培训、共建园区等补偿方式。

三、财政体制类型

在我国六十多年的财政体制改革实践中，经历了由高度集权集中，到集权与分权、集中与分散相结合，再到通过推行分税制体制逐步扩大地方预算管理权限的改革历程。大体可将我国实施过的财政体制划分成以下三种类型，即统收统支体制、“分灶吃饭”体制、分税制体制，见表5－2。

表5－2 我国财政体制类型划分表

实行时间		财政体制简述
统收统支	1950年	高度集中、统收统支
	1951—1957年	划分收支，分级管理
	1958年	以收定支，五年不变
	1959—1970年	收支下放，计划包干，地区调剂，总额分成，一年一变
	1971—1973年	定支定收，收支包干，保证上缴（或差额补贴），一年一定
	1974—1975年	收入按固定比例留成，超收另定分成比例，支出按指标包干
	1976—1979年	定收定支，收支挂钩，总额分成，一年一变。部分省（市）试行“收支挂钩，增收分成”
分灶吃饭	1980—1985年	划分收支，分级包干
	1985—1988年	划分税种、核定收支、分级包干
	1988—1993年	财政包干
分税制	1994年至今	按照统一规范的基本原则，划分中央、地方收支范围，建立并逐步完善中央对地方的财政转移支付制度

相关链接

美国实行联邦制，政府机构分联邦、州、地方三个层次，各级政府都有明确的事权、财权，实行分别立法、财源共享和分率计征的财权划分方式。美国联邦、州、地方三级政府都有各自相对独立的税收体系，享受各自的税种设置、税率设计、税款征收管理的权利。三级政府各自行使归属于本级政府的税收立法权、司法权及执行权，这使得美国形成了统一的联邦税收制度和有差别的州和地方税收制度并存的格局。各级政府都有一些属于自身的税种，且各级政府都有自己的主体税种。各级政府也同时采用共享税源、税率分享的形式来划分税收收入。

第二节 分税制财政体制

一、分税制财政体制的构成要素

（一）分税制财政体制的含义

分税制财政体制，是指在确定政府间事权和支出范围的基础上，以税种为主划分各级政府财政收入，据此处理政府间财政关系的一种财政体制。它是分税制预算体制的简称，人们通常简称“分税制”，是市场经济国家普遍推行的一种财政体制类型。财政分级管理、各级财政相对独立是它的本质特征，按税种来划分各级财政的收入是它的形式特征。

（二）分税制的构成要素

分税制的构成要素包括分权、分税、分管、政府间转移支付制度和分级预算五个方面。

1. 分权，即划分上下级政府间的事权和支出范围。按照公共产品分层次标准和政府职能分工标准的原理确定各级政府的事权和支出范围。

2. 分税，主要是指税收收入的划分。税收收入划分的具体方法包括分割税额、分割税率、分割税种和分割税制和混合型等五种。

3. 分管，这是指在上述分税的基础上，分别设立中央与地方两套税务机构，分别征管。中央政府与地方政府分别管理和使用各自的税款，各级财政相对独立，对各级财政的资金不能混淆、挤占与平调。

思考：

各级政府间如何做到合理的“分税”？

4. 政府间转移支付制度，其有关内容将在第三节讲述。

5. 分级预算，分级预算是在划分财权和财力的基础上，实行各级政府预算的分别编制、分别审批、分别执行和分别平衡。实行分级预算，有利于增强各级政府的责任意识、收支平衡意识和科学管理意识，使各级政府财政预算保持稳定性、独立性，成为真正意义上的一级财政预算。

相关案例

在划分税收权限方面，英国是一个税权高度集中的国家，税收立法权完全属于中央，只有中央政府有权决定开征税收，地方政府无税收立法权，不能设置税种、开征税收。你认为这样做有什么好处？

二、分税制财政体制的内容

（一）中央与地方财政事权和支出责任划分

根据我国中央政府与地方政府事权划分，中央财政主要承担国家安全、外交和中央国家机关运转所需经费，调整国民经济结构、协调地区发展、实施宏观调控所必需的支出以及中央直接管理的企事业发展支出。地方财政主要承担本地区政权机关运转所需支出以及本地区经济、事业发展所需支出。具体划分见表 5－3。

表 5－3　中央地方支出责任划分

中央财政支出	国防、武警经费，外交支出，中央级行政管理费，中央统管的基本建设投资，中央直属企业的技术改造和新产品试制费，地质勘探费，中央安排的农业支出，中央负担的国内外债务的还本付息支出，以及中央负担的公检法支出和文化、教育、卫生、科学等各项事业费支出。
地方财政支出	地方行政管理费，公检法经费，民兵事业费，地方统筹安排的基本建设投资，地方企业的改造和新产品试制经费，地方安排的农业支出，城市维护和建设经费，地方文化、教育、卫生等各项事业费以及其他支出。

（二）中央与地方收入划分

讨论：

我国为什么要把所得税实行中央与地方按比例分享？

根据财政事权与支出责任相结合的原则，按税种划分中央与地方的收入。将维护国家权益、实施宏观调控所必需的税种划为中央税；将同经济发展直接相关的主要税种划分为中央与地方共享税；将适合地方征管的税种划为地方税，充实地方税税种，增加地方税收入。分设了中央与地方两套税务机构，中央税务机构征收中央税和共享税，地方税务机构征收地方税。从 1994 年实施分税制财政体制以来，根据经济社会发展的客观需要，经过多次调整和改革，截至 2016 年形成新的收支划分格局。具体划分如表 5－4 所示。

（三）中央对地方税收返还和转移支付

1. 税收返还。为进一步完善分税制财政体制，落实全面推开营改增试点后调整中央与地方增值税收入划分过渡方案，国务院决定从 2016 年起，调整中央对地方原体制增值税返还办法，由 1994 年实行分税制财政体制改革时确定的增值税返还，改为以 2015 年为基数实行定额返还，对增值税增长或下降地区不再实行增量返还或扣减。

表 5-4　　中央与地方收入划分情况一览表

中央固定收入	中央与地方共享收入	地方固定收入
1. 关税 2. 海关代征的消费税和增值税 3. 消费税 4. 铁路、各银行总行、各保险总公司等集中缴纳的收入（包括利润和城市维护建设税） 5. 未纳入共享范围的中央企业所得税、中央企业上缴利润等 6. 证券交易印花税	1. 增值税（中央 50%，地方 50%） 2. 纳入共享范围的企业所得税和个人所得税，中央分享 60%，地方分享 40% 3. 资源税按不同的资源品种划分（海洋石油资源税归中央，其余资源税归地方）	1. 地方企业上交利润 2. 城镇土地使用税 3. 城市维护建设税（不含铁道部门、各银行总行、各保险公司总公司集中缴纳的部分） 4. 房产税 5. 车船使用税 6. 印花税 7. 耕地占用税 8. 契税 9. 遗产和赠与税 10. 烟叶税 11. 土地增值税 12. 国有土地有偿使用收入等

2. 一般性转移支付。一般性转移支付是指为弥补财政实力薄弱地区的财力缺口，均衡地区间财力差距，实现地区间基本公共服务能力的均等化，中央财政安排给地方财政的补助支出，由地方统筹安排。

3. 专项转移支付。专项转移支付是指中央财政为实现特定的宏观经济政策及事业发展战略目标，以及对委托地方政府代理的一些事务或中央地方共同承担事务进行补偿而设立的补助资金，需按规定用途使用。

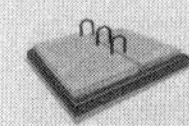

相关链接

截至 2016 年，我国一般性转移支付包括 13 个项目：

（1）均衡性转移支付；
（2）重点生态功能区转移支付；
（3）产粮大县奖励资金；
（4）县级基本财力保障机制奖补资金；
（5）资源枯竭城市转移支付；
（6）城乡义务教育补助经费；
（7）农村综合改革转移支付；
（8）老少边穷地区转移支付；
（9）成品油税费改革转移支付；
（10）体制结算补助；
（11）基层公检法司转移支付；
（12）基本养老金转移支付；
（13）城乡居民医疗保险转移支付。

相关资料

推进中央与地方财政事权和支出责任划分改革的指导意见

2016 年 8 月国务院发布《关于推进中央与地方财政事权和支出责任划分改革的指导意见》。这是国务院第一次比较系统地提出从事权和支出责任划分即政府公共权力纵向配置角度推进财税体制改革的重要文件，是当前和今后一个时期科学、合理、规范划分各级政府提供基本公共服务职责的综合性、指导性和纲领性文件，意义重大、影响深远。

改革的主要内容：一是要适度加强中央的财政事权；二是要保障和督促地方履行财政事权；三是要在现有基础上减少并规范中央与地方共同的财政事权；四是要建立财政事权划分动态调整机制；五是对中央和地方的财政事权要分别确定由中央和地方承担支出责任；六是对中央与地方共同财政事权要区分情况划分支出责任；七是要加快省以下财政事权和支出责任划分改革。

《意见》提出了分领域推进的工作安排。2016 年选取国防、外交等领域率先启动财政事权和支出责任划分改革。2017—2018 年争取在教育、医疗卫生、环境保护、交通运输等基本公共服务领域取得突破性进展。2019—2020 年基本完成主要领域改革，梳理需要上升为法律法规的内容，适时制定修订相关法律、行政法规，研究起草政府间财政关系法，推动形成保障财政事权和支出责任划分科学合理的法律体系。

第三节　政府间转移支付

一、政府间转移支付的意义和特征

（一）政府间转移支付的意义

政府间转移支付，是指财政资金在一个国家内政府间的无偿转移，包括上下级政府间和同级政府间的转移支付两个方面。其中，主要是上下级政府间的转移支付，既包括上级政府对下级政府的转移支付，也包括下级政府对上级政府的转移支付。当然，这是在各级政府的事权和支出范围、税收划分框架和税收管理权限既定条件下进行的。

政府间转移支付的意义在于：

1. 矫正财政纵向失衡。财政纵向失衡是指不同级次的政府各自的收入与其承担的事权所需要的支出不相等。在分税制条件下，中央财政收入大于支出，地方财政支出大于收入，地方收入难以满足地方提供公共产品的需要。中央政府必须用其所拥有的部分结余财力弥补所有的或者部分的地方政府的收入缺口，实现地方政府财政的收支平衡，以保证地方政府提供基本公共服务水平所需要的财力要求。

2. 矫正财政横向失衡。财政横向失衡是指同级政府在收入能力和支出规模方面存在差异，有的地区出现结余，有的地区存在赤字。横向财政失衡的存在不利于各地区均衡发展和社会共同进步，中央政府必须相应建立规范的制度，通过财力的再分配，缩小或者消除地区间提供最低标准公共服务的财政差别。

3. 补偿地区利益外溢。地区利益外溢是经济社会生活中普遍存在的一种客观现象，是指一个地区提供的好处或者服务溢出至毗邻地区并使该地区一些未承担过费用的居民收益，还包括外地人口不负责投入而享受本地区提供的公共服务。一般来说，地方政府不甘心利益外溢，如果这一问题得不到解决，就会影响地方政府的积极性，甚至会出现地区封锁等现象。因此，需要中央政府通过转移支付加以解决。

讨论：

从财政体制角度看，如何缩小我国地区间经济发展的差距？

4. 实现政府特定的经济社会目标。中央政府在不同时期制定了不同的政策目标，为了实现这些目标，中央政府除了政策引导外，还必须在财力上进行倾斜，确定财力再分配的重点，同样需要通过转移支付加以解决。

（二）政府间转移支付的特征

1. 转移支付范围只限于政府之间。转移支付的客体是各级政府的财政资金。转移支付是各级政府财政资金的相互转移，活动范围只限于各级政府之间，政府对企业、单位和个人的支出不包括在内。具体来说，它只是在财政纵向各级次之间或横向财政的各区域之间所进行的财政分配活动，即包括纵向转移和横向转移两个方面。

2. 转移支付是无偿的支出。政府间转移支付是一种不以取得商品和劳务作为补偿的支出。这部分资金分配原则不是等价交换，而是按均等化原则来分配，是一种无代价的支出。

3. 转移支付并非政府的终极支出。各级财政资金在不同政府间相互转移，不是一种直接的支出，而是资金使用权从一个实体转为另一个实体，在转移支付的过程中，既不创造新价值，也不增加资金供应量，不影响市场的供需关系。只有接受转移支付的主体使用资金后，才形成终极支出。

相关链接

法国中央财政对地方财政的转移支付形式有：（1）一般性补助。这种补助金一般是按市镇人口的比例进行分配的，人口越多，得到的补助金就越多。（2）专项补助。即对地方兴修的专项工程给予的补助。

二、政府间转移支付的形式

目前，各国政府间转移支付的基本模式有两种：单一的自上而下的纵向财政转移支付和以纵向为主、纵横交错的财政转移支付。

各国实行的政府间转移支付具体形式各有不同，根据地方政府在使用补助金时的自主权大小，归纳起来主要有以下两种：

（一）一般性转移支付

一般性转移支付，是指以基本公共服务均等化为目标，均衡地区之间的财力差距，不指定资金具体用途，由接受转移支付的下级政府统筹安排使用的转移支付，也称“无条件转移支付”、“无条件拨款”、“一般补助”或“一般均等化补助”。

中央政府拨款时并不规定资金的用途，也不要求地方政府进行资金配套，地方政府可按自己的意愿使用这笔财政资金，它赋予地方政府较大的自由度。通常而言，对于地方事权范围的支出项目，中央政府通过一般性转移支付实施财力匹配与均衡。但是，中央政府在确定各地区的拨款时是按照规范的方法，结合各地区的标准收入、标准支出、收入努力不足和转移支付系数确定的。值得注意的是，一般性转移支付是一种均衡地方财力、达到横向财政平衡的手段，直接目标是保证各地方政府都能提供最低或者合理水平的公共服务，数额不易太大，否则会产生相反的效果。

（二）专项转移支付

专项转移支付，是指中央政府对承担委托事务、共同事务的地方政府给予的具有指定用途的资金补助，以及对应由下级政府承担的事务给予的具有指定用途的奖励或补助，也称“分类补助”或“专向补助”，中央政府给地方的补助在使用上附带了一些条件，要求补助资金专款专用，以实现中央政府的特定目标。专款专用是这种形式的显著特征。专项转移支付严格限于中央委托事务、共同事权事务、效益外溢事务和符合中央政策导向事务。

按照是否需要地方政府资金配套，又可分为配套补助和非配套补助。**配套补助**是指地方政府在使用补助资金时，按照中央政府规定的一定比例配套一部分专项资金；**非配套补助**是地方政府在使用补助资金时，不需要按一定比例配套一部分专项资金。

按照是否有上限限制，配套补助又可分为封顶配套补助和不封顶配套补助，**封顶配套补助**就是中央政府承担的补助有封顶限制，或者是确定了给予地方的最低补助额度；**不封顶配套补助**就是中央政府的补助额度取决于受补助政府的配套能力，如果地方政府积极性高且配套能力强，中央政府给予补助的额度就会很大。

相关资料

2015年中央财政转移支付情况：一般性转移支付预算数为29 230.37亿元，决算数为28 455.02亿元，完成预算的97.3%，如加上使用以前年度结转资金502.03亿元，决算数为28 957.05亿元；专项转移支付预算数为21 534.34亿元，决算数为21 623.63亿元，完成预算的100.4%，如加上使用以前年度结转资金128.98亿元，决算数为21 752.61亿元。

三、政府间转移支付的测算

由于一般性转移支付在政府间转移支付结构中的特殊地位，下面重点介绍一般性转移支付的测算方法。

（一）一般性转移支付的测算方法

> **思考：**
> 一般性转移支付与专项转移支付各有什么优缺点？

各国一般性转移支付的具体测算方法受其特定的政治、文化等国情条件制约，各具特色。概括起来，主要有以下四种类型：

1. 收入均等化类型。这种类型的转移支出根据各地的税收收入能力进行测算。采用这种类型的国家一般来说，在以人为单位计算的支出成本差异不大。在按人均税收水平分配均衡拨款的同时，辅之以一定的专项补助，通常就能够达到均等化的目标。该类型比较有代表性的是加拿大的收入均等化拨款、德国的横向均衡补助。

2. 收支均衡类型。转移支付资金分配既考虑收入因素，又考虑支出因素，以收不抵支的缺口作为测算拨款依据。适用于横向不均衡较为明显、地区间支出成本差异较大的国家。这种制度相对较为精确，但较为复杂。最典型的是日本的地方交付税制度和澳大利亚的均衡拨款制度。

3. 支出需求均衡类型。转移支付资金测算仅以地区间的支出需求为依据，代表国家有印度、意大利、西班牙等。

4. 简单人均类型。转移支付通常简单地按照全国统一的人均拨款额分配，各地区分享额度为该地区人口与全国统一人均水平的乘积。由于人口因素是支出需求的重要决定因素，这一类型一定程度上考虑了地区间支出需求差异，而完全忽略了收入能力差异，如印度尼西亚的无条件拨款。

（二）我国一般性转移支付的测算

由于世界各国实行的分税制财政体制具体做法不一样，政府间转移支付的测算方法也不一样，但都有一个共同的特征，那就是以实现各级政府应提供公共服务的均等化为基本目标。

1. 目标和原则。在我国，设立中央对地方的一般性转移支付的总体目标是缩小地区间财力差距，逐步实现基本公共服务均等化，保障国家出台的主体功能区政策顺利实施，加快形成统一、规范、透明的一般性转移支付制度。资金分配遵循以下原则：一是公平公正。资金分配选取影响财政收支的客观因素，采用统一规范的方式操作。二是公开透明。坚持民主理财的理念，测算办法和过程公开透明。三是稳步推进。中央财政逐步加大一般性转移支付规模，加快完善转移支付分配办法。

2. 一般性转移支付额的确定。一般性转移支付资金分配选取影响财政收支的客观因素，适当考虑人口规模、人口密度、海拔、温度、少数民族等成本差异，结合各地实际财政收支情况，采用规范的公式化方法进行分配。

> **讨论：**
> 我国实行一般性转移支付办法的特点有哪些？

一般性转移支付按照各地标准财政收入和标准财政支出差额以及转移支付系数计算确定。其计算公式为：

$$\text{某地区一般性转移支付额} = \left(\text{该地区标准财政支出} - \text{该地区标准财政收入}\right) \times \text{该地区转移支付系数}$$

凡标准财政收入大于或等于标准财政支出的地区，不纳入一般性转移支付范围。

3. 标准财政收入的确定。各地区标准财政收入分省（自治区、直辖市，以下简称省）计算。各省的标准财政收入由地方本级标准财政收入、中央对地方返还及补助（扣除地方上解）、计划单列市上解收入等构成。

地方本级标准财政收入主要根据相关税种的税基和税率计算，并适当考虑实际收入情况确定。

中央对地方返还及补助收入（扣除地方上解）按照决算数确定，主要项目包括“两税”返还、所得税基数返还、原体制补助、调整工资转移支付、艰苦边远地区津贴转移支付、民族地区转移支付、农村税费改革转移支付（不含民兵训练费转移支付）、取消农业特产税减收转移支付、缓解县乡财政困难转移支付、农村义务教育转移支付、结算补助、其他补助等财力性转移支付，专项转移支付中的分部门事业费补助和社会保障转移支付，各地区对中央的体制上解、专项上解等。

计划单列市上解收入，按照计划单列市上解省级收入决算数计算。

4. 标准财政支出的确定。为更好地体现以人为本的理念，测算标准财政支出时，选取各地总人口为主要因素。按照财政管理科学化、精细化的要求，为强化各级政府的支出责任，配合主体功能区政策实施，分省、市、县（含乡镇级，下同）三个行政级次测算标准财政支出。根据海拔、人口密度、温度、运输距离、少数民族、地方病等影响财政支出的客观因素计算确定成本差异系数。

5. 转移支付系数的确定。转移支付系数参照一般性转移支付总额、各地区标准财政收支差额以及各地区财政困难程度等因素确定。其中，困难程度系数根据标准财政收支缺口占标准财政支出比重及各地一般预算收入占一般预算支出比重计算确定。

6. 转移支付资金的管理与监督。各地区要根据本地对下财政体制、辖区内财力分布等实际情况，加大对财政困难县乡的支持力度，保障县级政府履行职能的基本财力需求。基层财政部门要将上级下达的一般性转移支付资金重点用于基本公共服务领域，推进民生改善，促进社会和谐。

相关链接

2015 年 2 月，国务院发布了《关于改革和完善中央对地方转移支付制度的意见》。明确要完善一般性转移支付制度：一是清理整合一般性转移支付；二是建立一般性转移支付稳定增长机制；三是加强一般性转移支付管理。

要从严控制专项转移支付：一是清理整合专项转移支付；二是逐步改变以收定支专项管理办法；三是严格控制新设专项；四是规范专项资金管理办法。

【重要概念】

预算体制　预算收支划分　分税制体制　政府间转移支付　一般性转移支付
专项转移支付　税收返还

【思考与实训】

1. 通过查找资料或调研，谈谈你对现行分税制的看法。
2. 依据你掌握的资料，思考我国政府间转移支付制度存在的问题。
3. 调查你所在省（市区）的县乡财政体制，并思考其利与弊。

【分析与讨论】

实现全体公民的基本公共服务均等化是我国经济社会发展的目标之一。从你所掌握的资料来分析与讨论，我国应如何通过进一步完善财政体制来实现基本公共服务的均等化？

第六章

金融导论

学习要点

- 金融的含义
- 我国的人民币制度
- 信用的形式
- 利息的计算

导读

钱：人类的伟大发明

“钱”可以衡量大部分具体事物的价值，为人类文明做出了重大贡献，使人类从以物换物的营商手法进步到现代社会中的股票、外汇、黄金等公开交易平台。在现代社会中，“钱”无处不在，早就渗透到了人们衣、食、住、行的各个方面，没有它可能寸步难行，有了它可以得到物质享受，但不一定带来幸福。它是人类的伟大发明，对人类有很大的功用，同时也制造出人类的许多问题。它几乎有一种令人不解的魔力，被蒙上一层神秘的面纱。

那么，钱到底是什么，怎么借钱，借钱为什么要支付利息，利息是如何计算的……本章为你解读金融、货币、信用和利率。

第一节 金融概述

一、金融的概念

“金融”一词在我国的逐步定型是19世纪后半叶，最初的解释是指通过中介以借贷的形式所进行的资金融通，以后逐渐把货币流通、借贷所形成的信用关系、组织融通的机构以及国际金融等诸多领域都归为金融。

概括地讲，**金融就是货币资金的融通**。融通的对象是货币和货币资金，融通的方式是有借有还的信用方式，而组织融通的机构是银行及其他金融机构。所以，金融涉及货币、信用和银行等诸范畴以及它们之间的关系。

生活中人们经常碰到金融问题。从家庭和个人来看，可从不同来源取得货币收入，如工资、津贴、退休金、救济金等，而人们的衣食住行都需要用货币去购买；从企业来说，无论是生产企业，还是流通企业，它们虽然经营运作各异，但无不伴随着货币的收支；机关、团体、学校、部队的运行也同样离不开货币的收支。不只是在国内存在货币收支，在对外的政治、经济、文化、体育及个人交往中也无处不发生货币的收支……这些都涉及货币及其流通。企业单位、家庭和个人的货币收支有时收大于支，有时支大于收，多余的可借出，不足的可借入，就产生了货币债权和货币债务，也就存在了信用。这些活动必须要有机构来组织，这就有了银行等金融机构。

> **思考：**
> 货币、信用、银行三者是如何相互结合的？

从历史发展过程看，货币、信用、金融机构等产生和发展的基础是商品经济。在金融范畴的形成中，随着商品流通的出现，最早产生的是货币。随着货币关系的进一步发展，各种借贷活动随即产生，并出现了组织借贷活动的金融机构。特别是现代银行形成后，经济中使用的货币都通过银行完成收付，这样，货币、信用、银行三者相互渗透、相互结合，构成密不可分的活动过程，使得金融活动更为广泛、更为顺利地展开。

> **思考：**
> 有人说：金融是现代经济的核心，它既是经济发展的助推器，又是宏观调控的稳定器。有人说：金融是把“双刃剑”，它会导致通货膨胀或紧缩，产生金融危机，还有金融霸权、金融战争等。你认为呢？

二、金融的内容

西方对金融的解释包括三种口径：大口径的解释为货币的筹集、运用、管理及与金钱有关的活动；小口径的解释仅指与资本市场有关的运作机制以及股票等有价证券的价格形成；介于两者之间的解释是把货币的流通、信用的授予、投资的运作、银行的服务等归之为金融。

在我国，作为广义金融学的内容，与其他许多学科有交叉，如国家有关货币资金的管理和调控可归之为国家金融，与财政学科交叉；企业有关货币资金的分配和管理可归之为企业金融，与财务管理学科交叉。我们并不把财政学和财务管理学包含在金融学内，同时又不限于小口径的资本市场学。

本教材所讲金融是金融机构有关货币资金的运动和管理，属专业金融，即货币银行学的范畴，主要包括货币供求、金融机构、金融市场、国际金融、金融政策等。具体可分为三部分：一是金融范畴分析，包括货币、信用、利息、利率、汇率乃至金融本身的分析和论证。二是金融微观分析，包括对金融市场、金融中介机构及两者相互渗透的必然趋势的分析和通过探讨金融在经济生活中地位的金融功能分析。三是金融宏观分析，包括货币供求关系、利率和汇率形成机制、货币政策与财政政策的配合协调及国际金融等的分析。

思考：

你所接触的金融范畴有哪些？

相关知识

金融业的产生

金融业起源于公元前2000年巴比伦寺庙和公元前6世纪希腊寺庙的货币保管和收取利息的放款业务。公元前5至前3世纪在雅典和罗马先后出现了银钱商和类似银行的商业机构。在欧洲，从货币兑换业和金匠业中发展出现代银行。最早出现的银行是意大利威尼斯的银行（1580年）。1694年英国建立了第一家股份制银行——英格兰银行，这为现代金融业的发展确立了最基本的组织形式。

中国金融业的起点可追溯到公元前256年以前周代出现的办理赊贷业务的机构，《周礼》称之为“泉府”。南齐时（479~502年）出现了以收取实物做抵押进行放款的机构“质库”，即后来的当铺，当时由寺院经营，至唐代改由贵族垄断，宋代时出现了民营质库。明朝末期钱庄（北方称银号）曾是金融业的主体，后来又陆续出现了票号、官银钱号等其他金融机构。由于长期的封建统治，现代银行在中国出现较晚。中国人自己创办的第一家银行是1897年成立的中国通商银行。

第二节 货 币

一、货币概念

马克思首先阐明了货币的起源和本质，建立了科学的货币理论。马克思认为，**货币是起着一般等价物作用的特殊商品**。显然这种特殊商品是在交换过程中能够被大家普遍接受的，因而也可以说，货币是在商品与劳务的支付或债务的偿还中普遍被大家接受的东西。

货币起源于商品，是商品生产和商品交换发展到一定历史阶段的产物。货币产生的内在原因是商品的内在矛盾运动即价值与使用价值、具体劳动与抽象劳动、私人劳动和社会劳动矛盾运动的结果。

货币从商品交换中产生，商品交换要遵循等价交换的原则，为此就必须衡量商品的价值。通常是用一种商品的价值来表现另一种商品的价值，这就是价值表现形式。货币就是价值形式演变的结果，先后经历了四个阶段：简单的偶然的价值形式、总和的扩大的价值形式、一般的价值形式、货币价值形式。

货币价值形式是指一般等价物固定地由某一种特殊商品（黄金）来充当，并取得了社会独占权。也即一般等价物的地位由黄金垄断之后，才完成了货币的发展过程。“金银天然不是货币，但货币天然是金银”。

自从货币产生以后，整个商品世界就被固定地划分为两极：一端是商品，与之对立的另一端是货币，商品内部的使用价值和价值的矛盾就转化并扩大为商品和货币的外部对立。货币作为商品交换的媒介，使物物的交换，转化为以货币为媒介的交换体系——商品流通。

随着商品货币经济的发展，货币也经历了实物货币、金属货币、纸质货币、电子货币等形式。现代社会根据货币的流动性及主要职能的差异，给出不同层次的经验统计上的货币范畴，以便有针对性地解决不同层次的货币对宏观经济的影响，使货币管理当局更好地控制货币供给，提高货币政策的效果。

讨论：

货币形式不断演变的原因是什么？

要全面理解货币的含义，还应注意货币与通货、财富、收入等的区别。通货是指流通中的纸币和辅币，只是货币的一部分。把货币定义为通货是缩小了其概念的外延，若把货币理解为财富，又过于扩大了货币的外延。货币仅仅是财富的一种表现和存在形式，财富的其他表现形式还有产权、债权和以自然形态存在的实物形式如债券、股票、艺术品、土地、汽车、房屋等。显然，财富比货币包含更广泛的内容。收入是某一单位时间内收益的流量，而货币则是一个存量，即某一时点上的一个确定的金额。

相关案例

货币的形态是不断演进的，尤其伴随着计算机的大量使用和普及。不跑腿、不动嘴，只要动动手指就能买遍天下。每年的“双 11”成为淘宝商场购物狂欢节：2011 年“双 11”销售额突破 40 亿元大关，2012 年“双 11”达到 191 亿元，2013 年“双 11”达到 350 亿元，2014 年“双 11”达到 571 亿元，2015 年“双 11”达到 912 亿元，2016 年“双 11”达到 1 207 亿元。对此你有何看法？

二、货币职能

货币职能是货币作为商品的一般等价物所固有的功能。

（一）价值尺度

价值尺度是货币表现和衡量商品价值量大小的职能。这是货币首要的、最基本的职能。

货币在执行价值尺度职能时必须具备两点：一是货币本身必须有价值，就像尺子能衡量长度、天平能称重量一样；二是货币执行价值尺度职能只是观念上想象的货币，并不需要现实的货币。

货币执行价值尺度的职能是通过把商品的价值表现为价格来实现的。价格是商品价值的货币表现，价值是价格的基础，价值是内在的，价格是外化的。

为了便于比较各种商品的价格，必须以法律的形式规定一定的货币金属量作为货币单位。这种包含一定金属量的货币单位称为"价格标准"。如我国用银做货币时，货币价格标准为"两"。

（二）流通手段

流通手段是货币在商品交换过程中充当交换媒介的职能。作为执行流通手段职能时货币的特征有：一是必须是现实的货币，而不能像在执行价值尺度职能时是观念上的货币；二是作为流通手段职能的货币可以由各种货币形式来充当，可以是足值的，也可以是价值符号。因为这时货币本身并不是人们所需要的，人们关心的只是它的购买力，即能否买到等值的商品。

由于货币的流通手段职能，使得直接的物物交换转化为以货币为媒介的商品交换。商品流通分为卖出和买进两个独立的行为，造成了商品买卖在时间空间上的分离。一旦一些生产者出卖自己的商品后不立即购买，就会影响另一些生产者的产品顺利出售，如此连锁式的推延下去，就会造成买卖的严重脱节，一些商品的价值可能不会实现，有引起危机的可能性。

（三）贮藏手段

贮藏手段是指货币暂时退出流通领域被人们当作独立的价值形式和社会财富的一般代表而保存的职能。货币执行贮藏手段职能时有两个特征：一是作为贮藏的货币必须是有十足价值的贵金属，不能是不足值的货币或货币符号，因为人们贮藏货币的目的是为了保值；二是作为贮藏的货币必须是现实的货币，而不能是观念上的虚幻货币。

货币执行贮藏手段职能时，具有自发调节货币流通的特殊作用。就像一个蓄水池，当流通领域中所需货币量减少时，有一部分货币就会主动退出流通领域，被人们作为财富贮藏起来，反之，货币主动流出，进入流通领域。当然，这一自发调节货币流通量的特殊作用，只有在足值金属货币流通条件下才能形成。

相关案例

某建筑工地，工人在挖地基时挖出了一个罐子，里面装有大量银元和少量国民党统治时期发行的法币。岁月沧桑，法币已腐烂变成残渣，假如是完好的，它还能不能使用？银元依然完好，它有没有用？假如某人能证明自己是那罐银元的主人，他能不能把这些银元卖给别人？

（四）支付手段

支付手段是指货币作为价值的独立形态进行单方面转移的职能。与货币执行流通手段职能的区别在于商品和货币没有在同时同地作相向运动，而是商品的让渡同货币的支付在时间上已经分离。这主要源于随着商品交换的发展，商品赊销的出现。最初，这种延期支付是商品性支付，其后作用超出商品流通领域，也可以是非商品性支付。如货币用于清偿债务、支付工资、交付房租、水电费、税金等。

货币发挥支付手段职能，是一切信用关系得以顺利建立的基础，但另一方面由于相互赊账买卖会形成复杂的债权债务链，一旦某个生产者不能按期偿还借款，则链条中断，严重时会引起支付危机和信用危机，商品经济内在矛盾也会进一步发展。

（五）世界货币

世界货币是指货币在世界市场发挥一般等价物的职能。要注意的是世界货币并不是货币的一种独立职能，而是货币基本职能在世界范围的延伸。货币在执行世界货币职能时，必须摆脱国家的烙印。当然由于新的国际货币体系的建立，有一些国家的信用货币在一定条件下代替贵金属跨越国界发挥世界货币职能，成为世界普遍接受的硬通货，如美元、欧元等。

> **思考：**
> 我国人民币具有世界货币职能吗？

世界货币的作用概括起来有三个方面：

一是作为国际间支付手段，用以平衡国际收支差额；

二是作为国际间的购买手段，购买外国商品；

三是作为社会财富的转移手段，如对外援助，战争赔款等。

三、货币制度

（一）货币制度及其构成

货币制度是一个国家以法律形式确定的该国货币流通的结构体系与组织形式。货币制度属于国家主权范畴，并具有内在的科学性。

货币制度一般由四个要素构成：货币材料、货币单位、货币的铸造和发行及流通程序、准备金制度。

1. 规定货币材料。指国家确定何种金属作为本位币的材料。货币金属是整个货币制度的基础，不同的货币材料，就构成不同的货币本位制度。如用银作为本位币材，就是银本位制；用金作为本位币材，就是金本位制；用黄金和白银同时作为本位币材是金银复本位制。当然，用哪种材料作本位币的币材，是由各国生产力发展水平和经济条件所决定的。

目前世界各国都已实行不兑现的信用货币制度，因此，各国货币制度也不再对币材作出具体规定。

2. 规定货币单位。指国家确定货币单位的名称及其单位货币所包含的货币金属重量（价格标准）。如美国曾以黄金作为货币材料，货币单位名称为美元，美元的含金量为 0.736662 克；我国 1914 年的《国币条例》规定货币单位为“圆”，每圆含纯银 6 钱 4 分 8 厘。

目前世界范围流通的都是信用货币，货币单位价值的确定，主要表现为确定或维持本国货币与他国货币或世界主要货币的比价，即汇率。

3. 规定本位币和辅币的铸造、发行和流通。本位币又称主币，是一个国家规定价格标准的铸币，是该国的基本通货。在金属货币流通条件下，本位币为足值货币（名义价值与实际价值一致），可以自由铸造（公民有权请求政府代铸主币），自发地调节货币流通；本位币有法定的重量和成色，并规定有磨损公差；本位币具有无限法偿能力，即法律赋予它无限法定支付能力，任何人不得拒受。

辅币是本位币以下的小额货币，供日常交易与找零之用。通常用贱金属铸造，不是足值货币，不得自由铸造，具有有限法偿能力。

4. 准备金制度。主要是建立金准备制度，或称黄金储备。世界上大多数国家黄金储备都集中于中央银行或国库，它是一国货币流通稳定的基础。它的用途有三种：一是作为国际支付的准备金；二是作为调控国内金属货币流通的准备金；三是作为国内支付存款和兑换银行券的准备金。

在当前信用货币流通条件下，纸币不再兑换黄金，但黄金作为国际支付的准备金这一作用仍继续存在，各国也都储备一定量的黄金，建立了外汇储备制度。

（二）货币制度的演变

货币制度自产生以来，其存在形态经历了银本位制、金银复本位制、金本位制和不兑现的信用货币制度四大形式。

1. 银本位制。**银本位制是以白银为本位币的货币制度**。从货币发展的历史看，银本位制是产生最早、实施时间最长的一种货币制度。银币为无限法偿货币，可以自由铸造、自由输出入。这种货币制度满足了当时商品经济并不发达的需要，但随着资本主义经济的发展，大宗商品交易不断增加，银单位币的缺点便显露出来（白银价值不稳定）。到 20 世纪初，除了中国、印度等少数经济落后的国家仍实行银本位制外，主要资本主义国家都已放弃了这种货币制度。

2. 金、银复本位制。**金银复本位制是金和银同为一国本位货币的制度**。金银这两种铸币均可以自由铸造，自由输出入，具有无限法偿能力。金银复本位制于 16 ~ 18 世纪流行于西欧各国。金银复本位制有三种类型：

一是平行本位制，即金银按照它们内在的实际价值流通，国家对两种货币的交换比率不加规定，两者兑换比率随金、银市场价格的变动而变动。

二是双本位制，即国家通过法律规定金、银比例，金、银按照它们的法定比价流通，不受金银市场比价波动的影响。

三是跛行本位制，即金银均为本位币，但银币不能自由铸造，且只能在限额内支付，而金币则可以自由铸造，金币和银币按法定比例流通，金币取得主币地位，银币则成为辅币。它是复本位制向金本位制过渡的形式。

但应当注意的是，金银复本位制存在较大的缺陷。当两种实际内在价值不同而面额价值相同的通货同时流通时，实际价值高于名义价值的货币（良币）就被熔化，退出流通领域，而实际价值低于名义价值的货币（劣币）则会充斥市场，这就是“劣币驱逐良币”规律，又称格雷欣法则。

金银复本位货币制度是一种不稳定的货币制度。1816 年英国颁布法令，首先过渡到了金本位。19 世纪末，主要资本主义国家相继都实行了金本位制。

3. 金本位制。**金本位制是以黄金作为本位货币的制度**。有三种类型：

一是金币本位制，这是典型的金本位制，金币可以自由铸造，自由熔化，具有无限法偿能力，黄金可以自由输出入（流通中的银行券也可以自由兑换成黄金），保证了黄金在货币制度中的主导地位，克服了金银复本位制下金银交替地执行价值尺度职能的混乱现象，这是一种较为稳定的货币制度。但随着资本主义经济的发展，金币本位制的基础不断削弱，到 20 世纪 30 年代中期，金币本位制寿终正寝，代之而来的是金块本位制和金汇兑本位制。

二是金块本位制，又称生金本位制。指国内不铸造也不流通金币，而是由中央银行发行以金块为准备的银行券或纸币。银行券或纸币不能自由兑换黄金或金币，只能按一定条件向发行银行兑换金块，1925 年英国率先实行金块本位制。

三是金汇兑本位制，又称虚金本位制。指国家仍规定黄金为本位币，但国家并不铸造和使用，只发行具有含金量的银行券，并且银行券在国内不能兑换黄金，只能兑换成外汇，然后用外汇才能兑换黄金的货币制度。实行这种制度的国家必须把外汇和黄金存于国外作为外汇基金，然后以固定价买卖外汇以稳定币值和汇价。金汇兑本位制实质是一种附庸的货币制度，一般为殖民地和附属国采用。第一次世界大战前，殖民地如印度、菲律宾等国家实行这种制度，第一次世界大战后，法国、意大利、中国等实行这种制度。

无论是金块本位制还是金汇兑本位制，都是很不稳定的货币制度。随着 1929—1933 年世界经济危机的爆发，资本主义国家相继放弃了金本位制，先后实行了不兑现的信用货币制度。

4. 不兑现的信用货币制度。**不兑现的信用货币制度是以纸币为本位币，纸币不能兑换黄金的货币制度**。它是货币制度发展的高级阶段。这种货币制度仍然使用金属本位币的单位名称，确定由中央银行发行的不兑现的银行券为法偿货币，不再规定含金量，不再兑换黄金，也不需要金银和外汇作为发行担保，它只是一个价值符号，由国家通过法律规定强制其流通。当然流通中的货币都是通过信用程序投入流通的。它的发行依据是本国经济发展的客观需要，以求保持货币流通的稳定。流通中的信用货币包括银行券和银行存款。

信用货币制度克服了金属货币制度下货币的数量受金属供给限制的缺点，使国家可以根据经济活动的客观需要来发行或回笼货币，以便灵活地调节货币供应量，进而实现对整个国家经济活动的宏观调控。然而，由于纸币发行的人为性，存在着超过经济发展需要的可能，货币政策对调节货币流通至关重要。

相关案例

货币制度总是与一国主权相联系，但是，1999 年 1 月欧元的诞生，颠覆了这一传统理论。可是随着 2008 年美国次贷危机的爆发，2009 年年底欧洲主权债务危机也浮出水面。2011—2012 年欧债危机最为激烈，并影响到了实体经济。2016 年 6 月 22 日英国公投脱欧，给欧元区国家经济更是添加了不确定因素。那么，你认为欧元有可能消失吗？

（三）我国的货币制度

我国的货币制度是人民币制度，我国货币制度内容基本包括以下几个方面：

1. 我国的法定货币是人民币。没有确定法定含金量，不能自由兑换黄金，是不兑现的信用货币，具有无限法偿能力。主币单位为“元”，辅币名称为“角”和“分”，元以下采用十进制。

2. 人民币是我国唯一的合法通货。国家规定了人民币限额出入国境的制度；金银和外汇不得在国内商品市场计价、流通、结算和私自买卖；严禁伪造、变造人民币，任何单位和个人不得印刷、发售代币票券，以代替人民币在市场上流通。

> **思考：**
>
> 现在流通的人民币主币和辅币有哪几种?

3. 人民币的发行权属于国家。一是国家授权中国人民银行具体掌管货币发行，货币发行权集中于中国人民银行，中国人民银行是我国的唯一货币发行机关，垄断货币发行权并集中管理货币发行基金；二是坚持经济发行原则，就是依据经济发展对货币的客观需要而发行货币。

4. 人民币的发行保证。是国家拥有的商品物资、信用保证（如政府债券）、黄金、外汇储备等作为发行保证。

5. 我国金银和外汇储备由中国人民银行集中掌握，主要作为国际支付的准备金。1994年建立了以市场利率为基础的有管理的人民币浮动汇率制度，以后逐步实现了人民币经常项目下的可兑换。

相关知识

我国的五套人民币

第一套人民币于1948年12月1日发行，共有12种面额、62种票种，1955年5月10日全面停止流通。

第二套人民币于1955年3月1日发行，共有11种面额13个票种，从1964年5月15日、1998年12月31日、2007年4月1日起分别停止流通。

第三套人民币1959年完成设计，1962年4月20日开始发行，共有7种面额，8个票种，2000年7月1日停止流通。

第四套人民币1987年4月27日开始陆续发行，至1997年4月1日止，共发行9种面额，14种票券。

第五套人民币于1999年10月1日起陆续发行，共8个面额。之后中国人民银行对第五套人民币（1999年版）的生产工艺、技术进行了提高，改进后的2005年版第五套人民币100元、50元、20元、10元、5元纸币和1角硬币于2005年8月31日发行流通，它是对流通的1999年版第五套人民币的继承，又是对1999年版第五套人民币的创新和提高。2015年11月12日，中国人民银行发行了2015版第五套人民币100元纸币（俗称“土豪金”）。

第三节 信 用

一、信用概念

信用一词源于拉丁文 Credo，意思为信任、相信、信誉、遵守诺言等。我们在日常生活中用到的“信用”这词更多地是从道德规范角度来说，如某人讲不讲信用、遵不遵守诺言等。作为经济学上的术语，**信用是指一种借贷行为，是以偿还和付息为条件的价值单方面的让渡**。它既区别于一般商品交换的价值运动形式，又区别于财政分配等其他价值运动形式。

（一）信用是一种特殊的借贷行为

这个特殊性表现为贷者把一定数量的货币或商品贷放给借者，借者在一定时期内使用这些货币和商品，到期必须偿还，并按规定支付一定利息，所以偿还和付息成为信用最基本的特征，即信用是有偿的分配行为。

（二）信用是一种特殊的价值运动形式

> **讨论：**
> 为什么说信用是价值运动的特殊形式？

一般商品交换是等价交换，商品的所有权通过交换发生转移，买卖双方都保留价值，货币在其中执行流通手段职能。而在信用活动中一定数量的商品或货币从贷者手中转移到借者手中，并没有同等价值的相反运动，只是商品或货币的使用权让渡，而所有权没有改变，货币在其中执行支付手段职能。因此，信用是价值单方面的转移，是价值运动的特殊形式。

（三）信用关系是债权债务关系

信用是商品货币经济中的一种借贷行为，无论是以赊销形式进行的商品借贷或是货币的直接借贷，在借贷活动中，贷方是债权人，借方是债务人，借贷双方具有各自对应的权利和义务，因此，从本质上说，信用关系就是债权债务关系，信用行为就是放债和承债行为。

信用是商品货币经济发展到一定阶段的产物。随着商品货币经济的发展，商品流通过程中产生了一些矛盾，如有钱无货或有货无钱。为了使社会再生产能继续进行下去，就需要一个变通的方法，在商品销售上不能再坚持现金交易，于是出现了以赊销、预付货款为特征的商品流通的延伸方式，商品的让渡和它的价值实现在时间和空间上发生了分离，货币发挥支付手段职能，这样，买卖双方除了商品交换关系之外，又形成了一种债权债务关系，于是产生了信用。

信用产生于商品流通，但并非局限于商品流通。在商品货币经济中，各经济行为主体在日常频繁的货币收支过程中，盈余者和短缺者同时存在，说明在一定时点上货币分布不平衡，客观上需要相互调剂来消除这种矛盾，使盈余者和短缺者各得其所。但由于各经济主体独立经济利益的存在，资金调剂必须采用信用形式，即贷者贷出货币资金，借者按期归还本金和利息，货币成为契约上的一般商品，这就使信用关系超出了直接的商品流通范围，得到了普遍的发展。

相关链接

中国人民银行的“个人征信系统”正式运行于2006年1月。截至2015年底，个人征信系统收录自然人数约8.8亿人，为“世界最大个人信用库”。这些个人信用档案正逐渐成为全面反映个人借债还钱、遵守合同及遵纪守法状况的“经济身份证”。

二、信用的职能

（一）再分配资金

信用能将社会各方面的闲置资金汇集起来，形成一股巨大的资金力量，有力地促进资本的积聚和集中，然后通过贷款等方式投向需要资金的方面，使广大的工商企业得到生产经营所需的资金。有了信用活动，能使资本积累在更大规模和更快速度下进行，使社会生产不断向前发展。

（二）创造信用工具

在现代信用制度下，商品可以赊购赊销，加快了商品价值的实现过程，缩短了流通时间；建立在银行信用基础上的各种票据的使用，转账结算代替了现金流通，既便利了商品流通，也节省了大量费用。信用流通工具的创造，能促进商品周转的加速和流通费用的节省。

（三）调节货币流通

作为最重要信用形式的银行信用，与货币流通有着不可分割的内在联系。流通中的货币是由银行信用方式提供的，如果银行信用扩张，流通中的货币供应量就增加。银行信用是货币流通的调节器。而在当代市场经济中，货币流通贯穿于社会经济生活的全部过程，因而信用对货币流通的调节也就是信用对社会经济生活的调节。

讨论：

信用为什么是货币流通的调节器？

相关链接

世界三大著名的信用评级机构

信用评级机构被称为债券市场的“看门人”，他们有一套完整的系统用来分析企业信用高低的指标体系。世界三大著名的信用评级机构分别是标准·普尔公司、穆迪投资者服务公司和惠誉国际信用评级有限公司。三家机构信用等级划分大同小异。标准·普尔公司的信用等级标准从高到低可划分为：AAA级、AA级、A级、BBB级、BB级、B级、CCC级、CC级、C级和D级。前四个级别债券信誉高、风险小，是“投资级债券”；第五级开始的债券信誉低，是“投机级债券”。

三、信用的形式

信用作为一种借贷行为，要通过一定的形式表现出来。现代信用形式繁多，按信用的不同参与者划分，信用形式有直接信用和间接信用。**直接信用是指资金盈余单位通过签署借款协议或债务证书的方法直接向资金短缺单位提供的信用；间接信用是通过银行等金融机构进行的融资活动**。按信用主体的不同划分，有商业信用、银行信用、国家信用、消费信用、民间信用、国际信用等形式。在市场经济条件下，银行信用属于间接信用，而消费信用、国际信用既属于直接信用，又属于间接信用，商业信用、民间信用、国家信用则属于直接信用形式。下面我们按信用主体的不同，来介绍现代经济活动中的信用形式。

（一）商业信用

商业信用，是指商品生产者之间互相提供的、与商品交易直接联系的信用。企业间互相赊购赊销、预付货款、分期付款等是它的主要做法。商业信用的特点为：

1. 商业信用的主体是企业。商业信用是企业之间相互直接提供的信用，无需通过中间环节，债权人和债务人都是企业。

2. 商业信用的客体是商品资本。商业信用的对象是处在产业资本循环过程最后一个阶段待转化为货币形态的商品资本，它是产业资本的一部分，而不是暂时闲置的货币资本。对贷者来说，提供商业信用的过程，就是它的商品资本转化为货币资本的过程，但要到一定时间后，借者才会归还。

3. 商业信用的动态和经济周期的变化相一致。由于企业以商业信用形式购入的商品，主要用于再生产过程。繁荣时期，生产扩大，商品增多，对商业信用的需求也增多；反之，萧条时期，生产削减，经济萎缩，对商业信用的需求减少。

当然商业信用对商品经济发展所起的作用是明显的，它减少了中间环节，有利于加速资金周转和提高经济效益；加强了企业之间的互相联系，有利于企业之间相互监督；增加了资金来源和商品销售渠道，有利于企业生产和商品流通的发展。

但商业信用也存在一定的局限性：

（1）信用主体的局限性。商业信用的主体是独立的商品生产经营者，信用关系的发生必须建立在相互了解的基础上，所以，融资活动受信用主体的信任程度限制。

（2）信用规模的约束性。商业信用的规模受企业资本量的限制，只限于企业现有的生产能力，且是企业暂时不能投入生产过程的那部分资本量，而不是其全部资本额。

（3）信用方向的限制性。由于商业信用的客体是商品资本，商品具有特定的使用价值，商业信用的需求者就是商品的购买者，就此决定了商业信用的方向性。或者商业信用的提供是有条件的，只能由商品的生产者提供给商品的需求者，而不能相反。

（4）信用链条的不稳定性。商业信用是在众多企业之间自发发生的，可以说，有多少工商企业就可能有多少个信用关系。由此，形成一条错综复杂的债务链，某一债务链条中断，整个债务体系将面临危机。

（二）银行信用

银行信用，是指银行等金融机构以货币形态通过存款、贷款等业务活动向资金需求者提供的

信用。它较好地克服了商业信用的局限性，成为现代信用经济的主体。银行信用的特点有：

1. 银行信用的债务人主要是企业。银行信用的债务人是企业等社会组织，债权人是银行等金融机构，而不是像商业信用那样借贷双方都是企业。

2. 银行信用的客体是货币资本。这一特点克服了商业信用的局限性，表现在两个方面：一是银行可以广泛动员社会闲置资金，不受个别企业拥有的资金数量的限制，形成巨额借贷资本，克服了商业信用在借贷数量上的局限性；二是银行信用不受商品使用价值的限制，能向任何社会公众提供银行信用，克服了商业信用在提供方向上的局限性。

3. 银行信用与产业资本的动态不完全一致。银行信用所利用的资金是生产过程中暂时闲置的资金，是一种独立的借贷资本，与产业资本相对立。因此，银行信用的动态与产业资本的动态往往不一致。

银行信用的以上几个特点，克服了商业信用的局限性，扩充了信用的范围、数量和期限，因而成为世界各国广泛采用的居于主导地位的信用形式。

（三）国家信用

国家信用，是指以政府为主体的借贷活动。政府既可以作为债务人举债，又可以作为债权人放债。其典型形式是政府发行公债，用以筹措财政资金。

国家信用与商业信用及银行信用不同，它与生产和流通过程没有直接关系。用这种信用筹集的资金，由政府统一掌握和使用，在经济生活中是不可忽视的重要因素，发挥着特殊的作用。如调节财政收支的不平衡、调节货币流通等。

（四）消费信用

消费信用，是指企业或金融机构对消费者提供的用以满足其消费需求的信用形式。主要是为消费者购买耐用消费品如汽车、住房等服务。

消费信用有两种基本方式：一种类似于商业信用，由企业以赊销或分期付款方式将消费品提供给消费者，在货款付清之前，消费品的所有权仍属于卖方。另一种属于银行信用，由银行等金融机构直接以货币形式向消费者提供的用以购买住房等耐用消费品的贷款。

> **思考：**
> 你使用过的消费信用有哪些？

消费信用能在一定程度上缓和消费者有限的购买力与生活需要之间的矛盾，更好地改善人民生活和促进商品的生产和销售，但过量地发展也会导致信用膨胀，要注意消费信用的合理发展。

相关案例

2016 年 3 月 9 日，河南某高校大二学生郑某因无力偿还近 60 万元的网贷跳楼自杀，引起了广泛的社会关注。21 岁的郑某从 2015 年 1 月开始买足球彩票，用所获收入购买高档手机等高级消费品。据统计，自 2015 年开始，郑某共借用、冒用 28 名同学的身份证、学生证、家庭住址等信息，分别在诺诺镑客、人人分期、趣分期、爱学贷、优分期、闪银等 14 家网络小额贷款平台共计贷款 58.95 万元。郑某远在农村的家人先后帮其还款 10 万元，后来再无能力还款。郑某不堪巨额债务压力，选择了一条不归路。

你如何看待“校园贷”？

（五）民间信用

民间信用，是指由居民个人之间相互以货币或实物形式所提供的信用。民间信用在我国一直存在，其目的主要是为了解决居民生活和生产的困难。改革开放之后，尤其近几年，民营经济迅猛发展，资金使用方向发生了重大变化，民间信用成为民营企业家们筹措生产经营资金的重要补充形式。但由于民间信用是居民之间互相发生的，政府必须正确地引导和管理。

（六）国际信用

国际信用是国际间的借贷行为。包括国际商业信用、国际银行信用和政府间信用。它是由国际贸易发展起来的一种信用形式，但其本质却是资本输出。

国际商业信用是由出口商用商品形式提供的信用，包括来料加工和补偿贸易。国际银行信用是以贷款形式提供的信用，包括出口信贷和进口信贷两种方式。政府间信用是由政府财政部门出面借款的形式，一般用于非生产性支出，其特点为金额不大、利率较低、期限较长。

以上信用形式既相互独立又相互制约，从而构成一个完整的信用体系。

相关知识

银监会关于保障消费者银行卡资金安全的风险提示

为防范诈骗行为，保护金融消费者的银行卡资金安全，结合早前发布的相关风险提示信息，银监会再次提示广大群众，应提高警惕，避免以任何方式泄露个人安全信息或向不明账户转款：

1. 凡是发现ATM机器外壳和电子显示屏上没有银行名称和银行标识的、使用过程中出现可疑迹象的ATM机具，应立即拨打相关银行客户服务电话进行确认，必要时立即向公安机关报警。

2. 通过自助银行门禁系统时不要输入密码。进入自助银行服务区有时需要在自动门上刷卡（借记卡或信用卡）开门，但不需要密码。持卡人如遇要求输入密码方可进入时，应及时报警。

3. 牢记银行通过网点、网站、媒体、ATM屏幕等正常渠道公布的统一客户服务电话，一旦有吞钞、吞卡等不正常事件发生，不要急于离开自助设备，也不要轻易相信来历不明的电话号码，而应拨打设备所属银行统一客户服务电话寻求帮助。

4. 任何情况下，银行职员或警方都不会要求持卡人提供银行卡密码或向来历不明的账户转款，如果遇此类要求，首先应怀疑其身份的真实性，并及时通过正规渠道报警。

5. 随时注意周围情况，如遇有人故意以各种理由靠近，或制造事端分散自己的注意力时，应要求其与自己保持一定的距离，在输入密码、刷卡消费等过程中注意用身体遮挡键盘。若中途有被干扰的情况，持卡人在完成所有操作环节后，应仔细核对取回的银行卡，确认没有被人趁乱掉包。

6. 牢记发卡银行的统一客户服务电话，并尽量开通账户变动短信提醒服务，第一时间了解自己账户金额变动情况。一旦怀疑自己的银行卡信息或资金被盗用，应立刻联系发卡银行查询账户余额、办理止付或将卡内资金转移到属于自己的其他账户中。

第四节 利 率

一、利率的分类

（一）利息与利率

利息是债权人因贷出资金的使用权而从债务人手中取得的报酬，即借贷资金的价格或增值额。在借贷资金市场，由借贷双方力量共同作用会形成借贷资金的“市场价格”。

利息水平的高低是用利息率也即利率来表示，**利率是借贷期限内形成的利息额与借贷资本金的比率**。

利率可分为年利率、月利率和日利率，分别用“%”、“‰”和“‱”表示，统称之为“厘”。三者可相互换算：

年利率＝12×月利率＝365×日利率

利息的计算有两种基本方法：单利法和复利法。

单利是在计算利息时，不论借贷期限的长短，仅按本金计算利息，所生利息不再计算下期利息。公式为：

$$I = P \cdot r \cdot n$$

$$S = P + P \cdot n \cdot r = P(1 + r \cdot n)$$

式中，I为利息额，P为本金，r为利率，n为期限，S为本利和。

例如，某人向银行存入储蓄存款1 000元，定期3年，月利率为6‰，按单利计算的利息和本利为：

$$I = 1\ 000 \times 3 \times 12 \times 6‰ = 216\text{（元）}$$

$$S = 1\ 000 \times (1 + 3 \times 12 \times 6‰) = 1\ 216\text{（元）}$$

复利是按一定期限，将所生利息加入本金逐期滚算，重复计息。公式为：

$$S = P(1 + r)^n$$

$$I = S - P$$

例如，银行发放一笔金额为3万元，期限为3年，年利率为10%的贷款，规定半年复利一次，3年到期后，其本利和、利息各为：

$$S = 30\ 000 \times (1 + 5\%)^6 = 40\ 203\text{（元）}$$

$$I = 40\ 203 - 30\ 000 = 10\ 203\text{（元）}$$

（二）利率的分类

利率按不同的标准可划分为各种不同的类别，各种不同的利率构成一个利率体系。在发达的商品经济社会，利率呈多样化，各种利率之间存在着密切的联系。

1. 按在利率体系中的地位和作用来分，利率可分为基准利率和非基准利率。

基准利率又称中心利率，是带动或影响其他利率的利率。一般由中央银行决定，它的变动可预示利率体系的变动趋势，有所谓的告示性效应。

非基准利率是指基准利率以外的所有其他利率。它在利率体系中不处于关键地位不起决定性作用。

2. 按确定利率的主体来分，利率可分为市场利率、官定利率、公定利率。**市场利率是由货币资金的供求关系所决定的利率**。当货币资金供大于求时，市场利率下跌，反之则上升，它被认为是借贷资金供求变化的指示器。

官定利率是由一国政府金融管理部门或中央银行确定的利率。官定利率水平的高低不再是完全由借贷资金的供求状况决定，而是由宏观经济运行状况而定。当然，市场利率和官定利率会相互影响、相互制约。

公定利率是由非政府部门的金融行业自律组织确定的利率。通常由银行公会确定各会员银行需执行的利率，它只对会员银行有约束作用，对非会员银行则无约束作用。

思考：

当前我国人民币活期储蓄存款利率是多少？

我国利率市场化自从1996年正式启动以来，已取得重大进展，但尚未完全实现市场化。金融机构的存贷款利率还没有完全由市场决定，城乡信用社的贷款利率仍实行上限管理等。因此，目前我国的利率调控体系带有明显的过渡特征。

3. 按借贷期内利率是否调整，利率可分为固定利率和浮动利率。

固定利率是在信贷期限内保持不变的利率。这种计息方式简便易行，但只适用于经济稳定期或利率管制的国家。

浮动利率指在信贷期限内根据市场利率的变化定期调整的利率。这种计息方式手续繁杂，计算依据多样，一般根据借贷协议，每半年根据市场利率变化情况调整一次，适用于中长期借贷。

此外，按是否有优惠，利率可分为一般利率和优惠利率；按融资期限的不同期限，可分为长期利率、短期利率；按融资主体的不同还可分为贷款利率和借款利率等。

相关链接

我国人民币借贷在1988年之前一直采用固定利率。1988年下半年对中长期储蓄存款实行保值储蓄是浮动利率的开始，1996年正式启动利率市场化改革。此后，中国人民银行多次扩大金融机构贷款利率浮动区间，尤其是2004年10月29日，允许人民币存款利率下浮的规定，意味着由市场供求关系决定的利率机制逐渐形成。时隔八年，2012年6月7日央行宣布首度允许金融机构存款利率上浮。存款利率的双向浮动，意味着我国利率市场化迈出了实质性的一大步。此后，利率市场化的步伐再次推进，2013年7月20日经国务院批准，中国人民银行决定全面放开金融机构贷款利率管制，取消金融机构贷款利率0.7倍的限制，由金融机构根据商业原则自主确定贷款利率水平。2015年7月23日中国人民银行宣布放开存款利率上限，这是利率市场化迈出的最关键一步，预示着我国进行多年的利率市场化改革进程终于跑进了终点。

相关案例

2016年银行助学贷款利率（2015年10月24日央行规定）：贷款期限1年（含1年），年利率4.35%；贷款期限1~5（含5年）年，年利率4.75%；贷款期限5年以上，年利率4.90%。学生在校期间的利息由财政全部补贴，毕业后的利息由学生和家长（或其他法定监护人）共同负担。学生毕业后实际偿还的利息，将按照当年同期利率执行。你对此政策有何评价？

二、利率的决定

一国的利率水平通常受以下几方面因素的影响：

（一）平均利润率

马克思认为：利息是借贷资本家从职能资本家那里分割到的剩余价值的一部分，剩余价值表现为利润，因此，利息只是利润的一部分。而且利息率高低首先由利润率高低决定，但决定利息率高低的利润率是一定时期内一国的平均利润率，而不是单个企业的利润率。主要缘于用于借贷的资本是在全社会流动，通过竞争作用，使得等量资本在相同的时间内获得等量的利润。

利率与平均利润率是同方向运动，即利率随着平均利润率的提高而提高、随着平均利润率的降低而降低，它的波动区间为：0 < 利率 < 平均利润率。利率的上限必须低于平均利润率，否则职能资本家借款经营无利可图；利率的下限必须大于零，否则货币资本家也将无利可图，就不会贷出资本，因而利率的变化是在平均利润率和零之间波动。

讨论：

为什么说中央银行货币政策对短期利率的影响大于对长期利率的影响？

（二）借贷市场中资金供求状况

在某一具体时期的具体市场中，在利润率一定的情况下，利息率则需受借贷资本市场上借贷资本的供求状况制约。由于借贷资本的商品性，当借贷资本供给大于需求时，利率就会下降，反之，利率则会上升。

（三）中央银行的货币政策

中央银行通过运用货币政策工具（如：再贴现利率）改变货币供给量，从而影响可贷资金的数量。若想刺激经济发展，则实行扩张的货币政策，增加货币投入量，利率下降；若要限制经济过度膨胀，则实行紧缩性货币政策，减少货币供给，利率则上升。要注意，央行的货币政策对短期利率的影响作用大于对长期利率的影响。

（四）物价水平

物价水平是制定利率必须考虑的一个因素。只要纸币流通，通货膨胀的可能性就存在。通货膨胀实质是一个分配范畴，对债权人和债务人有着不同的影响。对债权人来说，通货膨胀是一种“无形税收”，对债务人则是一种“补贴”。所以，当物价上涨时，应适当提高名义利率，不至于使实际利率太低或为负数；反之，物价下跌时，则可以适当降低名义利率。

（五）国际利率水平

在世界经济逐渐一体化的当代，国际金融市场利率和其他国家的利率水平对本国利率水平具有很强的示范效应。一般来讲，国际金融市场上利率的下降会降低国内利率水平或抑制国内利率上升的程度，反之，则不然。我国 1994 年实行汇率并轨，最近几年，加快了外汇制度改革步伐，国际金融市场利率的变动必然对我国利率有连动作用。

相关资料

中国人民银行采用的利率工具主要有：（1）调整中央银行基准利率，包括：再贷款利率、再贴现利率、存款准备金利率、超额存款准备金利率。（2）调整金融机构法定存贷款利率。（3）制定金融机构存贷款利率的浮动范围。（4）制定相关政策对各类利率结构和档次进行调整等。

三、利率市场化

讨论：

银行存款基准利率上调对我们生活有什么影响？

利率市场化，是指国家控制基准利率，其他利率基本放开，由市场决定，即由资金供求关系来确定利率。它不仅包括利率决定、利率传导、利率结构和利率管理的市场化，而且要最终形成以中央银行基准利率为引导，各种利率保持合理的利差和分层有效传导的利率体系。利率市场化是我国建设社会主义市场经济体制、优化资源配置的需要，是顺利实施货币政策目标的内在要求，是我国金融间接调控的关键，是完善金融机构自主经营机制、提高竞争力的必要条件。

相关案例

温州市金融综合改革试验区是国务院批准设立的我国第一个地方金融改革综合试验区，2012 年 4 月 27 日正式启动。随后，反映温州市场化利率的民间融资平均利率体系——“温州综合利率指数”于 2012 年 12 月 7 日对外正式发布。指数样板数据主要采集于四个方面：由温州市设立的几百家企业测报点，把各自借入的民间资本利率通过各地方金融办不记名申报收集起来；对各小额贷款公司借出的利率进行加权平均；融资性担保公司如典当行在融资过程中的利率，由温州经信委和商务局负责测报；民间借贷服务中心的实时利率。这些利率进行加权平均，就得出了“温州指数”。它是温州民间融资利率的风向标。如 2016 年 3 月 15 日公布的综合利率日指数：温州地区民间借贷利率为 19.18%。其中小额贷款公司放款利率为 16.35%，社会直接借贷利率为 16.38%。

结合央行基准利率，对此你有什么看法？

我国的利率市场化的基本思路是：先放开货币市场和债券市场的利率，再逐步推进存、贷款利率的市场化。存、贷款利率市场化按照“先外币、后本币，先贷款、后存款；先长期、大额，后短期、小额”的顺序进行。

相关资料

金融机构人民币贷款基准利率

调整时间	1年以内（含1年）	1至5年（含5年）	5年以上
2014年11月22日	5.60	6.00	6.15
2015年3月1日	5.35	5.75	5.90
2015年5月11日	5.10	5.50	5.65
2015年6月28日	4.85	5.25	5.40
2015年8月26日	4.60	5.00	5.15
2015年10月24日	4.35	4.75	4.90

【重要概念】

金融　信用　货币制度　格雷欣法则　商业信用　银行信用　国家信用　消费信用　国际信用　利率　基准利率　市场利率

【思考与实训】

1. 列举哪些行为是违反《中华人民共和国人民币管理条例》的。
2. 列举你所接触的信用形式。
3. 查看当日的人民币活期储蓄存款利率，并结合经济形势进行分析。
4. 根据资料和调查，思考我国金融体系如何有效促进经济健康发展？

【分析与讨论】

依据最近中国人民银行存款准备金率的调整情况，结合国内国际经济运行情况，分析与讨论调整的理由和成效。

第七章

金融机构

学习要点

- 我国金融机构体系的组成
- 中央银行的性质和职能
- 商业银行的主要业务
- 我国的金融监管机构

导读

从华尔街到金融街

华尔街是英文“Wall Street”的音译，是纽约市曼哈顿区南部从百老汇路延伸到东河的一条街道的名字。这条街全长仅1/3英里，宽仅为11米，但却曾是纽约证券交易所、联邦储备银行等金融机构和美国洛克菲勒、摩根、杜邦等大财团开设的银行、保险、铁路、航运等大公司的总管理处云集之地，成为美国和世界的金融中心。虽然现在许多金融机构已经离开地理意义上的华尔街，但“华尔街”依然是美国的资本市场乃至金融服务业的代名词。北京金融街占地1.18平方公里，聚集了中国人民银行和中国银监会、中国证监会、中国保监会等金融监管部门及众多国内外大型金融机构和国企总部，已经成为对中国金融业最具影响力的金融中心区。

那么，在我们的经济生活中都有哪些金融机构？各金融机构具体开办什么样的业务？发挥什么作用？本章将为你解读金融机构。

第一节 金融机构体系

一、金融机构及其分类

金融机构，是指专门从事货币资金融通活动的经济组织。它为社会经济发展和再生产的顺利进行提供金融服务，是一国国民经济体系的重要组成部分。

金融机构体系是指由各种金融机构组成的组织体系。尽管各国金融机构体系的构成各有特点，但是银行是各国金融机构体系的主体。按现行的金融运行机制与金融管理体制，我国的金融机构体系由银行金融机构、非银行金融机构和在境内开办的外资、合资金融机构等部分组成。金融机构是随着商品经济和信用制度的发展而产生、发展起来的，在现代经济中，金融机构种类繁多，常见的分类有以下几种：

1. 按照金融机构的性质不同，可分为银行金融机构和非银行金融机构。前者包括中央银行、商业银行、专业银行和政策性银行等；后者主要包括证券公司、保险公司、信托公司和金融租赁公司等。

2. 按照金融机构是否吸收公众存款，可分为存款类金融机构与非存款类金融机构。存款类金融机构是指通过吸收各种存款而获得资金的金融机构，是金融市场的信用中介，主要包括商业银行、储蓄机构、信用合作社等。非存款类金融机构是以接受资金所有者根据契约规定缴纳的非存款性资金为主要来源的金融机构。其主要是通过发行证券或以契约性的方式聚集社会闲散资金而形成资金来源，一般包括保险公司、养老基金、证券公司等。

3. 按照金融机构从事金融活动的目的不同，可分为金融监管机构和金融企业。金融监管机构是承担金融宏观调控和金融监管职责、不以营利为目的的金融机构。如我国的“一行三会”：中国人民银行、中国银监会、中国证监会、中国保监会等。金融企业就是以营利为目的，通过向公众提供金融产品和金融服务而开展经营的金融机构，如商业银行、投资银行或证券公司、保险公司、信托公司等。

> **思考：**
> 你身边的金融机构有哪些属于存款类金融机构？

以上各种金融机构相互补充、有机结合，构成一个完整的金融机构体系，是一个包括经营和管理金融业务的各类金融机构组成的系统。

相关资料

金融机构体系在世界各国主要有以下三种模式：一是以中央银行为核心的金融机构体系（目前大部分国家都采用这种模式）；二是高度集中的金融机构体系；三是没有中央银行的金融机构体系（新加坡、马尔代夫等国即是这种模式）。

二、我国的金融机构

（一）银行金融机构

1. 中央银行。**中央银行是国家赋予其制定和执行货币政策、对国民经济进行宏观调控和管理监督的特殊的金融机构**。中国人民银行是我国的中央银行，简称“央行”，它是领导与管理全国金融事业的机关，是我国金融机构体系的核心。

2. 政策性银行。**政策性银行是由政府出资成立、为贯彻政府的社会经济政策而在特定领域从事金融活动的金融机构**。1994 年，我国相继组建了国家开发银行、中国进出口银行和中国农业发展银行三家政策性银行。其中，国家开发银行 2008 年 12 月改制为国家开发银行股份有限公司；2015 年 3 月，国务院明确国开行定位为开发性金融机构。

3. 商业银行。**商业银行是以经营工商业存款和放款为主要业务，并以获取利润为目的的金融机构**。商业银行是我国金融机构体系的主体。

根据不同的组建形式，我国商业银行大致可分为以下三种类型：

一是国有商业银行。国有商业银行包括中国工商银行、中国农业银行、中国银行、中国建设银行、国家开发银行。目前，国有商业银行已全部改制成为国有控股商业银行。

二是股份制商业银行。是按股份制原则组建的银行。我国的股份制商业银行主要有：交通银行、中信银行、光大银行、华夏银行、广东发展银行、深圳发展银行、招商银行、上海浦东发展银行、兴业银行、中国民生银行、恒丰银行、浙商银行、渤海银行等。

三是城市商业银行。最初称为城市合作银行。根据国务院决定，为了规范城市信用社的发展，增强其抵御风险的能力，从 1995 年开始，在原城市信用社的基础上，由城市企业、居民和地方财政投资入股组成地方性股份制商业银行。其任务是为城市中小企业和地区经济发展提供金融服务。

相关案例

2016 年 9 月，《银行家》杂志发布“2016 年中国商业银行竞争力评价报告”，中国工商银行在全国性商业银行核心竞争力综合排名中位列第一，第二名和第三名分别是中国建设银行和中国银行。根据银监会 2015 年年报，从机构类型看，资产规模在全部银行业金融机构中占比从高到低前三位依次是大型商业银行、股份制商业银行、农村中小金融机构，分别为 39.2%、18.6%、12.9%，城市商业银行资产规模占比列第四位。

对此你如何解读？

（二）非银行金融机构

1. 保险公司。**保险公司是经营保险业务、提供风险保障的金融机构**。

保险公司的主要经营活动包括财产、人身、责任、信用等方面的保险与再保险业务及其他金融业务，按照保险业务分别建立财产保险公司、人寿保险公司、再保险公司等。我国保险公司所从事保险活动的业务范围由《保险法》具体规定。

2. 信托投资公司。信托是指委托人基于对受托人的信任，将其财产权委托给受托人，由受托人按委托人的意愿以自己的名义，为受益人的利益或为特定目的，进行管理或者处分的行为。**信托投资公司是受人之托、为人管业、代人理财的金融机构。**信托业务一般包括：

> **思考：**
> 你所知道的保险公司有哪些？你参加了哪些保险？

（1）货币型信托如信托存款、信托贷款、委托存款、委托贷款、养老信托、投资信托、养老基金信托等。例如信托存款是信托机构按照委托人的要求，为特定目的吸收进来代为管理的资金，是信托机构经营业务的重要资金来源。

（2）非货币型信托如有价证券信托、债权信托、不动产信托、动产信托等。信托投资公司除办理一般信托业务之外，其突出的特点在于从事投资业务。

3. 证券机构。**证券机构是从事有价证券经营和相关业务的金融机构，**主要包括证券公司、证券交易所、证券登记结算机构等。

证券公司又称证券商，是专门从事证券发行和交易的非银行金融机构。我国证券公司的主要业务有：承销有价证券、代理证券发行业务、自营买卖业务、参与企业并购、充当企业财务顾问等。

证券交易所是会员制的、非营利性的、为证券集中和交易提供场所的事业法人。它的主要职能有：提供证券交易的场所和设施、制定业务规划、接受上市申请并安排证券上市，组织和监督证券交易，对会员和上市公司进行监督，设立证券登记结算公司，管理和公布市场信息等等。经国务院批准，我国分别于 1990 年 11 月与 1991 年 7 月成立了上海证券交易所和深圳证券交易所。

证券登记结算公司，是为证券买卖双方提供股票过户、资金清算服务的证券机构。证券交易必然同时带来股票所有权的转移和资金的流动，为了确保过户准确和资金及时、足额到账，上海、深圳两家证券交易所都附设有登记结算公司。

证券公司、证券交易所和证券登记结算公司三类不同的证券机构，在证券市场上各司其职，共同支撑证券市场的日常运作。

4. 信用合作社。**信用合作社是一种互助合作性质的金融机构，**一般由个人集资联合组成，并办理放款业务。信用合作社的资金来源主要是成员缴纳的股金和向社员吸收的存款；资金运用主要是向社员发放贷款，以满足其资金融通需求及其他金融服务需求。按照地域的不同，信用合作社一般可分为农村信用合作社和城市信用合作社。

目前，许多地方已把农村信用合作社改制为农村商业银行；城市信用社大都以城市区划为单位改制为“城市商业银行”。

5. 金融租赁公司。**金融租赁公司是以经营融资租赁业务为主的非银行金融机构。**1981 年 2 月，中国第一家租赁公司——东方租赁有限公司成立，标志着现代租赁业在中国的兴起。我国允许金融租赁公司以发行金融债券、向金融机构借款、境外外汇借款等，作为长期资金来源渠道；在资金运用方面，限定主要从事金融租赁及其相关业务。融资租赁业务包括典型的融资租赁业务（简称“直租”）、转租赁、回租租赁、联合租赁、杠杆租赁和委托租赁等。

相关知识

金融混业经营

金融混业经营是指银行、证券公司、保险公司等机构的业务互相渗透、交叉，而不仅仅局限于自身分营业务的范围。现今传统的分业经营模式逐渐被打破，各种金融机构的业务不断交叉，原有的差异日趋缩小，银行性金融机构与非银行性金融机构正不断融合，形成更为庞大的大型复合型金融机构。混业经营主要分三种模式：全能银行模式（德国）、银行母公司模式（英国）以及金融控股模式（美国）。我国的混业经营借鉴的主要是美国模式。

6. 典当行。**典当行亦称典当公司或当铺，是以财物作为质押进行有偿有期借贷融资的非银行金融机构**。以物换钱是典当的本质特征和运作模式。当户把自己具有一定价值的财产交付典当机构实际占有作为债权担保，从而换取一定数额的资金使用。当期届满，典当公司通常有两条营利渠道：一是当户赎当，收取当金利息和其他费用营利；二是当户死当，处分当物用于弥补损失并营利。典当行作为一种既有金融性质又有商业性质的、独特的社会经济机构，融资服务功能是其最主要的，也是首要的社会功能。此外典当行还发挥着当物保管功能和商品交易功能以及其他功能，如提供对当物的鉴定、评估、作价等服务功能。

非银行金融机构还包括基金管理公司、资产管理公司、养老基金、金融期货公司、信用担保公司、货币经纪公司等。

相关案例

某工地包工头李先生在北京接了几个施工项目，由于甲方的工程款总是拖延，资金周转出现了困难。他找到一家房地产经纪公司，要求把一套住房低价卖掉，条件是要快。经纪公司的工作人员建议他先把房子抵押给典当行。李先生的房子价值在55万元左右，典当行可以支付的当金为评估价格的80%，大约40万元左右。这样一来，李先生可以迅速得到一笔资金解决燃眉之急，而房地产经纪公司也会替他寻找买家，争取卖个满意的价格。李先生觉得这个办法不错，于是当天下午就带着身份证及房产证来到典当行办理相关事宜。两天后，李先生和典当行完成了对该房屋的公证与抵押手续，顺利拿到了他所需要的资金。而半个月后，经纪公司替他的房子找到了买家，出价比他此前想卖的价格整整高了5.5万元。李先生除还掉典当款，支付13 800元的利息、评估等综合费用，比原想的还多得了4万多元。

经纪公司的工作人员为什么不建议李先生到商业银行申请抵押贷款？

第二节 中央银行

一、中央银行概述

（一）中央银行的性质

中央银行处在全国金融体系的核心地位，负责制定和实施货币政策以及对金融业实施监督和管理。其性质集中体现在以下两方面：

1. 中央银行是特殊的金融机构。一是服务对象与其他银行不同，中央银行的服务对象不是工商企业、单位和居民个人，而是政府机构、商业银行和其他金融机构；二是经营目的与其他银行不同，中央银行不以营利为目的，而是以稳定货币、发展经济为目的；三是中央银行还享有其他银行所不能享有的特权，诸如垄断货币发行权、代理国库、充当整个社会的最后贷款人等。

2. 中央银行是特殊的金融管理机关。一是中央银行管理与服务的领域与其他政府机关不同，它固定在货币、信用领域，它是制定和执行金融政策的部门，是国家控制和调节信用的机构。二是中央银行管理的手段与其他政府机关不同，它以运用利率、货币供应量等经济手段为主，而不像其他政府机关以行政手段为主。

相关链接

“央妈”的由来

2013 年 6 月的资本市场，“央妈”一词大热。“央妈”一词最早活跃于金融业交易员这个小而专的圈子之内，是金融界人士对央行的昵称。而“央妈”一词真正大红大紫，还是因为当年起源于银行间流动性紧张的风暴。2013 年 6 月 21 日“钱荒”潮涌动，银行“嗷嗷待哺”，央行却反应“淡定”，疑似“狠心断奶”。媒体发文调侃道：“央妈翻脸变后妈：银行疯狂找钱　奔走相问还有钱吗?”在新浪微博上，网民痛心疾呼：“央妈”是“虎妈”、“央妈”成“后妈”。有媒体官微在发布相关的新闻时，甚至配上了当年经典电影《妈妈再爱我一次》的剧照。

（二）中央银行的职能

中央银行的职能是中央银行性质的具体表现，其基本职能有：

1. 中央银行是“发行的银行”。它拥有发行货币的特权，负责全国本位币的发行，并通过调控货币流通，稳定币值。从中央银行产生和发展的历史看，独占货币发行权是其最先具有的职能，也是它区别于普通商业银行的根本标志。

2. 中央银行是“国家的银行”。它代表政府管理全国的金融机构和金融活动，制定并监督执行金融监管法规，代表政府处理国际金融事务，保管国家黄金及外汇储备，还代理国家金库。此外，中央银行还代表政府参加各种国际金融组织和各种国际金融活动以及代表政府签订国际金融协定等。

3. 中央银行是“银行的银行”。这一职能最能体现中央银行的特殊金融机构性质。中央银行的主要业务内容仍是银行固有的“存、放、汇”业务，但业务对象不是一般企业和个人，而是商业银行与其他金融机构。它集中保管存款准备金，充当商业银行的最后贷款人，同时还充当全国金融机构的资金结算中心。

讨论：

中央银行为什么不能以营利为目的？

我国中央银行的职能，在《中国人民银行法》第一章第四条的13条职责中作了明确的规定。中国人民银行履行下列职责：(1) 发布与履行其职责有关的命令和规章；(2) 依法制定和执行货币政策；(3) 发行人民币，管理人民币流通；(4) 监督管理银行间同业拆借市场和银行间债券市场；(5) 实施外汇管理，监督管理银行间外汇市场；(6) 监督管理黄金市场；(7) 持有、管理、经营国家外汇储备、黄金储备；(8) 经理国库；(9) 维护支付、清算系统的正常运行；(10) 指导、部署金融业反洗钱工作，负责反洗钱的资金监测；(11) 负责金融业的统计、调查、分析和预测；(12) 作为国家的中央银行，从事有关的国际金融活动；(13) 国务院规定的其他职责。

相关资料

作为欧元区国家发行货币、制定和执行货币政策、监管金融体系的核心——欧洲中央银行于1998年6月宣布诞生。1999年1月1日成功启动欧元后，欧洲央行在制定和执行货币政策方面都取得了一定成果。欧洲中央银行跨越近二十个主权国家行使中央银行的职能，这是世界各央行发展过程中史无前例的创新。

二、中央银行业务

（一）中央银行的负债业务

中央银行的负债业务，是形成中央银行各种资金来源的业务。主要包括：

1. 货币发行业务。作为货币发行的银行，中央银行享有垄断货币发行的特权，从而形成它的主要负债业务。货币是一种债务凭证，每张投入市场的纸币（又称“通货”）都是中央银行对持有者的负债。但社会公众对手中持有的货币，由于它可以购买任何商品或劳务，是社会财富的象征，并不认为是对中央银行握有债权。因此，中央银行的这种债务由于事实上长期无需清偿而使它成为独有的资金来源。

2. 存款业务。收存存款是中央银行的主要负债业务之一。中央银行的存款主要有金融机构的准备金存款、政府存款和非银行金融机构存款等。

(1) 金融机构存款。准备金存款是中央银行存款业务中最为主要的一项。准备金存款是商业银行等金融机构按照吸收存款的一定比例存放于中央银行的存款，包括法定准备金和超额准备金存款。作为银行的银行，中央银行是各金融机构的最后贷款人，各国中央银行都有存款准备金制度的规定。

(2) 政府存款。作为政府的银行，中央银行代理国库，所有政府财政收入与支出均由中央银行办理，税收收入、公债收入等财政收入都必须先入库，即经常大量的政府存款构成了央行的负债业务。

（3）其他存款。主要包括非银行金融机构存款、特定机构存款及特种存款等。非银行金融机构存款不具有法律强制性，通常没有法定准备金要求。

（二）中央银行资产业务

中央银行的资产业务，是构成中央银行资金运用的业务。主要包括：

1. 再贴现及再贷款业务。这主要是指中央银行对商业银行及其他金融机构进行融资的业务。在商业银行等金融机构资金紧迫时，中央银行用再贴现、再贷款方式给予资金融通，既是中央银行发挥“最后贷款人”职能的表现，同时也是中央银行投放基础货币、调控全社会货币供应量的重要渠道。

> **讨论：**
> 中央银行如何发挥“最后贷款人”的职能？

2. 证券买卖业务。各国中央银行都经营证券交易业务，主要是买卖政府发行的长期或短期债券。证券买卖业务是中央银行调剂资金供求、影响国民经济、实行宏观调控的重要手段。

3. 国际储备业务。国际储备是指具有国际性购买能力的货币，主要包括黄金、外汇、在国际货币基金组织的储备头寸以及未动用的特别提款权等。中央银行持有国际储备的目的，一是稳定币值；二是稳定汇率；三是平衡国际收支。

相关链接

中国人民银行的公开市场业务即证券交易，主要包括回购交易、现券交易和发行中央银行票据。

回购交易分为正回购和逆回购两种：正回购为中国人民银行向一级交易商卖出有价证券，并约定在未来特定日期买回有价证券的交易行为；正回购为央行从市场收回流动性的操作，正回购到期则为央行向市场投放流动性的操作。逆回购为中国人民银行向一级交易商购买有价证券，并约定在未来特定日期将有价证券卖给一级交易商的交易行为。逆回购为央行向市场上投放流动性的操作，逆回购到期则为央行从市场收回流动性的操作。

现券交易分为现券买断和现券卖断两种，前者为央行直接从二级市场买入债券，一次性地投放基础货币；后者为央行直接卖出持有债券，一次性地回笼基础货币。

中央银行票据即中国人民银行发行的短期债券，央行通过发行央行票据可以回笼基础货币，央行票据到期则体现为投放基础货币。

（三）中央银行的中间业务

中央银行的中间业务是指中央银行为商业银行和其他金融机构办理资金划拨清算和资金转移的业务。中央银行提供支付清算服务是履行其“银行的银行”职能的重要表现之一。中央银行的清算业务主要包括票据集中交换、集中清算交换差额、办理异地资金转移等。

三、中央银行与政府的关系

（一）中央银行与政府的相对独立性

中央银行的独立性是指中央银行履行自身职责时法律赋予或实际拥有的权力，决策、行动的自主程度。中央银行的独立性其实是一种相对的独立，其多多少少都会受到政府制约，所以，衡量中央银行的独立性关键看其活动在多大程度上要受到政府的干涉。中央银行独立性的衡量标准包括以下三个方面内容：

1. 组织上的独立性。即中央银行是否属于政府，其领导人的任免程序与任期是否受到政府的影响。

2. 职能上的独立性。即中央银行能否独立制定和实施货币政策，能否抵制财政透支及其他不合理的融资要求。

3. 经济上的独立性。即中央银行是否依赖于财政拨款，有无可供独立支配的财源。

（二）中央银行与政府的协调性

中央银行与政府的独立是相对的，中央银行不能完全脱离政府，它与政府的协调关系体现在：

> **思考：**
> 为什么说中央银行的独立是相对的？

1. 政策目标的一致性。作为政府的银行，中央银行的政策目标不能背离国家总体经济发展目标，必须与政府宏观经济目标保持一致，各国均无例外。

2. 货币政策与财政政策的协调性。货币政策的实施应与财政政策等其他政策相配合，在实施过程中与政府其他部门协作，才能实现政府的宏观经济目标。

3. 中央银行具有国家管理机关的性质，在有些国家，中央银行直接就是政府的组成部分，中央银行的主要负责人也大多由政府委任。

> **相关资料**
> 美国联邦储备系统负责履行美国的中央银行的职责。这个系统是根据《联邦储备法》于1913年成立的，主要由联邦储备委员会、联邦储备银行及联邦公开市场委员会等组成。共分三层组织，最高为理事会，其下是12个联邦储备银行和各储备银行的会员银行。联邦储备系统的核心机构是联邦储备委员会，简称“美联储”。美国联邦储备系统以“独立”和“制衡”为基本原则。

第三节 商业银行

一、商业银行概述

（一）商业银行的性质

1. 商业银行是企业。商业银行的经营以营利为目的，这是商业银行发展的内在动力，它与一般的工商企业一样，具有独立法人资格、自主经营、独立核算、自负盈亏、照章纳税。

2. 商业银行是特殊的企业。其特殊性表现在：一是经营对象。商业银行的经营对象是特殊商品——货币，经营内容包括货币的收付、借贷及各种与货币运动有关的金融服务。二是社会责任。商业银行除了要对客户和股东负责，还要对整个社会负责，这一点是任何一个工商企业所不能比拟的。三是对整个经济的影响范围。商业银行的经营好坏可能影响到整个经济的运行及其发展。

3. 商业银行是特殊的金融企业。商业银行是唯一能吸收活期存款、创造货币的金融机构。

思考：

如何理解商业银行是一种特殊的企业？

（二）商业银行的职能

1. 信用中介职能。这是商业银行最基本的职能。商业银行通过负债业务将社会上各种闲散资金集中起来，再通过资产业务把资金投向社会经济各部门中去，既实现了资本盈余与短缺之间的调剂，也实现了资金的融通。大大提高了全社会货币资本的使用效率，推动社会生产的扩大。

2. 支付中介职能。即商业银行代替顾客对商品和劳务进行支付。如为工商企业办理货币收付和转账结算等业务。现代商业银行还通过创造支票等信用流通工具提高了支付效率，降低了交易成本。随着电子通讯技术的发展，电子支付系统使得以商业银行为中介的支付效率更高。商业银行的这一职能减少了现金的使用而节约了社会流通费用，同时也为商业银行本身取得了充足的廉价资金来源。

3. 信用创造职能。商业银行利用所吸收的存款发放贷款，发放的贷款不以现金形式支付给客户，而是转到客户的存款账户上，在支票流通和转账结算的基础上，借款转化成了派生存款，增加了银行的资金来源。

4. 金融服务职能。金融服务是指商业银行利用其在国民经济活动中的特殊地位及其在业务运作过程中所获得的大量信息，运用电子计算机等先进手段和工具进行加工提炼，为客户提供的相关服务。这些服务主要包括财务咨询、代理业务、信托租赁、计算机服务和资产保管等。通过提供这些服务，商业银行一方面扩大了与社会各界的联系和服务市场的份额，另一方面也为银行取得服务费用收入，同时还加快了信息传播，提高了信息技术的利用价值，促进了信息技术的发展。

相关案例

浙商银行广州分行通过产品创新、服务创新及技术创新鼎力支持小微企业发展，做“小微企业的贴心银行”。针对提款、还款、续贷等“痛点”，该行推出三年贷、随易贷等特色产品。对于新兴的创业企业和创客群体，针对不同阶段的创业群体推出三款“双创”系列产品，为创业创新小微企业提供覆盖成长各阶段的个性化、全过程融资服务。在此基础上更是推出“一日贷”（当天受理、当天审批、当天放款），为中小企业客户提供更高效、更便捷、更实用的金融服务。

对此你如何评价？

二、商业银行业务

商业银行的业务活动种类繁多，其基本业务活动由负债业务、资产业务和其他业务组成。其中，负债业务和资产业务反映在银行的资产负债表中。

（一）商业银行的负债业务

商业银行的负债业务是指形成商业银行资金来源的业务，是商业银行资产业务和中间业务的基础。在银行的资金来源中，银行自有资金所占比例是很低的，银行主要是通过各种负债工具来筹措资金。

1. 资本金。商业银行作为企业，与其他工商企业一样，也要有一定数量的自有资金。银行资本一般有两个来源：一是商业银行创立时所筹措的资本；二是商业银行经营利润的一部分，主要包括实收资本、资本公积、盈余公积和未分配利润。《关于统一国际银行的资本计算和资本标准的协议》（简称《巴塞尔协议》）把这四部分称为核心资本。但是，按照《巴塞尔协议》，商业银行的资本除核心资本外还有一类附属资本，包括重估储备、普通准备金和长期次级债务。商业银行的自有资本金总额与经过调整的资产总额之比不得低于8%。

2. 吸收存款业务。存款业务是商业银行最基本的传统负债业务，吸收存款是商业银行最主要的资金来源。

（1）活期存款。活期存款是存款户可随时提取的存款。此类存款由于需要银行提供较为频繁的支付服务，所以一般不支付利息或支付很低的利息。

（2）定期存款。**定期存款是存款户将款项存入银行账号时，预先约定时间，到期才能提取的存款**。定期存款给银行提供了稳定的资金来源，银行给予其较高的利息。传统的定期存款不能转让，20世纪60年代后出现了可转让的定期存单，可以在货币市场上转让。由于定期存款有固定期限，因此对于商业银行的中长期贷款和投资、获取较高盈利具有重要意义。

（3）储蓄存款。**储蓄存款是为居民积蓄货币资产和获取利息而设定的一种存款**。居民储蓄存款在商业银行存款负债中所占比重最大。我国商业银行的储蓄存款分为活期储蓄与定期储蓄两种。由于储蓄存款多数属于个人，分散于社会上的各家各户，为了保障储户的利益，各国对经营储蓄存款业务的商业银行有严格的管理规定，并要求银行对储蓄存款负无限的清偿责任。

3. 借款业务。借款业务是商业银行主动向中央银行、其他金融机构和金融市场借入资金的一种信用活动，是商业银行的主动负债业务。商业银行的借款业务主要有：

（1）向中央银行借款。中央银行作为银行的银行，是商业银行的最后贷款人。当商业银行出现资金的临时性或季节性需要时，向中央银行借款是它的一个重要资金来源。

商业银行向中央银行借款的方式主要有再贴现与再贷款两种。**再贴现指商业银行将持有的未到期的已贴现票据向中央银行请求再贴现，以融通资金的借款方式。再贷款是指商业银行向中央银行直接贷款**。再贴现和再贷款不仅是商业银行筹措短期资金的重要渠道，同时也是中央银行控制货币供应量的重要工具。

（2）商业银行同业之间的借款。包括银行同业拆借和转贴现。**同业拆借是商业银行相**

互之间的短期的或临时性的融资活动。即头寸不足的银行从有多余头寸的银行借入资金。同业拆借时间很短，以日计息；一般没有抵押，属信用拆借；同业拆借交易的资金主要是各商业银行存放在中央银行存款户上的多余资金；同业拆借的参与者均为金融机构，信誉度较高，且拆借期限短，拆息率高低灵敏地反映着货币市场资金的供求状况。**转贴现是指商业银行将其已贴现的未到期商业汇票向同城或异地的另一家商业银行进行贴现的资金融通行为。**即原贴现银行将已贴现而未到期的票据转让给其他商业银行、贴现公司或其他愿意垫付资金的人，按照票面金额扣除一定利息后提前取得票款。

（3）回购协议。**回购协议是指证券卖方在出售证券的同时与证券的购买方签订协议，约定在一定期限后按约定价格购回所卖出证券，从而获得及时可用资金的一种交易行为。**回购协议可以是隔夜回购，也可以是较长时期。随着商业银行业务的不断发展，其持有政府短期债券的规模越来越大，作为流动性强、安全性高的优质资产，商业银行可以用签订回购协议的方式，从非金融性的大企业、政府机构、证券公司等借入资金。

4. 发行金融债券。发行金融债券是商业银行为筹集长期资金而采用的筹资方式。金融债券的期限较长，其收益率一般高于同期定期存款的利率。

（二）商业银行的资产业务

商业银行的资产业务是指商业银行运用其资金从事各种信用活动以获得利润的业务。主要有：

1. 现金资产。现金资产包括库存现金、存放在中央银行的款项、同业存款以及托收现金等现金资产。

2. 贷款。贷款是商业银行最重要的资产业务，也是商业银行收益最稳定的经济活动。贷款业务种类很多，可以按照不同标准加以分类。

（1）按期限长短为标准，贷款可分为短期贷款、中期贷款和长期贷款。短期贷款指贷款期限在1年（含1年）以内的贷款，短期贷款在整个贷款业务中所占比重很大。中期贷款指贷款期限在1年以上5年（含5年）以下的贷款。长期贷款则指贷款期限在5年以上的贷款。中长期贷款主要是不动产抵押贷款。

（2）按有无担保为标准，贷款可分为信用贷款和担保贷款。**信用贷款指商业银行完全凭借款人的信誉而发放的贷款，**一般用于资信优良、生产经营稳定且利润丰厚并与银行关系密切的客户。担保贷款，根据担保方式不同又分保证贷款、抵押贷款和质押贷款。**保证贷款指以第三人承诺在借款人不能偿还贷款时，按约定承担一般保证责任或连带责任而发放的贷款。抵押贷款指以借款人或第三人的财产作抵押物而发放的贷款。质押贷款指以借款人或第三人的动产或权利作为质物而发放的贷款。**质押与抵押的区别在于质押贷款的质物由贷款人（商业银行）保管，而抵押物则仍由客户保存，因而质押贷款的质物一般应为动产。

（3）按发放贷款的风险程度，分为正常、关注、次级、可疑、损失五大类贷款。**正常贷款是指贷款人能够履行合同、有充分把握按时足额还本付息的贷款；关注贷款是指尽管目前借款人有能力偿还本息，但存在一些可能对偿还产生不利影响因素的贷款；次级贷款是指借款人的还款能力出现明显问题，依靠其正常的经营收入已无法保证足额还本付息的贷款；可疑贷款是指借款人无法足额还本付息，即使执行抵押或担保，也肯定要造成部分损失的贷款；损失贷款是指在采用所有可能采用的措施和一切必要的法律程序后，本息仍然无法收回**

或只能收回极少部分的贷款。次级、可疑、损失这三类称为不良贷款。

3. 票据贴现。**票据贴现是指持票人在商业汇票未到期前，为了取得资金，贴付一定利息将票据权利转让给银行的行为**，是银行向持票人融通资金的一种方式。票据贴现的实质是商业银行办理以票据作担保的贷款。但票据贴现与一般贷款又有明显区别：一是当事人不同，贷款当事人为银行、借款人和担保人，贴现当事人为银行、贴现申请人、付款人及背书人等。二是期限不同，贷款期限长短不一，票据贴现期限较短，如按我国现行规定一般不超过6个月。三是利息支付方式不同，贷款一般到期还本时才付息，而贴现则在贴现办理时预扣利息。

4. 投资。**投资是指商业银行购买有价证券的一种业务活动**。商业银行开展证券投资业务的目的主要有：一是增加银行的收益，这是商业银行将闲置资金投资于证券的首要目的；二是实现资产多样化以分散风险；三是提高资产的流动性。

我国目前还是实行较为严格的分业经营，即商业银行不得从事股票等有价证券投资业务，也不得投资于非自用房地产，但购买政府债券则不受限制。目前我国商业银行的资产业务中，约有20%投资于政府债券。

（三）商业银行的中间业务

商业银行的中间业务是指银行不动用自己的资金，利用自己人才、信息、技术、机构网络、资金和信誉等方面的优势为顾客提供服务，并据以收取手续费的业务。中间业务只会为银行带来服务性收入，而又不会影响其表内业务质量。中间业务主要包括支付结算类业务、银行卡业务、代理业务等。

1. 支付结算类业务。**支付结算类中间业务是指由商业银行为客户办理因债权债务关系引起的与货币支付、资金划拨有关的收费业务**。主要包括同城结算和异地结算，其借助的主要结算工具包括银行汇票、商业汇票、银行本票和支票。

2. 银行卡业务。**银行卡是由银行发行、供客户办理转账结算、存取款业务、消费信用等全部或部分功能的信用支付工具**。有信用卡和借记卡等多种形式。商业银行开办银行卡业务，除了减少现金流通，节约社会流通费用，方便持卡人消费外，一个主要目的是扩大商业银行与客户的联系，以提高商业银行的社会声誉，增强竞争力。

3. 代理类业务。代理类中间业务指商业银行接受客户委托、代为办理客户指定的经济事务、提供金融服务并收取一定费用的业务。包括代收代付款业务；代理保险业务；代理发行、兑付、买卖各类有价证券的业务；代理银行卡收单业务等。银行承办该类业务，可占用客户一部分资金。

> **思考：**
> 你所知道的银行信用卡有哪些？

4. 基金托管业务。基金托管业务是指有托管资格的商业银行接受基金管理公司委托，安全保管所托管的基金的全部资产，为所托管的基金办理基金资金清算款项划拨、会计核算、基金估值、监督管理人投资运作。包括封闭式证券投资基金托管业务、开放式证券投资基金托管业务和其他基金的托管业务。

5. 咨询顾问类业务。咨询顾问类业务指商业银行依靠自身在信息、人才、信誉等方面的优势，收集和整理有关信息，并通过对这些信息以及银行和客户资金运动的记录和分析，形成系统的资料和方案，提供给客户，以满足其业务经营管理或发展需要的服务活动。主要包括：企业信息咨询业务，资产管理顾问业务，财务顾问业务，现金管理业务等方面。

相关案例

在已经公布2016年中报的A股上市银行当中，中信银行依然保持了较快的中间业务增长速度。数据显示，报告期内，中信银行实现手续费及佣金净收入217.00亿元，同比增加42.20亿元，增长24.14%。主要是由于银行卡手续费、理财服务手续费、代理手续费等项目增长较快。在具体类别中，银行卡手续费增幅44.85%，理财服务手续费增幅29.09%，代理手续费增幅93.14%，托管以及其他受托业务佣金增幅25.96%，正是这四项业务的增长使得中间业务保住了24%的增长速度。对此你怎么看？

（四）商业银行的表外业务

商业银行的表外业务，是指商业银行从事的不列入资产负债表内、但会影响商业银行的营业收入和利润的业务。表外业务有广义和狭义之分，其中，广义的表外业务包括中间业务和狭义的表外业务。

巴塞尔委员会一般将狭义的表外业务分为四类：一是贷款承诺，包括透支、承兑票据、信贷限额、回购协议和承销证券等；二是担保，包括正式担保，跟单信用证和备用信用证，保证与赔偿，以及背书等；三是金融衍生工具，包括远期外汇合约，货币与利率互换，货币期货与期权，利率期权，股票指数期货与期权等；四是投资银行业务，如证券包销、证券代理和分销等。

表外业务对商业银行的利润有很大贡献，却也给商业银行带来了极大的风险，因此，商业银行在经营表外业务时，必须加强风险管理。

三、商业银行的经营原则

我国《商业银行法》规定：商业银行以安全性、流动性、效益性为经营原则，实行自主经营、自担风险、自负盈亏、自我约束。

（一）安全性原则

商业银行在业务经营中尽量避免各种风险的影响，尽可能地减少银行资产、收入、信誉等遭受损失的可能性，以确保资金安全和稳健经营。这是商业银行业务经营的首要原则。

商业银行在业务经营过程中之所以要强调安全性原则，主要是因为：一是商业银行的自有资本较少，资金来源主要依靠负债，其抵御风险的能力较脆弱。二是在资金运作的过程中，存在着种种不确定因素，若借款到期时不能足额收回，必定会影响其清偿能力。三是银行的经营会影响到储户及债权人的利益，甚至可能导致金融危机及社会动荡。因而，商业银行经营是有风险的。商业银行的风险主要有：（1）信用风险，是借款方不能按时归还贷款本息而使贷款方遭受损失的可能性；（2）利率风险，是市场利率变化而引起资产价格变动，使经济主体在筹集或运用资金时遭受损失的可能性；（3）流动性风险，是银行无力满足客户的提款要求或正当的贷款申请而造成损失的可能性。此外，还包括国家风险、市场风险、操作风险、法律风险等。

（二）流动性原则

商业银行能够随时满足客户提现或正常的借款需要，它具体表现为商业银行的清偿能力或支付能力。流动性包括资产的流动性与负债的流动性两个方面。**资产的流动性指商业银行能以最小的损失实现随时资产变现的能力**。商业银行保持资产的流动性，主要是通过建立准备金来实现。**负债的流动性则指商业银行能以最低的成本获得所需资金的能力**。这就要求商业银行保持一定比例的流动性资产、按时收回贷款、积极利用同业拆借市场等。

（三）效益性原则

商业银行在业务经营过程中追求利润最大化。商业银行作为企业，追求盈利是加强内部管理、改进服务和进行金融业务创新的内在动力，同时也是其经营发展的基本保证。

上述三个原则从根本上说是统一的，但同时三者之间也存在着矛盾，强调和偏重于资金的安全性和流动性，一般会削弱盈利性，反之，则会使安全性和流动性受到影响。所以，如何使资金的安全性、流动性和盈利性实现最优组合，便成了商业银行经营管理中需要研究的核心问题。

讨论：

如何科学地处理商业银行的安全性、流动性和效益性的关系？

相关链接

亚洲基础设施投资银行（Asian Infrastructure Investment Bank，AIIB，简称亚投行）是一个政府间性质的亚洲区域多边开发机构，重点支持基础设施建设，总部设在北京。2014年10月24日，包括中国、印度、新加坡等在内22个首批意向创始成员国的财长和授权代表在北京签约，共同决定成立亚投行。2015年4月15日，亚投行意向创始成员国确定为57个。2015年12月25日，亚投行正式成立。2016年1月16日亚投行举行开业仪式，全球迎来首个由中国倡议设立的多边金融机构。

第四节　金融监管机构

一、金融监管的意义

金融监管是指政府或金融管理机构对金融机构及其金融活动的监督和管理。金融监管的意义主要体现在以下几个方面：

第一，维护信用和支付体系的稳定。在市场经济中，金融机构作为信用中介和支付中介，发挥着间接融资和直接融资的作用，促进资源的合理配置。因此，对金融机构进行监督和管理，防范和化解金融体系的风险，维护金融体系的安全稳健运行，实际上也是维护社会信用中介、支付中介制度和货币体系的良好运行，保障国民经济的健康发展。

第二，保护存款人和投资者的利益。按照信息不对称原理，存款人和银行之间、证券投资者和经营者之间的信息存在差异，存款人和证券投资者对市场信息的了解程度可能差于银行机构和证券经营者。为了维护市场的公平和公正，客观上需要产生一个处于中间位置的监管者，以保证存款人、证券投资者获得足够的信息。

讨论：

为什么要加强金融监管？

第三，保证金融机构依法经营。金融立法为金融活动提供了平等的法律基础，参与金融活动的各方必须按照相应的规划履行权利和义务。金融监管主体依照金融法律进行金融监管，才能保证各项金融法律法规得到遵守，维护金融活动各方的合法权益。

第四，促进金融机构之间的公平竞争。竞争是市场经济的重要特征之一，竞争必须是符合市场规则下的有序竞争，否则会带来金融秩序的混乱、金融市场的动荡，从而对整个经济活动产生不利影响。金融监管主体通过一系列的监管法规，可使金融机构在平等的条件下开展竞争，维护金融秩序及金融市场的稳定。

相关链接

亚洲金融危机后，国际货币基金组织和世界银行于 1999 年 5 月联合推出 FSAP 评估，目前已经成为国际上广泛接受的金融稳定评估框架。中国在 G20 华盛顿峰会和伦敦峰会两次承诺接受 FSAP 评估，并于 2011 年 11 月圆满完成第一次评估。作为具有系统重要性的经济体，2016—2017 年，我国将接受第二次 FSAP 评估。2016 年 11 月，中国金融部门评估规划（FSAP）现场评估启动会在北京举行。

二、金融监管机构

（一）金融监管体制的类型

金融监管机构的设立取决于金融监管体制。金融监管体制分为混业监管体制和分业监管体制两种。

混业监管体制是指不同的金融行业、金融机构和金融业务均由一个统一的监管机构负责监管的体制。这个监管机构一般是该国的中央银行或其他专门设置的金融管理当局。例如 20 世纪 80 年代后期，北欧的挪威、丹麦和瑞典将分散的监管机构合并，成立综合的金融监管机构。

分业监管体制是在银行、证券和保险等业务领域内分别设立一个专职的监管机构，负责各行业监管的体制。实行分业监管的国家有德国、美国、波兰和中国等。

相关知识

英国的双峰监管模式

2008年金融危机以来，国际监管改革在理念、技术等方面取得很大进展，各主要国家和地区对金融监管体制机制进行了大刀阔斧的改革，以适应金融创新和风险防范的需要。针对金融危机暴露出的英国在监管体制机制方面的诸多不足，英国于2012年颁布了新的《金融服务法案》，对监管体制进行了较大改革。此次改革撤销了原来负责金融监管的金融服务局，在英格兰银行内部设立了金融政策委员会，并开启了包括审慎监管局和金融行为监管局的“双峰监管模式”，目标在于有效防范金融系统性风险。

（二）我国的金融监管机构

1. 中国人民银行。2003年12月27日，十届全国人大六次会议修正的《中华人民共和国中国人民银行法》中的有关规定：(1) 制定和执行货币政策，不断完善有关金融机构的运行规则，更好地发挥作为中央银行在宏观调控和防范与化解金融风险中的作用。(2) 中国人民银行监督管理银行间同业拆借市场、银行间债券市场、银行间外汇市场和黄金市场；指导、部署金融业反洗钱工作，负责反洗钱的资金监测。(3) 中国人民银行会同国务院银行监督管理机构制定支付结算规则。(4) 建立中国人民银行的直接监督检查、建议监督检查和全面监督检查制度。(5) 中国人民银行根据履行职责的需要，有权要求银行金融机构报送有关资料。

2. 中国证券监督管理委员会。1998年4月，根据国务院机构改革方案，决定将国务院证券委员会与中国证监会合并，并明确规定中国证监会为国务院直属事业单位，专司全国证券、期货市场的监管职能。(1) 研究和拟定证券、期货市场的方针政策、发展规划，起草证券、期货市场有关法律、法规和有关规章；(2) 统一监管证券、期货机构。监管各类证券、期货机构和证券交易所，负责证券、期货机构高级管理人员任职资格和从业人员的资格管理，依法对证券、期货违法行为进行调查、处罚；(3) 负责对有价证券发行的管理。监督股票、可转换债券、证券投资基金的发行、交易、托管和清算；批准企业股票上市；监管上市国债和企业债券交易活动；监管境内期货合约市场、交易和清算；监督境内企业直接或间接到境外发行股票和上市。(4) 负责对上市公司及其信息披露的监管。

3. 中国保险监督管理委员会。国务院于1998年11月18日批准设立中国保险监督管理委员会（以下简称“中国保监会”），专司全国商业保险市场的监管职能。(1) 研究和拟定保险业的方针政策、发展战略和行业规划，起草有关保险业的法律、法规，制定保险业的规章；(2) 审批和管理保险机构的设立、变更和终止；(3) 制定、修改或备案保险条款和保险费率，维护保险市场秩序；(4) 监督、检查保险业务的经营活动。对保险公司的经营情况、财务情况和资金运用情况进行定期或不定期的现场检查和非现场检查，以保证保险公司具备足够的偿付能力；(5) 依法对保险机构业务及其从业人员的违法、违规行为，以及非保险机构经营保险业务或变相经营保险业务进行调查、处罚。

4. 中国银行业监督管理委员会。中国银监会履行原由中国人民银行履行的审批、监督、管理银行、金融资产管理公司、信托投资公司及其他存款类金融机构等的职责和相关职责。

（1）制定有关银行业金融机构监管的规章制度和办法；起草有关法律和行政法规，提出制定和修改的建议；（2）审批银行业金融机构及其分支机构的设立、变更、终止及其业务范围；（3）对银行业金融机构实行现场和非现场监管，依法对违法违规行为进行查处；（4）审查银行业金融机构高级管理人员任职资格；（5）负责统一编制全国银行业金融机构数据、报表，抄送中国人民银行，并按照国家有关规定予以公布；（6）会同财政部、中国人民银行等部门提出存款类金融机构紧急风险处置的意见和建议。

讨论：

我国与国外的金融监管模式有何异同？

相关链接

巴塞尔银行监管委员会简称“巴塞尔委员会”，原称“银行法规与监管事务委员会”，是由美国、英国、法国、德国、意大利、日本、荷兰、加拿大、比利时、瑞典10大工业国的中央银行于1974年底共同成立的。作为国际清算银行的一个正式机构，该委员会以各国中央银行官员和银行监管当局为代表，总部在瑞士的巴塞尔，每年定期集会4次，并拥有近30个技术机构，执行每年集会所订目标或计划。

巴塞尔委员会本身不具有法定跨国监管的权力，所作结论或监管标准与指导原则在法律上也没有强制效力，仅供参考。但因该委员会成员来自世界主要发达国家，影响大，一般仍预期各国将会采取立法规定或其他措施，并结合各国实际情况，逐步实施其所订监管标准与指导原则，或实务处理相关建议事项。

【重要概念】

金融机构　中央银行　商业银行　负债业务　资产业务　再贴现　同业拆借
信用贷款　抵押贷款　保险　信托　租赁　金融监管

【思考与实训】

1. 尝试勾画我国金融机构体系架构图。
2. 试比较中央银行业务与商业银行业务的异同。
3. “现金资产是流动性最强的资产，用来满足银行的流动性需求，从而保证银行经营的安全性，因此银行需要保留尽可能多的现金资产。”这句话对吗？为什么？
4. 根据资料和调查，从金融角度思考应如何更好地防范和应对金融危机。

【分析与讨论】

根据掌握的相关资料，结合全球和我国经济形势，分析与讨论如何更好地加强我国的金融监管。

第八章

金融市场

学习要点

- 金融市场的构成要素
- 金融工具的种类
- 货币市场的种类
- 股票市场的业务
- 投资基金的特点和种类
- 外汇市场的交易方式

导读

人人离不开的金融市场

假如手中有闲钱，你可以投资股票、债券，也可以购买证券投资基金……最起码你会存到银行来获得一定的收益；假如你是步入社会不久的年轻人，有不错的工作，收入尚可，但是短期内难以积累大笔资金，若要在都市买房又不想啃老，你可以向银行申请住房按揭贷款来圆自己的安居梦；假如你是企业老板，手头有好的项目但缺乏资金，除了申请银行贷款，条件允许你还可以选择发行债券或者股票；政府入不敷出也可以发行国库券或者公债。眼下，阿里的余额宝、陆金所的零活宝、百度钱包成为人们的新宠。这些经济活动就是金融市场的组成部分。无论是政府还是企业、个人，无论是生产还是生活，在当今社会，可以说人人离不开金融市场。那么现在就让我们走进金融市场，了解金融市场的构成要素、金融工具以及金融市场的主要活动。

第一节 金融市场概述

一、金融市场的概念

金融市场有广义和狭义之分。广义的金融市场是指货币资金融通关系的总和。不论哪类资金的交易，也不管时间的长短和交易的方式，所有的资金供需交易，包括货币的借贷，票据承兑与贴现，有价证券的买卖，黄金、外汇的交易，办理国内外保险等都属广义金融市场的范围。**狭义的金融市场一般是指有价证券市场，即股票、债券的发行和买卖市场。**本章所讲的是广义的金融市场。

金融市场具有融通资金、降低风险、宏观调控等功能。

相关链接

金融市场与其他市场的关系

金融市场是统一市场体系的一个重要组成部分，属于要素市场。它与消费品市场、生产资料市场、劳动力市场、技术市场、信息市场、房地产市场、旅游服务市场等各类市场相互联系，相互依存，共同形成统一市场的有机整体。在整个市场体系中，金融市场是最基本的组成部分之一，是联系其他市场的纽带。因为在现代市场经济中，无论是消费资料、生产资料的买卖，还是技术和劳动力的流动等，各种市场的交易活动都要通过货币的流通和资金的运动来实现，都离不开金融市场的密切配合。从这个意义上说，金融市场的发展对整个市场体系的发展起着举足轻重的制约作用，市场体系中其他各市场的发展则为金融市场的发展提供了条件和可能。

二、金融市场的构成

市场必须具备交易主体、交易客体、交易价格以及交易方式等要素，金融市场也是如此。

（一）交易主体

金融市场主体就是进行金融资产交易的单位和个人。交易主体包括任何参与交易的个人、企业、各级政府和金融机构等，是金融市场最基本的构成要素。其中，不专门从事金融活动的主体，包括个人、企业和政府部门，参与交易是为了自己在资金供求方面的需要，在他们之间发生的金融交易是直接金融，即资金从盈余部门向短缺部门直接转移。专门从事金融活动的各类银行、保险公司、财务公司等，通过它们实现的金融交易称为间接金融，即资金以它们为媒介从盈余部门向短缺部门转移。

（二）交易客体

金融市场交易客体就是金融交易的对象或交易的标的物。也即通常所说的金融工具或金融商品。金融工具的数量和质量是决定金融市场效率和活力的关键因素。目前金融市场上交易和流通的金融工具种类繁多，以满足不同投资者与筹资者的不同需求。

（三）交易价格

金融市场的交易价格是金融工具按照一定的交易方式在交易过程中所产生的价格。它在具体的市场上价格表现形式不一样。在借贷市场上，交易价格表现为利率；在证券市场上，交易价格表现为股票、债券的价格；在外汇市场上，交易价格表现为汇率。

（四）交易组织形式与方式

金融市场的交易组织形式是指金融市场的交易主体进行交易时所采用的方式。主要有两类：第一类是交易所交易，即交易双方集中在交易所内通过公开竞价的方式进行资金交易；第二类是场外交易，指没有固定的交易场所，交易双方通过经纪人，借助于通信工具来进行交易。

> **思考：**
> 金融市场的交易价格受到哪些因素的影响？

金融市场的交易方式主要有现货交易、期货交易、期权交易和信用交易等。

相关案例

时达实业有限公司向某银行借款人民币100万元整，期限6个月，年利率为6%。合同规定，自支用贷款之日起，按月计算利息，利息按季支付，到期归还本金。合同正本一式两份，借、贷双方各执一份；副本一份，报送银监会。

请问该例中交易的主体、客体、交易对象分别是什么？

三、金融市场的类型

按照不同的标准，可以对金融市场进行不同的分类。

按金融市场交易活动是否有具体场所为标准，可划分为有形市场和无形市场，有形市场是交易者集中在有固定地点和交易设施的场所内进行交易的市场，证券交易所就是典型的有形市场；无形市场是交易者分散在不同地点（机构）或采用电讯手段进行交易的市场，如场外交易市场和全球外汇市场就属于无形市场。按融资期限长短的不同，可划分为货币市场和资本市场。按交割方式的不同，可划分为现货市场和期货市场。按金融市场的功能和流通特征不同，可划分为发行市场和流通市场，也称一级市场和二级市场。按交易地域范围的不同，可分为地方性、全国性和国际性金融市场；按交易对象的不同，可分为票据市场、证券市场、黄金市场和外汇市场等。

本书从融资期限和交易对象相结合的角度简要介绍货币市场、资本市场、黄金市场和外汇市场。

相关链接

“新华—道琼斯国际金融中心发展指数”（简称：IFCD Index）发布的2014年排名前10位的国际金融中心分别为：纽约、伦敦、东京、新加坡、香港和上海（并列）、巴黎、法兰克福、北京、芝加哥。IFCD Index共包括5个一级指标，15个二级指标，46个三级指标。其中，一级指标包括金融市场、成长发展、产业支撑、服务水平和国家环境5个维度。金融市场完善与发达程度是金融中心发展的第一核心要素，这从该项指标前10名城市与综合实力排名样本城市完全一致就可以得到验证，这一特点已延续4年。

第二节 金融工具

金融工具是证明债权债务关系的合法凭证。它是在金融交易活动中产生的、能够证明金融交易金额、期限、价格的书面文件，是具有法律约束力的契约。按与标的资产之间的关系不同，可把金融工具分为原生工具和衍生工具两大类。

一、原生工具

原生工具，即金融基础工具。一般将其划分为两类：直接金融工具和间接金融工具。前者是指由非金融机构，如企业、政府或个人所发行和签署的商业票据、公债和国库券、企业债券、股票和抵押契约等。后者则是指由金融机构发行的银行券、存款单、银行票据、金融债券和保险单等。

（一）商业票据

商业票据是指在商业信用发生时记载由其产生的债权债务关系的凭证。它代表了发行人的还债义务，是起源于商业信用的一种传统金融工具，有商业本票和商业汇票两种。

商业本票，又称“商业期票”，是由债务人对债权人开出的在一定时期内无条件支付款项的债务证书。商业汇票是由债权人开出，命令债务人在一定时期内把一定金额的款项支付给持票人或第三者的命令书。汇票必须经付款人承兑后才有效。由企业承兑的汇票，称为商业承兑汇票；由银行承兑的汇票，称为银行承兑汇票。汇票经承兑后，承兑人即为汇票的主债务人，承担到期无条件支付汇票金额的责任。

（二）银行票据

银行票据是指由银行签发或由银行承担付款义务的书面凭证。主要有银行本票、银行汇票和支票三种。

银行本票是由银行签发的借以办理转账结算或支取现金的票据。银行签发本票必须以申请人在银行有存款为依据，即申请人必须先把款项交存银行，银行才会签发本票。银行本票按是否记名、是否定额、是否规定兑付日期可分为：记名本票和不记名本票；定额本票和不定额本票；定期本票和即期本票。我国目前使用的是记名式即期本票。

银行汇票是指由银行签发的一种汇款凭证。办理这种凭证，汇款人必须先将款项交存当地银行。汇款人可以自带汇票前往异地或寄给异地收款人，以凭票向异地指定银行办理转账结算或兑取现金。它适用于异地支付的各种款项，银行见票即付，使用方便，不会产生拖欠。

支票是指由出票人签发的委托自己的开户银行从其账户支付给持票人或指定人的付款命令书。支票有普通支票、转账支票和现金支票三种。普通支票可以支取现金，也可以转账；转账支票只能用于转账；现金支票只能用于提取现金。支票的主要特点是：一是在银行信用基础上产生的，以存款为依据；二是有效期短，见票即付；三是签发支票，以存款余额为限；四是付款人为银行。

（三）股票

股票是指股份公司发给股东以证明其入股金额并借以取得股利的凭证。按不同的标准，股票可分为以下几种基本类型：按股票赋予的股东权利不同，可划分为普通股股票和优先股股票；按股票有无票面价值，可划分为有面额股票和无面额股票；按记名与否，可划分为记名股票和不记名股票；按上市地区和交易币种的不同，可把我国发行的股票划分为 A 股、B 股、H 股、L 股、S 股和 N 股等。

（四）债券

债券是指社会各类经济主体为筹措资金发行的定期支付本息的债权债务凭证。按其发行主体不同，可划分为政府债券、金融债券和企业债券三种。

政府债券，即公债，已在第三章第四节中述及。

金融债券，是指金融机构为了筹措资金而发行的债券。金融债券属于特殊的企业债券。金融机构不同于一般的企业，其发债筹集到的资金或者用于放款或者用于投资，因而金融债券兼有直接金融工具和间接金融工具的特征。

企业债券，又称“公司债券”，是企业为筹措资金而发行的债务凭证。企业发行债券可以用不动产或动产作抵押，也可以由第三者作担保，或全凭企业良好的资信度发行。企业的资信度是保证企业债券能否成功发行的重要因素。企业债券的风险比政府债券要大，故利率也较高。

（五）投资基金

投资基金，是一种利益共享、风险共担的集合投资制度。也即通过发行基金单位，集中投资者的资金，由基金托管人托管、由基金管理人管理和运用资金，从事股票、债券、外汇、货币等金融工具投资，以获得投资收益和资本增值。投资基金具有由专家管理、规模经营、组合投资、分散风险、满足投资者不同需求等特点。

> **讨论：**
>
> 你在日常生活中熟悉的金融交易工具有哪些?

相关案例

Wind 资讯数据显示，截至 2016 年 7 月，共有 16 家企业发行的 25 只债券实质性违约，涉及金额超过 400 亿元。其中，2016 年以来，已有 10 家企业发行的 18 只债券违约，违约金额达到 169 亿元，我国企业债“刚性兑付”的潜规则被打破。有人说这是我国企业债市场从襁褓走向成熟的标志。你的看法呢？

二、衍生工具

衍生工具是在基础性金融工具之上派生出来的金融投资工具。衍生工具品种繁多，按照衍生工具自身交易方法和特点划分，主要有金融期货、金融期权、金融远期和金融互换四大类。

（一）金融期货

金融期货，是指交易双方在交易所内以公开竞价方式达成的，在将来某一特定时间交割特定金融商品的标准化合约。金融期货作为期货交易中的一种，具有期货交易的一般特点，即交易对象标准化、交易单位规范化、交易期限规格化、交易价格公开化、交易市场集中化和信用风险最小化。但与商品期货不同的是，其合约标的物不是实物商品，而是某种金融工具凭证，如外汇、利率、股票价格指数等。由此形成的期货分别称为外汇期货、利率期货和股票指数期货等。

1. 外汇期货。**外汇期货是以汇率为标的物的期货合约**。外汇期货合约是由交易双方订立的约定在未来日期以成交时所确定的汇率交割一定数量的某种外汇的标准化合约。

2. 利率期货。**利率期货是以利率为标的物的期货合约**。它是适应各国从事对外贸易和金融业务的需要而产生的，目的是借此规避汇率风险。利率期货种类繁多，按照标的物期限的不同，可分为短期利率期货和长期利率期货。

思考：

金融衍生工具产生的原因是什么？

3. 股票指数期货。**股票指数期货是以股票指数为标的物的期货合约**。也就是指买卖双方按事先约定的价格（指数），在未来某一特定时间交割一揽子指数成分股票而达成的契约。它不涉及股票本身的交割，其价格根据股票指数计算，合约以现金清算形式进行交割。

相关知识

股指期货合约的产生

自 1982 年美国堪萨斯期货交易所（KCBT）推出价值线指数期货合约后，国际股票指数期货不断发展，目前是金融期货中历史最短、发展最快的金融产品。我国沪深 300 股指期货合约自 2010 年 4 月 16 日起正式上市交易。

（二）金融期权

金融期权，是指在未来一定时间以协议价格买卖特定金融工具的权利的合约。这种权利可以执行，也可以放弃。履行期权合同的权利，称为执行期权；否则，称为放弃期权。场内交易的金融期权主要包括外汇期权、利率期权、股票期权和股指期权。

外汇期权，是指在事先约定的交易时期内，以事先约定的价格（汇率）买卖某种外汇权利的合约。

利率期权，是指在未来特定时期内，以事先约定的价格买卖某种金融资产权利的合约。

股票期权，是指在未来特定时期内，以事先约定的价格买卖某种股票权利的合约。

股指期权，是指在未来特定时期内，买卖股指变动率的权利的合约。

（三）金融远期

金融远期（又称为“金融远期合约”），**是指交易双方约定在将来某一时期按照事先商定的价格和确定的方式买卖某种金融资产的合约**。远期的基本原理与期货相似，不同点在于：远期不是标准化合约，也不是在特定的交易所进行。只是交易双方通过协商拟定合同的条款细节，包括特定金融工具的数量、品种、交割日期、地点以及价格等。按其交易金融工具的不同，主要有远期利率合约和远期货币合约等。

（四）金融互换

金融互换（又称“金融掉期”），**是指两个或两个以上的当事人按共同商定的条件，在约定的时间内交换一系列支付款项的合约**。用以互换的对象，可以是货币，也可以是利率或息票，或者是计息方式和货币均不相同的金融工具。与其他金融衍生产品一样，金融互换产生的原始动因也是规避市场风险、逃避政策管制和套利。互换所在的市场，可以是外汇市场，也可以是货币市场和资本市场。

相关链接

假设在美国股票期权市场上某股票的价格为每股50美元，某一投资者预测该股票价格将上涨，于是购买了以每股50美元买进1 000股该种股票的3个月期权，期权费为每股2美元。在合约期内，如果：

（1）该股票价格上涨到每股60美元，投资者可以行使期权，按每股50美元买进，随即在市场以每股60美元卖出，从而获利8 000美元。

（2）该股票价格不涨反跌，跌至每股40美元，若按期货交易处置，投资者将损失10 000美元，但在期权交易下投资者可以放弃合约，损失仅为2 000美元的期权费。

第三节 货币市场

一、货币市场的概念

货币市场，是指以短期金融工具为媒介而进行的一年期以内的资金交易活动的总称。在我国称作“短期资金市场”。因短期资金市场交易的金融工具期限短、变现力强，近似于货币（可称准货币），故称之为货币市场。与资本市场比较，货币市场主要有以下三个特征：

> **思考：**
> 货币市场的主要功能是什么？

第一，交易期限短。最短的只有半天或一天，最长的不超过一年。

第二，风险小。在货币市场上筹集的资金是为解决短期资金周转的需要，它能在短期内偿还，价格也相对平稳，因此风险较小。

第三，流动性强。货币市场的交易活动所使用的金融工具期限短，变现速度快，随时可在市场上转换成现金而近似于货币，具有高度的流动性。

二、货币市场的种类

货币市场不是一个单一的市场，而是一组相互联系的市场。同业拆借市场、票据市场、大额可转让定期存单市场和回购协议是货币市场最重要的四种子市场。

（一）同业拆借市场

同业拆借市场，是指金融机构之间以货币借贷方式相互融通短期资金的资金融通活动。它包括拆入和拆出资金，拆入是资金短缺者从资金盈余者借入款项，也称拆借；拆出是指资金盈余者向资金短缺者拆出款项，也称“拆放”。

同业拆借市场的交易具有几个显著的特点：

一是融资期限短，同业拆借的期限大多在7天以内，期限短的甚至是隔夜拆借；

二是交易手续简单，一般通过电话洽谈，由全国性资金清算网络完成交割；

三是凭信用进行交易，交易金额大；

四是利率由双方协商决定，随行就市，通常低于中央银行的再贴现率。

相关链接

上海银行间同业拆放利率

上海银行间同业拆放利率（Shanghai Interbank Offered Rate，简称Shibor），以位于上海的全国银行间同业拆借中心为技术平台计算、发布并命名，是由信用等级较高的银行组成报价团自主报出的人民币同业拆出利率计算确定的算术平均利率，是单利、无担保、批发性利率。目前，对社会公布的Shibor品种包括隔夜、1周、2周、1个月、3个月、6个月、9个月及1年。Shibor报价银行是公开市场一级交易商或外汇市场做市商，是在中国货币市场上人民币交易相对活跃、信息披露比较充分的银行。每个交易日根据各报价行的报价，剔除最高、最低各2家报价，对其余报价进行算术平均计算后，得出每一期限品种的Shibor，并于11点30分对外发布。Shibor是市场基准利率，对宏观管理、对于市场参与者了解市场流动性松紧，都能提供很重要的参考。

（二）票据市场

票据市场，是指在商品交易和资金往来过程中产生的以汇票、本票和支票的发行、担保、承兑、贴现、转贴现、再贴现来实现短期资金融通的市场。

票据按交易方式来划分，有票据发行市场、票据承兑市场和票据贴现市场。票据发行与承兑的原理与其他金融工具大同小异，故这里重点分析票据贴现市场。

讨论：

对商业银行来说，贴现票据与发放短期贷款有什么不同？

票据贴现，就是持有人将其持有的未到期的票据转让给银行、银行扣除利息后将余款支付给持票人的一种资金融通行为。按贴现关系人和贴现环节的不同，票据贴现可分为三种：贴现、转贴现和再贴现。其中，**贴现**是指个人或企业将所持有的未到期票据转让给商业银行或其他贴现机构以进行短期资金融通的行为。**转贴现**是指商业银行将贴现收进的未到期票据向其他商业银行或贴现机构进行贴现的融资行为。**再贴现**是指商业银行将其贴现收进的未到期票据向中央银行再办理贴现的融资行为。再贴现也叫做“重贴现”，是中央银行执行货币政策而运用的一种货币政策工具。

（三）大额可转让定期存单市场（CD市场）

大额定期存单市场是指发行和转让大额定期存单的市场。大额可转让定期存单，简称“存单”，是银行发行的记载一定存款金额、期限、利率，并可以流通转让的定期存款凭证。

与普通存单相比，大额可转让定期存单的主要特点有：（1）期限短，一般都在一年以内；（2）面额固定，起点高；（3）利率比同期限的定期存款高；（4）不记名，可自由转让。

存单的发行方式有两种：一是批发式发行；二是零售式发行。所谓批发是指必须经过批准，按照规定时间、规定额度出售存单，发售数量受发行时间和发行金额的限制；所谓零售是指没有发行时间和发行额限制，像银行的存款业务一样，是银行的一项日常业务。存单的发行价格可按票面价格出售，到期支付本息；也可贴现发行，到期按票面额支付。利率由发行人根据市场利率水平和银行本身的信用而定，一般比同期国库券的利率高。

（四）回购协议市场

回购协议市场，是指资金余缺双方通过签订证券回购协议融通资金的市场。回购是卖方在出售证券的同时，与证券买方签订协议，约定在一定期限后按约定价格购回所卖证券，以便获得短期资金的交易行为。回购协议本质上是一种抵押放款，抵押品为证券，通常为政府债券。中央银行可通过回购协议实现公开市场操作，故回购市场是中央银行执行货币政策的重要场所。

相关案例

2016年前三季度，金融机构累计贴现70.2万亿元，同比下降6.7%；期末贴现余额5.7万亿元，同比增长32.5%。9月末，票据融资余额比年初增加11 389亿元，呈逐月上升趋势；占各项贷款的比重为5.5%，同比上升0.8个百分点。银行体系流动性合理充裕，票据市场供求较为均衡，票据市场利率呈现小幅下降趋势。对此你怎么解读？

第四节 资本市场

一、资本市场概述

资本市场，是指期限在一年以上的以长期金融工具为媒介而进行的资金交易的市场。 与货币市场相比，其特点主要有：(1) 融资期限长，至少在一年以上，最长可达数十年，甚至没有期限；(2) 融资的目的主要是为解决中长期融资需求，流动性和变现性相对较差；(3) 资金融通规模大；(4) 收益较高、风险较大。由于融资期限较长，发生重大变故的可能性也大，市场价格容易波动，投资者需承受较大风险。同时，作为对风险的报酬，其收益也较高。

思考：

为什么要建立资本市场？

全面地说，股票市场、债券市场、投资基金市场和银行长期信贷市场都属于资本市场范围。中长期信贷市场属于商业银行业务在这里不述及，只介绍股票市场、债券市场和投资基金市场。

相关资料

资本市场

成熟的多层次资本市场，应当能够同时为大、中、小型企业提供融资平台和股份交易服务，在市场规模上，则体现为“金字塔”结构。我国的资本市场从1990年沪、深两市开办至今，已经形成了主板、中小板、创业板、三板市场、区域性产权交易市场、股权交易市场等多种股份交易平台，多层次资本市场体系初步形成。

二、股票市场

（一）股票的特征

股票，是指股份公司发给股东以证明其入股金额并借以取得股利的凭证。 它代表股东对企业的所有权凭证。凭借股票，股东可以获得一系列相关权益，如参加股东大会、选举董事会、参与股份公司的生产经营决策以及参加股份公司分红等。股票作为一种有价证券，具有四个明显特征：

1. 不可偿还性。股票是一种无偿还期限的有价证券，投资者认购了股票后，就不能要求退股还资。股票的转让只意味着公司股东的改变，并不减少公司资本。

2. 参与性。股东有权出席股东大会，选举公司董事会，参与公司重大决策。股东参与公司决策的权利大小，取决于其所持有的股份的多少。

3. 流通性。即股票在不同投资者之间的可交易性。流通性通常以可流通的股票数量、股票成交量以及股价对交易量的敏感程度来衡量。

4. 风险性和收益性。由于受经济、政治、社会以及自身经济情况的影响，股票投资者的收益具有极大的不确定性，股票价格经常处于波动起伏状态。但风险与收益具有对称性，较大的风险带来较大的收益。

（二）股票发行市场

股票发行市场是股票从规划到销售全过程活动的总称。它是资金需求者直接获得资金的市场。股票的发行是整个股票市场的起点和股票交易的基础。股票发行市场是资金需求者直接获得资金的市场。

1. 股票发行的目的。股份公司可因各种需要发行股票，其原因和目的较为复杂，概括起来不外乎两大方面，一是股份公司成立时的筹资发行；二是现有公司扩张时的增资发行。具体来说，发行主要目的有以下方面：组建公司；扩大经营；改善资本结构；转换经营机制等。

2. 股票发行条件。股票发行条件包括股票发行的一般条件、初次发行股票的特殊条件、增资发行股票的特殊条件等，包括发行主体要求、财务制度要求、公司规模要求、股权分散要求等内容。

3. 股票发行的程序。股票发行，必须依照国家法律规定的程序进行，一般划分为以下几个步骤：（1）提出申请。企业在发行新股票之前，必须向政府证券管理部门提出正式书面申请，并提供有关资料；（2）批准申请。政府证券管理部门根据有关规定对申请股票发行人的申请书逐项审查，认为真实、合理，可以批准发行。新股票的好坏主要是由发行市场的认购人去判断，批准发行者不决定新发行股票的最终命运；（3）发行股票。股票发行者在取得政府证券管理部门同意发行的命令和文件后，就可以向社会正式发行股票。

4. 股票发行方式。即发行公司采用什么方法，通过何种渠道或途径将自己的股票投入市场，并为广大投资者所接受。尽管各国发行方式差异较大，一般说来大体可作如下分类：

（1）直接发行和间接发行。这是按有无中介机构参与发行所作的一种划分。**股票的直接发行是指发行人直接向投资者出售股票**。这种发行方式手续简单，发行费用较低，但发行规模一般较小，是私募发行通常采用的一种发行方式。**股票的间接发行是发行人委托金融中介机构向社会公众公开销售股票**。它是公募发行通常采用的一种发行方式。

（2）公募发行与私募发行。**私募发行（又称“不公开发行”或“内部发行”）是指面向少数特定的投资人发行证券的方式**。私募发行有确定的投资人，发行手续简单，可以节省发行时间和费用。私募发行的不足之处是投资者数量有限，流通性较差，且不利于提高发行人的社会信誉。目前我国境内上市外资股（B股）的发行几乎全部采用私募方式进行。**公募发行是指向广泛的不特定的投资者发行证券的一种方式**。为了保证投资者的合法权益，政府对证券的公募发行控制很严，要求发行人具备较高的条件。公募证券可以上市流通，具有较高的流动性，因而易于被广大投资者接受。不足之处在于手续比较复杂，发行成本较高。

5. 股票发行价格。即股份公司发行股票时确定的股票发售价格。股票发行价格一般有五种：

一是面值发行，即发行价格与面值相等，也叫平价发行；

二是溢价发行，即以高于面值的价格发行；

三是折价发行，即以低于面值的价格发行；

四是时价发行，即对于增资扩股发行股票，可以依照规定按该公司股票的市价发行；

五是中间价发行，即对于再次融资发行的股票，可以按照公司股票市价和面值的中间平均价发行。大多数国家包括我国禁止股票折价发行。

相关链接

股票发行的核准制与注册制

注册制强调发行人申请发行股票时，必须依法将公开的各种资料完全准确地向证券监管机构申报。证券监管机构的职责是对申报文件的全面性、准确性、真实性和及时性作出形式审查，不对发行人的资质进行实质性审核和价值判断，而是将发行人股票的良莠留给市场判断。注册制的基础是强制性信息公开披露原则，遵循“买者自行小心”的理念。

核准制吸取了注册制强制性信息披露原则，同时要求申请发行股票的公司必须符合有关法律和证券监管机构规定的必备条件。证券监管机构除进行注册制所要求的形式审查外，还关注发行人的法人治理结构、营业性质、资本结构、发展前景、管理人员素质、公司竞争力等，并据此作出发行人是否符合发行条件的判断。核准制遵循的是强制性信息公开披露和合规性管理相结合的原则，其理念是“买者自行小心”和“卖者自行小心”并行。

（三）股票流通市场

股票流通市场是指已发行的股票进行买卖交易的场所。这一市场为股票提供了流动性。

1. 股票流通市场的构成。流通市场的构成要素主要有：（1）股票持有人，在此为卖方；（2）投资者，在此为买方；（3）为股票交易提供流通、转让便利条件的信用中介机构，如证券公司或股票交易所（习惯上称为证券交易所）。

股票流通市场体系由两部分组成：场内交易市场和场外交易市场。前者主要是指以证券交易所为代表的有形市场；后者是在证券交易所大厅外进行各种证券交易活动的总称，它与交易所共同构成一个完整的证券交易市场体系。场外交易市场又可以进一步划分为三种类型：店头市场、第三市场和第四市场。其中店头市场又称柜台市场，是投资者在证券交易所以外某一固定场所进行未上市股票或不足一个成交单位的证券交易所形成的市场。第三市场是已在证券交易所上市的证券在证券交易所之外进行交易时所形成的市场。第四市场是大户通过电话、电脑等现代通讯手段直接进行证券买卖所形成的市场。

2. 股票的交易价格。**股票的交易价格是股票在流通市场上的买卖价格。**其最大特征是处于不断的变动中，随股票市场的供求关系变化而变化。投资者正是利用股价变动这一特点，通过不停地买卖股票而获得差价收益。股票的理论价格就是为获得股息、红利收入而付出的代价，用公式表示为：

$$\text{股票理论价格}=\frac{\text{股息红利收益}}{\text{市场利率}}$$

可见，股票交易的理论价格与股票的预期股利收益呈正比，与市场利率呈反比。现实中，股票的市价一般不等于股票的理论价格，但理论价格是决定股票实际交易价格的一个基本因素，是预测股市价格变动的重要依据。

讨论：

影响股票实际交易价格的因素有哪些？

3. 股票价格指数。**股票价格指数是反映股票价格总体水平变动情况的统计指标。**通常用计算期的股份相对于基期股价增减的百分率来表示。由于经济、政治等多方面的原因，股票价格经常处于变动之中。为了能综合反映这种变化，世界各国金融市场都编制了股票价格指数。

股票价格指数的具体编制方法基本上有两种，即简单平均法和加权平均法。目前世界上比较著名的股票价格指数有美国道·琼斯股价指数、标准普尔股价指数、纽约股票价格指数、英国的《金融时报》股价指数、日本的日经股价指数、东证股价指数、香港的恒生股价指数等。随着世界经济信息化的来临，发达国家为了支持和发展高新技术产业，开设了二板市场，同时编制反映高新技术产业上市公司股价变动情况的股价指数，如美国的纳斯达克指数、香港的创业板市场等。

4. 股票交易方式。股票在流通市场上的交易方式主要有四种：

（1）现货交易。指交易双方在成交后马上（或在极短的期限内）进行清算交割的交易方式。

（2）期货交易。又称期货合约交易，是指交易双方在成交后按照协议规定条件远期清算交割的交易方式。

（3）期权交易。又称主选择权交易，是投资者在交纳一定期权费后，取得的一种在未来某一时期内按协议价格买进或卖出一定数量金融资产权利的交易方式。

（4）信用交易。又叫垫头交易，是指股票买方或卖方通过交付保证金以获得经纪人借款或股票的交易。股票信用交易有两种情形：一是在购买股票时，只支付保证金，其余资金由经纪人支付；二是在出售股票时，出售方只拿出一部分股票，其余股票则由经纪人垫付。无论是哪一种情形，股票经纪人都可获得融资或融券的利息收入。

相关案例

2016年12月16日，中国证监会按法定程序核准了11家企业的首发申请。2016年已经有267家企业领到了IPO批文，筹资总额为1 745亿元。另据全球经济数据网报道，截至2016年12月13日，中国股市上市公司数量沪深合计3 026家，总市值达509 215亿元。上述报道分别说明了我国股票发行市场和流通市场的状况。

请问，你如何看待发行和流通市场的关系？

三、债券市场

债券市场是债券发行和交易的场所。债券市场是政府、企业和金融机构筹集长期资金的主要场所，以债券作为交易的对象。债券市场分为债券发行市场和债券流通市场。

（一）债券发行市场

债券发行市场是发行单位初次出售新债券的市场。债券发行市场的作用是将政府、金融机构以及公司企业等为筹集资金向社会发行的债券，分散发行到投资者手中。债券的发行市场通常无固定场所，是一个无形市场。

1. 债券发行条件。债券发行的条件是指债券发行者在发行债券时所必须考虑的有关因素，包括发行金额、偿还期限、票面利率、付息方式等。如果债券发行人对这些因素考虑不周全，就会影响到发行的效果，降低发行收入，增大融资成本。在债券发行的基本条件中，债券的偿还期限和票面利率是首要考虑的因素。在这两项确定之后，再确定债券的发行价格。从债券发行之日起到还本付息完毕止这段时间称为“债券偿还期限”。决定债券期限的因素有资金使用周转期、市场利率发展趋势等。决定债券票面利率的第一个因素是债券期限的长短，债券的偿还期越长，债券的票面利率就越高；反之，亦然。决定债券票面利率的第二个因素是债券的信用等级。

2. 债券的信用评级。进行债券信用评级主要是方便投资者进行债券投资决策。投资者购买债券是要承担一定风险的。由于受时间、知识和信息的限制，投资者尤其是中小投资者无法对众多债券进行分析和选择，因此需要专业机构对准备发行的债券还本付息的可靠程度进行客观、公正和权威的评定，也就是进行债券信用评级，以方便投资者决策。债券信用评级的另一个重要原因，是减少信誉高的发行人的筹资成本。一般来说，资信等级越高的债券，越容易得到投资者的信任，能够以较低的利率出售；而资信等级低的债券，风险较大，只能以较高的利率发行。

思考：

若不考虑其他因素，市场利率上升时，债券发行者应该发行长期债券还是短期债券？

3. 债券发行价格。**债券的发行价格是指在发行市场上，投资者购买债券时实际支付的价格**。与股票发行不同的是，债券在发行时很少采用溢价发行，一般为按面值平价发行和折价发行。按面值平价发行指债券按面值发行，到期时按照票面利率一次性还本付息；折价发行指以低于面值的价格发行，到期按面值偿还，面值与发行价之间的差额，即为债券利息。

一般来说，债券发行采用公募间接发行的方式，只有少量企业内部集资债券采用私募直接发行。债券发行程序与股票发行程序基本相同，大体包括决议、审批、公示、认购以及款项划拨等。

（二）债券流通市场

债券流通市场是指已发行债券进行买卖转让的市场。上市债券流通既可以在证券交易所进行，也可以在场外市场进行，而非上市债券则只能在场外市场进行交易流通。

投资者购买转让债券是为了获得收益。其收益大小可用债券收益率来衡量。**债券收益率是投资者在债券上的收益与其所投入的本金之比。**具体来说有如下几种收益率指标：

1. 票面收益率。又称名义收益率或票息率，就是债券票面上的固定利率。即年利息收入与债券面额之比率。用公式表示如下：

$$票面收益率 = \frac{年息收入}{债券面值} \times 100\%$$

2. 持有期收益率。指投资者从买进债券到卖出债券的整个持有期内所获得的年均收益率。投资者可能并不是在债券发行时就买进债券，也可能不是一定要将债券持有至其到期日。因此，投资者持有债券的期限不一定是债券的整个有效期限。持有期收益率公式如下：

$$持有期收益率 = \frac{年息收入 + （卖出价 - 买入价）/持有年数}{买入价} \times 100\%$$

持有期收益率考虑了债券买卖的资本损益，能反映投资者在整个投资期间的收益情况。

> **讨论：**
> 债券收益率与利率、期限和购买价格之间的关系如何？

3. 到期收益率。指投资者购买债券并一直持有至到期为止的债券年均收益率。我国债券基本上是一次还本付息，因此到期收益率的计算公式为：

$$到期收益率 = \frac{（到期本息和 - 买入价）/剩余年数}{买入价} \times 100\%$$

相关案例

2016 年 1－9 月，我国公司债券共发行 2 277 只，募集资金 23 075. 76 亿元，较 2015 年同期分别增长 150. 22% 和 388. 85%。其中，一般公司债共发行 727 只，募集资金 10 944. 71 亿元，较 2015 年同期分别增长 348. 77% 和 312. 47%；私募债共发行 1 550只，募集资金 12 131. 05 亿元，比 2015 年同期分别上升 107. 22% 和 486. 90%。从区域分布来看，东部地区仍是公司债券的发行主力。从行业分布来看，房地产类企业占比 31. 02%，位居首位；其次是建筑类企业，占比为 25. 82%。试分析债券区域、行业分布现状的成因。

四、投资基金市场

投资基金市场是进行证券投资基金认购、申购和赎回的市场。即进行投资基金发售和交易的市场。

（一）证券投资基金发行市场

1. 证券投资基金设立与发行方式。证券投资基金的设立有两种基本方式，即注册制和核准制。**基金注册制**是指基金只要具备法规规定的条件，便可以申请并获得注册。目前发达国家和地区一般采用注册制，如美国、英国和我国的台湾、香港地区。**基金核准制**是指基金不仅要具备法规规定的条件，还要通过基金主管机关的实质审查才能设立。在基金核准制下，基金主管机关有权对基金发行人及其所发行的基金做出审查和决定。我国实行的是基金核准制，基金的设立必须经过中国证监会的核准。

2. 基金的设立程序。包括申请、核准和募集。设立基金须由基金管理人向中国证监会提出申请，提交按《基金法》规定制作的募集申请材料。国务院证券监督管理机构应当自受理基金募集申请之日起六个月内依照法律、行政法规及国务院证券监督管理机构的规定和审慎监管原则进行审查，做出核准或者不予核准的决定，并通知申请人；不予核准的，应当说明理由。基金的募集是指基金管理人在募集申请经核准后，发售基金份额。基金的募集和股票及债券的发行一样，有两种基本方式，即公募和私募。我国批准设立的公募基金份额的发售，由基金管理人负责办理；基金管理人可以委托经国务院证券监督管理机构认定的其他机构代为办理。封闭式基金借鉴股票的发行办法，采用上网定价发行办法。开放式基金主要委托商业银行系统代为发售。

3. 基金的种类。证券投资基金可按照不同的标准进行各种分类。按照基金的组织形式不同，基金可分为契约型基金和公司型基金；按照基金在存续期内基金份额是否可以变动为标准，基金可分为封闭式和开放式基金；根据投资目标和风险差异，基金可分为三种：成长型基金、收入型基金和平衡型基金；根据投资标的不同，基金可分为债券基金、股票基金、货币市场基金、黄金基金、衍生证券投资基金、指数基金和对冲基金等。

> **思考：**
> 我国目前发行的基金有哪些类型？

（二）证券投资基金流通市场

1. 证券投资基金的交易方式与场所。国际上的通行做法是，证券投资基金在发行结束一段时间后（一般为3～4个月），就应该安排基金的交易。其中，封闭式证券投资基金的交易与股票、债券类似，投资者可以通过自营商或经纪人在二级市场（如证券交易所）上自由买卖。开放式证券投资基金的交易则不同，投资者需等到该基金首次发行结束一段时间（通常为3个月）后，才可以到该基金专门开设的柜台上进行自由买卖。因此，开放式证券投资基金的交易实际上都是在投资者和基金管理公司之间进行的。

2. 证券投资基金的交易价格。由于封闭式基金和开放式基金在买卖价格决定原理和买卖方式上的巨大差异，导致两者在流通市场上的交易价格有很大的不同。

封闭式基金在发行后，在二级市场上的交易价格主要由市场供求决定，存在着很大的波动性，其价格既可以高于也可以低于基金净资产。如果供大于求，则该基金的交易价格就会下降；相反，交易价格则会上升。

开放式基金的基金单位交易价格则取决于申购、赎回行为发生时尚未确知（但当日收市后即可计算并于下一交易日公告）的单位基金资产净值。所谓基金净资产是指基金投资组合的总市值减去总负债后，再除以基金发行总份额数。当投资者购买时，开放式基金的交易价格（即申购价格）等于基金净资产加上手续费。而当投资者出售时，开放式基金的交易价格等于基金净资产减去手续费。

（三）基金的收益与分配

基金持有人投资于基金的收益分为两部分：一是投资基金的分红派息；二是买卖投资基金单位的价差收益。无论是开放式基金还是封闭式基金，其价格都是随着证券市场的波动而不断变动的。基金的收益主要来自以下三个方面：利息、股利、资本利得。基金的收入减去应扣除的费用后构成基金的净收益，也就是可供基金持有人分配的收益。基金投资取得利润后要按照分配方案（项目、时间和方式）进行分配。

相关资料

我国的股票指数

我国最知名的股票指数包括上海证券综合指数、深圳证券成分指数以及沪深300指数。上海证券综合指数简称“上证综指”，深圳证券成分指数简称“深证成指”，前者属于综合指数，后者属于成分指数。

上证综指是由上海证券交易所编制，以上海证券交易所挂牌上市的全部股票为计算范围，以发行量为权数综合，反映了上海证券交易市场的总体走势。

深证成指是由深圳证券交易所编制，它是按一定标准选出40家有代表性的上市公司作为成分股，用成分股的可流通数作为权数，采用综合法进行编制而成的股价指数，综合反映深交所上市A、B股的股价走势。为保证成分股样本的客观性和公正性，成分股不搞终身制，深交所定期考察成分股的代表性，及时更换代表性降低的公司，选入更有代表性的公司。

沪深300指数是在上海和深圳证券市场中选取规模大、流通性好的300只A股作为样本，其中沪市179只，深市121只，以2004年12月31日为基日，采用市值加权平均计算的股价指数，于2005年4月8日正式发布。

第五节 外汇市场和黄金市场

一、外汇市场

（一）外汇市场的概念

外汇市场是指从事外汇交易活动的场所。包括有形市场和无形市场。

按照外汇交易参与者的不同，外汇市场可分为广义外汇市场和狭义外汇市场。狭义外汇市场又称为外汇批发市场，它特指银行同业间的外汇市场，交易金额巨大。广义外汇市场，除上述狭义的外汇市场外，还包括银行与一般客户之间的外汇交易。本节所述的外汇市场是广义的外汇市场。

（二）外汇市场的参与者和交易方式

> **思考：**
> 外汇市场对我国外向型经济的发展有什么益处？

在外汇市场上，外汇交易的参与者主要有以下几类：

1. 外汇银行。它是经中央银行批准可以经营外汇业务的商业银行和其他金融机构。外汇银行是外汇市场上首要的参与者，主要包括专营或兼营外汇业务的本国商业银行、在本国的外国商业银行分行及本国与外国的合资银行、其他经营外汇买卖业务的本国金融机构，如信托投资公司、财务公司等。

2. 外汇经纪人。外汇经纪人是外汇市场上介绍客户进行外汇交易的中间人。他们一般自己不买卖外汇，不能直接报出自己的汇率，而是凭借与外汇银行的密切联系和自己所掌握的外汇信息，促成双方交易，从中赚取手续费。外汇经纪人须经有关部门的批准才能取得经营资格，其收入主要以佣金的方式获得。外汇经纪人在降低交易成本、保持外汇市场的连续性等方面发挥了重要作用。

3. 中央银行。中央银行参与外汇交易的主要目的是管理和调控外汇市场，以保持本国货币汇率的稳定、维护市场正常的运行秩序，进而实现本国货币政策的意图。中央银行干预外汇市场的形式是多种多样的，既可以在即期市场或远期市场上直接买进或卖出外汇，又可以通过调整利率来影响国际资本流动和汇率变化，还可以通过行政或法律手段直接管制外汇市场。

4. 顾客。顾客统指与外汇银行有外汇交易关系的所有公司或个人，他们是外汇市场上作用与地位仅次于外汇银行的又一市场主体。顾客包括：交易性的外汇买卖者，如进出口商、国际投资者、旅游者等；保值性的外汇买卖者，如套期保值者；投机性的外汇买卖者，即外汇投机商。顾客从事外汇交易的主要目的或是为了清算国际资金，或是为了规避外汇风险，或是为了获取投机利润。

外汇市场的交易方式与其他金融市场一样，主要有以下几种：即期交易、远期交易、期货交易、衍生工具交易等。其中衍生工具交易包括掉期交易及套汇交易等方式。掉期交易是指对不同期限，但金额相等的同种外汇作两笔反方向的买卖行为，其主要目的是管理资金头寸，规避汇率风险；套汇交易是指套汇者同一时间点利用两个或两个以上的地区性外汇市场上某些货币在即期汇率上的差异进行外汇买卖的行为。

（三）外汇市场交易的三个层次

根据上述对外汇市场参与者的分类，外汇市场的交易可以分为三个层次的交易，即银行与顾客之间，银行同业之间，银行与中央银行之间的交易。在这些交易中，外汇经纪人往往起着中介作用。

1. 银行与客户之间的外汇交易。这一交易往往是在银行的柜台上进行。银行在与客户的交易中，对不同的客户分别买入或卖出不同种类的外汇，实际上是在外汇的最终供给者与最终需求者之间起中介作用，赚取买卖的差价。这一市场又被称为“零售市场”。

2. 银行同业间的外汇交易市场。银行在每个营业日，根据顾客的需要与其进行外汇交易，难免产生各种外汇头寸的多头或空头，统称敞口头寸。多头表示银行该种外汇的购入额大于出售额，空头表示银行该种外汇的出售额多于购入额。当银行外汇头寸处于敞口头寸状态时，银行就将承担外汇风险。若要避免外汇风险，就需通过银行间外汇市场的交易“轧平”头寸，即将多头抛出，空头补进。此外，银行还出于投机、套利、套期保值等目的从事同业的外汇交易。外汇市场交易总额的绝大部分是银行同业间的交易，这一市场交易的金额一般比较大，因此被称为“批发市场”。

3. 银行与中央银行之间的交易。中央银行为了使外汇市场上自发形成的供求关系所决定的汇率能相对地稳定在某一期望的水平上，可通过其与外汇银行之间的交易对外汇市场进行干预。如果某种外币兑换本币的汇率低于期望值，中央银行就会向外汇银行购入该种外币，增加市场对该种外币的需求量，促使银行调高其汇率；反之，如果中央银行认为该种外币的汇率偏高，就向银行出售该种外汇储备，促使其汇率下降。

相关案例

间接套汇又称“三角套汇”或“多角套汇”，就是利用三个或三个以上不同地点外汇市场的三种或多种货币之间的汇率差异，赚取套汇收益。例如：某日，香港外汇市场上即期汇率为 USD1 = HKD7.7500，纽约外汇市场上即期汇率为 GBP1 = USD1.4700，伦敦外汇市场上 GBP1 = HKD12.200。若不考虑其他费用，套汇者以 100 万英镑进行套汇，则他在伦敦市场卖出 100 万英镑，买入 1220 万港元，在香港市场卖出港元买入 157.42 万美元，在纽约市场卖出美元买入 107.09 万英镑，从而获取套汇收益 7.09 万英镑。

想一想，间接套汇会对相关外汇汇率产生什么影响?

二、黄金市场

黄金在 20 世纪 70 年代被国际货币基金组织宣布非货币化，至此，黄金作为货币继退出国内流通之后，也退出了国际流通。但由于黄金在货币史上的重要地位、黄金的增值法力以及业已存在的完备的市场体系，许多国家还把黄金作为国际储备资产之一，黄金市场仍是金融市场的组成部分。

（一）黄金市场的种类

黄金市场是集中进行黄金买卖的场所。黄金市场的参与者主要包括黄金的卖方、买方和黄金经纪人三部分。黄金卖方有产金国的采金企业、藏有黄金待售的私人或集团、做金价看跌空头的投机者以及各国的中央银行等；黄金买方有各国的中央银行、为保值或投资的购买者、做金价看涨多头的投机者及以黄金作为工业原料的工商企业等。黄金市场上的交易活动，一般都通过黄金经纪人成交。国际黄金市场上的黄金供应有三个渠道：一是金矿开采；二是各种金融机构、企业、公司和私人出售黄金；三是一些国家在黄金市场上出售金币或发行黄金证券。

黄金市场可以根据其性质、作用、交易类型、交易管制程度等作不同的分类。

1. 按交易类型和交易方式划分，可将黄金市场划分为现货交易市场和期货交易市场。目前世界上存在两大黄金集团：伦敦—苏黎世集团是国际黄金现货交易的中心；纽约（包括芝加哥）—香港集团是国际黄金期货交易中心。其中，伦敦黄金市场的作用尤其突出，该市场的黄金交易和报价仍然是反映世界黄金行市的“晴雨表”。

2. 按性质划分，可以分为主导性市场和区域性市场。目前主导性市场有伦敦、苏黎世、纽约、香港、芝加哥，这些主导性市场是国际性交易集中的市场，其交易量的变化及价格的形成对其他市场有很大影响。区域性市场的交易规模有限，且市场的价格、交易量以及市场的参与者只涉及某一地区或某一国家，对国际上其他黄金市场影响不大，主要有迪拜、巴黎、法兰克福、新加坡、东京、布鲁塞尔等黄金市场。

3. 按交易管制的程度不同，黄金市场可分为自由交易黄金市场和限制交易市场。自由交易市场内黄金可以自由输出入，居民和非居民可以自由买卖黄金，如苏黎世。而在限制交易市场，黄金的输出和输入，一般要受到管制，只允许非居民自由买卖黄金。还有一些实行严格管制的黄金市场，对黄金输出、输入实行严格管制，只准居民自由买卖，实际上只是国内黄金市场。

相关资料

世界官方黄金储备

截至2016年8月，全球官方黄金储备共计32 803.5吨。前十名排序如下：

1. 美　国：8 133.5吨	6. 俄罗斯：1 498.7吨
2. 德　国：3 378.2吨	7. 瑞　士：1 040吨
3. 意大利：2 451.8吨	8. 日　本：765.2吨
4. 法　国：2 435.8吨	9. 荷　兰：612.5吨
5. 中　国：1 823.3吨	10. 印　度：557.8吨

（二）黄金市场工具

当今的黄金分为商品性黄金和金融性黄金。商品实物黄金交易额不足总交易额的

3%，90%以上的市场份额是黄金金融衍生物。目前，在国际市场上比较常见的黄金投资工具主要有以下八种：

1. 标金。标金是标准金条的简称，标金是黄金投资的基础工具，是按照统一标准而浇铸成条块状黄金的简称，也称为实金、金条。标金是黄金市场为使场内的买卖交易行为规范化、计价结算国际化、清算交收标准化而要求进场的交易标的物。

2. 金币。金币是黄金投资的传统工具之一，主要投资目的是为了收藏、保值。目前在国际黄金市场上参与交易的金币主要分为四大类：流通金币、纯金币、纪念金币、贸易金币。

3. 黄金账户。黄金账户是黄金投资的创新工具，是指黄金经纪商为黄金投资者提供的一种专作黄金转账交易而又无需实物交割支付的黄金投资工具，又称为黄金请求账户。

4. 纸黄金。这是为想拥有黄金又不愿承担黄金运输保管负担者而设计的，又称为黄金凭证，就是在黄金市场上买卖双方交易的标的物是一张黄金所有权的凭证而不是实物黄金，常见的类型有黄金储蓄存单、黄金交收订单、黄金证券、黄金账户单据、黄金现货交易中当天尚未交收的成交单、国际货币基金组织的特别提款权等，均属纸黄金的范畴。

5. 金饰品。金饰品是黄金投资的传统工具之一，主要投资目的是为了收藏、保值及装饰。金饰品的种类繁多，按其用途不同，一般可分为用于人体装饰的金首饰，用于表彰激励的金杯、金牌、金质奖章等。

6. 黄金股票。黄金股票是黄金投资的延伸产品，是黄金公司向社会公开发行的上市或不上市的股票，所以又可称为金矿公司股票。

7. 磐泥黄金股票。投资者买卖已购置了大批可能含有沙金成分的河床或矿金成分的山地，但还未被开发证实的股份公司所发行的股票就被称为磐泥股票。

8. 黄金基金。黄金基金是黄金投资的衍生工具，是指专门以黄金、黄金股票、黄金债券或黄金类衍生交易品种作为投资对象以获取投资收益的基金。

相关知识

“上　海　金”

人民币定价黄金2016年4月19日正式推出。这是继2014年上海黄金交易所国际板推出之后，中国黄金市场国际化发展的又一标志性事件。这意味着，国际黄金市场除了“伦敦金”，还将出现“上海金”，可为全球投资者提供一个公开透明和可交易的人民币黄金基准价格。

【重要概念】

金融市场　金融工具　商业票据　衍生工具　投资基金　货币市场　票据市场
资本市场　股票价格指数　黄金市场

【思考与实训】

1. 根据所学知识，画出我国金融市场体系构架图。
2. 查看当天的股票行情，并思考其特点。
3. 查找资料，归纳我国居民投资理财可以有哪些选择。

【分析与讨论】

查找最近的上证综指和深证成指，结合我国经济形势和所学知识，分析、讨论我国股票市场的走势。

第九章

货币供求

学习要点

- 货币供应的层次
- 货币供应机制
- 通货膨胀的类型
- 通货紧缩的成因

导读

百姓的生活时刻伴随货币供求

人们日常生活离不开货币，要取得货币、要支付货币，从宏观角度说这就是货币供求。但人们会感到有时货币“不值钱”，有时“很值钱”，这就是通货膨胀与通货紧缩等问题，政府要进行宏观调控。如2016年3月中国人民银行决定，普遍下调金融机构人民币存款准备金率0.5个百分点，以保持金融体系流动性合理充裕，引导货币信贷平稳适度增长，为供给侧结构性改革营造适宜的货币金融环境。国家统计局发布2016年9月份全国居民消费价格指数（CPI）和工业生产者出厂价格指数（PPI）数据，CPI环比上涨0.7%，同比上涨1.9%；PPI环比上涨0.5%，同比上涨0.1%……

那么，货币是如何进入流通的？货币需求量由什么决定？什么因素导致货币供给量发生变化？如何防止通货膨胀与通货紧缩以促进国民经济健康发展？本章为你解读货币供应、货币需求和货币均衡。

第一节 货币供应

一、货币层次

中央银行对货币供应量通常是分层次控制的。世界各国对货币层次的划分有多种标准，但普遍遵循的原则是金融资产流动性的大小。**流动性是指金融资产转化为现金或活期存款的能力，也就是金融资产变为现实的流通手段和支付手段的能力**。其转换为现金和活期存款的成本越低、时间越短，则流动性越强，货币层次也就越高；反之，则货币层次越低。

国际货币基金组织关于货币层次的划分为：

M0＝银行体系以外的现钞和铸币

M1＝M0＋商业银行的活期存款＋其他活期存款

M2＝M1＋准货币（定期存款和政府债券）

从1994年第三季度起，中国人民银行正式推出我国的货币供给量统计指标，并按季度向社会公布。《中国人民银行货币供应量统计和公布暂行办法》规定：货币供应量，即货币存量，是指一国在某一时点流通手段和支付手段的总和，一般表现为金融机构的存款、流通中的现金等负债，亦即金融机构和财政之外，企业、居民、机关团体等经济主体的金融资产。

根据国际通用的按货币流动性的强弱进行货币层次划分的原则，结合我国的国情，我国的货币供应量划分为以下四个层次：

M0＝流通中现金

M1＝M0＋企业活期存款＋机关团体部队活期存款＋信用卡类存款（个人持有）

M2＝M1＋城乡居民储蓄存款＋企业存款中具有定期性质的存款＋外币存款＋信托类存款

M3＝M2＋金融债券＋商业票据＋大额可转让定期存单

其中，M1是通常所说的狭义货币供应量；M2是广义货币供应量；M2与M1之差是准货币；M3是考虑到金融不断创新的现状而增设的，目前暂不编制这一层次货币供应量。由于城乡居民的活期存款必须到有关的金融机构兑现，不能据以签发支票直接支付，也不能计入狭义货币M1，但信用卡活期账户上的活期存款是例外。

> **思考：**
> 为什么要进行货币层次的划分？

不同层次的货币供给量，其活动和影响的经济范围也不同，它们的变化往往反映了不同的商品市场供求关系的变化。如M0的变化主要影响并反映了我国基本消费品供求的变化，而M1和M2的变化还反映了投资的各个环节。M1对经济的影响比M2的影响更直接，也更迅速，而M2的影响又超过M3的影响。因为M1是现实的购买力，它的变化将直接引起市场供求和物价的变化，而对于M2和M3来说，只有当它们转变为M1后才会产生这种影响。所以，当局总是非常注重对于狭义货币供给量的控制。

相关链接

欧洲中央银行将货币分为狭义货币、中间货币和广义货币三个层次：

狭义货币 M1 = 流通中现金 + 隔夜存款

中间货币 M2 = M1 + 期限为两年以下的定期存款 + 通知期限三个月以内的通知存款

广义货币 M3 = M2 + 回购协议 + 货币市场基金（MMF） + 货币市场票据 + 期限为两年以内的债券

二、货币创造

现代经济生活中的货币都是由银行体系创造和提供的。现代银行体系是二级银行体制，整个银行系统分为中央银行和商业银行两个层次。我们分别从中央银行和商业银行的角度考察整个经济生活中的货币供给是怎样创造出来的。

（一）商业银行存款货币的创造过程

商业银行是存款货币创造的主体。商业银行创造的货币是派生存款，派生存款和原始存款共同构成了商业银行的活期存款总额。**原始存款是指客户以现金存入银行形成的存款**。银行在经营活动中，只须保留一小部分现金作为付现准备，可以将大部分存款用于放款。客户在取得银行贷款后，一般并不立即提取现金，而是转入其在银行的活期存款账户，这样整个银行系统一方面增加了放款，一方面增加了活期存款。**银行用转账方式发放贷款时创造的存款称为派生存款**。派生存款，又会被银行贷出，同样派生出另一笔存款。这样的存贷、贷存的反复进行，自然会派生出大量的存款来增加流通中的货币供应。

为了简要说明商业银行创造存款货币的过程，先做几个假定：商业银行只持有法定准备金，其余部分全部运用出去，超额准备金为零；客户的资金全部通过银行结算，没有提现的行为；法定存款准备金比率为20%。

假设现在A企业将1万元销售所得存入第一家银行，该行增加原始存款1万元，按20%提留2 000元法定准备金，其余8 000元全部贷给B企业，B企业用来支付C企业货款，C企业将款项存入第二家银行，使其存款增加8 000元。该行提留1 600元法定准备金后，又将6 400元贷给D企业，D企业又用来向E企业支付货款，E企业将存款存入第三家银行，该行又用来继续贷款，如此循环下去，则存款货币的派生过程如表9－1所示。

表9－1 存款派生过程

银行名称	存款增加金额	准备金	贷款增加金额
第一家银行	10 000	2 000	8 000
第二家银行	8 000	1 600	6 400
第三家银行	6 400	1 280	5 120

续表

银行名称	存款增加金额	准备金	贷款增加金额
第四家银行	5 120	1 024	4 096
⋮	⋮	⋮	⋮
第十家银行	1 342. 18	268. 44	1 073. 74
合　计	50 000	10 000	40 000

由表 9－1 可知，在部分准备金制度下，1 万元的原始存款，可使银行共发放贷款 4 万元，并可使活期存款总额增至 5 万元。活期存款总额超过原始存款的数额，便是该笔原始存款所派生的存款总额。

商业银行的这种扩张信用的能力决定于两大因素：一是原始存款。原始存款越大，则往下派生数额也越大，两者成正比。二是上交中央银行的法定存款准备率。如果存款准备率高，往下派生数额相对减少；反之，派生数额相对增加，两者成反比。用公式表示：

$$\text{存款总额} = \text{原始存款} \times \frac{1}{\text{存款准备率}} \tag{9-1}$$

需要补充说明的是，在现实经济生活中，存在以下事实：

其一，在银行存款中，客户会提取部分现金，从而使一部分现金流出银行系统，出现现金漏损。**现金漏损与存款总额之比称为现金漏损率**。显然，当出现现金漏损时，银行系统的存款准备金会减少，也即银行由吸收存款而可扩大贷款的资金相应减少，由此也就减小了银行创造派生存款的能力。

其二，商业银行在上交存款准备金外，为了随时应付支付的需要，往往还需保留部分存款备付金，即超额准备金。显然，这也相应地减小了银行创造派生存款的能力。**银行超过法定要求保留的准备金与存款总额之比称为超额准备率。**

如果考虑到这两个事实，当现金漏损率提高，银行本身超额准备率提高，则银行可发放贷款的资金要相应减少，派生存款能力减弱；反之，则派生能力相应增大。因此，现金漏损率与超额准备率也与商业银行存款派生能力成反比。将这个因素补充加入上式，则可得下列式：

$$\text{存款总额} = \text{原始存款} \times \frac{1}{\text{存款准备率} + \text{现金漏损率} + \text{超额准备率}} \tag{9-2}$$

由上可知，商业银行吸收一笔原始存款能够创造多少存款货币，要受到法定存款准备率、现金漏损率、超额准备率等诸多因素的影响。分母的数值越大，则派生倍数的数值越小，商业银行创造货币的能力也越小。反之，则商业银行创造货币的能力也越大。

经过商业银行的信用货币创造过程，可以看到，原始存款实现了多倍的扩张，得到了多倍的货币供应量。

相关知识

派生存款及货币创造除了正常的和客观的规律之外，还有一个非正常的人为的派生。即商业银行为了粉饰报表和表现虚假实力所进行的贷款虚假操作，从而人为地增加贷款和存款。这种现象是非法的且对经济非常有害。在日本，有专门的《派生存款防止法》等国家法律来防止和杜绝这种现象的发生，执行非常严厉。

（二）中央银行的货币创造

基础货币（又叫“高能货币”或“强力货币”），通常指创造存款货币的商业银行在中央银行的存款准备金与流通于银行体系之外的现金之和。前者包括商业银行持有的库存现金和在中央银行的法定存款准备金以及超额存款准备金。用公式表示：

基础货币＝法定准备金＋超额准备金＋银行系统的库存现金＋社会公众手持现金

概括地说，中央银行提供的基础货币与商业银行创造的存款货币的关系，实际是一种源与流的关系。如前所述，影响商业银行创造派生存款货币能力的一个非常重要的因素，是商业银行所能获得的原始存款的数量。而这些原始存款正是来源于中央银行创造和提供的基础货币。如果中央银行缩减或收回对商业银行等机构的信用支持，从而减少基础货币的供给，则必将导致商业银行体系对贷款乃至存款的多倍收缩。所以，基础货币及其量的增减变化直接决定着商业银行贷款的增减，从而决定着商业银行创造存款货币的能量。

实际上，随着社会扩大再生产的不断发展，新的基础货币不断被中央银行创造出来，为商业银行提供派生的“原动力”，又经商业银行体系不断创造出满足经济需要的追加货币供给。

讨论：

银行是否可无限地创造货币？

综上所述，在货币供应中，中央银行和商业银行相互联系，共同操作，以调节货币供应量。

（三）影响货币供给量的其他因素

货币供给的主体是银行，银行不能单方面地决定货币供给，实际上银行主要是从外在的、技术的方面施加影响。从根本上说，影响和决定货币供给的还有社会再生产中的其他因素。

第一，商业银行存款准备金的保留情况。商业银行如果将保留的准备金维持在规定的最低法定存款准备金水平上，则会使存款派生能力达到最大限度。但在某些情况下，商业银行宁愿牺牲一部分贷款利息，而保持较多的超额准备金，特别是在经济状况不稳定时，银行希望扩大超额准备，以防客户集中提取现金。经济萧条时，暗淡的前景预期使银行不愿意扩大放款。这样都会削弱存款派生的能力，从而减少货币供应量。

第二，社会对信贷资金的需求程度。商业银行扩大超额准备金，并且愿意运用超额准备扩大贷款规模，并不等于货币供应量必然扩大。社会对信贷资金的需求程度，直接影响商业银行可以放款的数量。而社会对信贷资金需求程度受商品供求状况、价格稳定状况、市场利润率等因素的影响。

第三，社会持有现金的愿望对货币供应量的影响。现金漏损率是影响商业银行派生能力的一项因素，其数值的大小，主要取决于社会持有现金的愿望。如果社会公众愿意更多地持有现金，则提现率提高，货币乘数减小，银行扩张能力收缩；如果社会公众愿意较少地持有现金，则提现率降低，银行扩张能力增强。而社会公众愿意持有现金的多少，是由许多客观经济因素决定的，如社会公众收入水平的变化、社会支付习惯以及对通货膨胀预期等因素。这些都不是中央银行所能直接控制的。

以上我们从三个方面分析了各种因素对货币供应量的影响，从中可以得出结论：尽管流通中的货币是由银行体系创造和供应的，但社会并不是简单地接受这个量。货币供应量的最终形成，从根本上说，是社会各部门共同作用的结果。

相关资料

我国的货币供应量

单位：亿元人民币

项　目	2011 年	2012 年	2013 年	2014 年	2015 年
货币和准货币（M2）	851 590. 90	974 148. 80	1 106 524. 98	1 228 374. 81	1 392 278. 11
货币（M1）	289 847. 70	308 664. 20	337 291. 05	348 056. 41	400 953. 44
流通中货币（M0）	50 748. 46	54 659. 81	58 574. 44	60 259. 53	63 216. 58

第二节　货币需求

一、货币需求的概念

在经济生活中，个人购买消费品需要一定量的货币；企业购买原材料、设备或支付职工工资等需要一定量的货币；政府机关和事业单位购买办公用品、安排业务等需要一定量的货币；投机者购买有价证券、外汇等需要一定量的货币……如此等等，以上综合起来就是一个社会的货币需求。可以说，无论是政府财政活动还是企业生产经营、居民个人生活都离不开货币，社会各部门的经济活动都会形成对货币的需求。

（一）货币需求

货币需求，是指社会各部门（政府、企事业单位和居民个人）愿意并且能够以货币形式持有其拥有的部分或全部财产而形成的对货币的需求。为了全面理解货币需求的概念，应注意把握以下几点：

1. 货币需求是需求愿望与需求能力的统一。货币需求不是一种纯主观的或心理上的占有欲望，只有同时满足两个基本条件才能形成货币需求：一是有能力获得或持有货币，二是必须愿意以货币形式保有其资产。

> **思考：**
> 货币需求为什么不是主观上的占有欲望？

2. 现实经济生活中的货币需求是对现金货币和存款货币的共同需求。现金和存款是货币的两种不同的存在形式。在商品流通过程中，不仅现金可以媒介商品交易，而且存款同样可以发挥流通手段和支付手段职能，现金和存款都是作为一般等价物，为统一的商品流通服务的。

3. 货币需求是货币的交易需求与资产需求的综合。货币的交易需求是基于商品流通而产生的货币需求，是经济活动对货币流通手段和支付手段的数量要求。在实际生活中，货币除了作为交易媒介，其本身也具备保值的价值。随着信用制度的完善和金融市场业务的发展，人们将货币视为一种资产，并进行各种金融资产交易，以谋求货币资产的保值增值。这种为取得资产收益而形成的货币需求，称为货币的资产需求。

（二）货币需求量

货币需求量，是指在一定时期因经济发展水平、经济结构以及经济周期形成的对货币的需求数量的总和。它是一个重要的货币理论概念，对其含义的正确把握应注意以下几组概念的区别：

1. 微观货币需求量和宏观货币需求量。微观货币需求量是指个人、家庭或企业在一定时间内，因生活或生产经营活动的需要而应该保有一定量的货币数量；宏观货币需求量是指一个国家在一定时期内因经济发展和商品流通需要的货币数量。

2. 名义货币需求量和实际货币需求量。名义货币需求量是指各经济单位或整个国家没有考虑物价变动情况下的货币需求量；实际货币需求是指扣除了通货膨胀因素后的实际货币数量，这种货币需求所对应的主要是商品和劳务的实际产量或供应的变化。

3. 货币存量和货币流量。货币需求的存量是指在一定经济运行条件下的某一确定时刻的货币需求量；货币需求的流量则是在某一确定时期内经济运行过程中发生的货币需求量。通常情况下，研究货币需求量主要是研究货币需求存量，分析经济主体在特定条件下可能持有的货币的数量，或者在某一特定时点上，货币需求量与货币供应量达到均衡时的数量。但由于货币需求的存量和流量是互相联系的，存量与周转次数的乘积构成流量，而货币需求流量可以反映一段时期内货币需求的变动趋势。

> **相关案例**
> 《管子》：“人君铸钱立币，民庶之通施也。人有若干百千之数矣，然而人事不及、用不足者何也？”你理解这句话的意思吗？

二、货币需求量的测定

（一）马克思的货币需求理论

马克思的货币需求理论是通过货币流通规律展示出来的。马克思在分析了商品流通与货币流通的关系之后，揭示了著名的货币流通规律。货币流通规律是决定商品流通过程中货币需要量的规律。其公式为：

$$M = PQ/V \tag{9-3}$$

式中：M 为流通中的货币需要量；P 为价格水平；Q 为待售商品数量；V 为货币流通速度。

这一公式表明：在一定时期内，执行流通手段的货币需要量主要取决于商品价格总额和货币流通速度两个因素，流通中的货币需要量与商品价格总额成正比，与货币流通速度成反比。

以上就是建立在金属货币流通基础之上的马克思的货币流通规律。这一规律阐述了商品流通决定货币流通这个基本原理。但是，当不兑现的信用货币流通取代金属货币流通以后，则必须考虑货币供给对货币需求的反作用。

针对不兑现信用货币制度下货币供给量不能自动适应货币需求量的特点，马克思在货币必要量规律的基础上，提出了纸币流通规律。在纸币流通条件下，单位纸币实际所代表的价值量等于流通中所需要的金属货币量除以流通中的纸币总量。用公式表示为：

单位纸币所代表的价值量 = 流通中金属货币需要量/流通中的纸币总量 （9－4）

从这个公式可以看出货币供给量对于币值和物价的影响。在货币需求不变的前提下，如果货币供给量增加，则会出现币值下降和物价上涨的结果。

（二）费雪与剑桥学派的货币需求理论

1. 费雪的现金交易方程式。美国经济学家欧文·费雪于 1911 年出版了《货币的购买力》一书，提出了著名的“**交易方程式**”。他的现金交易方程式是从货币和商品实际交易的数量关系入手来探讨货币需求理论，着眼于货币的流通手段职能，认为货币是纯粹的交易工具。所谓货币数量是在一定时期内流通的货币量，因而称为“现金交易数量”，其理论称为“现金交易数量论”。费雪的交易方程式为：

$$MV = PT \tag{9-5}$$

式中：M 为流通中的货币量；V 为货币流通速度；P 为一般物价水平；T 为商品劳务的实际交易总量。

从表面上看，费雪的交易方程式只是一个恒等式，表示一定时期内商品劳务的交易总值等于交换过程中的货币总值。但是费雪认为，如果 V 与 T 不变，则 P 随 M 正比例地变动；如果 M 与 T 不变，则 P 也随 V 正比例地变动；如果 M 与 V 不变，则 P 随 T 反比例地变动。因此，在一定状态下价格水平 P 与货币数量 M 成正比例变动；与货币流通速度 V 成正比例变动；与商品劳务交易量 T 成反比例变动。在这三个关系中，第一个关系特别重要，它是构成货币数量说的基础。

2. 剑桥学派的**剑桥方程式**。英国剑桥学派的代表人物马歇尔和庇古从研究人们为何保有货币，以及保有多少货币才适度为出发点，提出了剑桥学派的货币需求理论——现金余额数量说。剑桥方程式是着眼于货币的贮藏手段职能，认为货币是购买力的暂时贮藏手段。所谓货币数量，乃是一定时点的货币量，因而称为“现金余额数量”。剑桥方程式：

$$M = KPY \tag{9-6}$$

式中：M 为货币需求量；K 为以货币形式持有的资产占总收入的比率；P 为一般价格水平；Y 为实际收入水平。

该方程式表明，一国公众对名义货币的需求取决于影响 Y、P 和 K 的各种因素。就 Y 来说，它主要是由人类所能控制的经济资源数量、生产技术水平与生产要素供给等外生因素控制的。而短期内这些因素不易变化，因而 Y 是稳定的。就 K 而言，有三个重要影响因素：第一，持有货币所带来的便利和所能避免的风险，持有货币的便利越大，K 值就越大；第二，把以货币形式所持有的资产用于投资所能获得的实际收入水平，投资收益越小，K 值就越大；第三，把货币用于消费所能得到的效用满足程度，消费满足程度越低，K 值就越大。而这三个因素短期内也不易变化，因而 K 值也可看成是既定的。最后剩下的就是货币量 M 与价格 P 的关系。剑桥方程式用不同的方法对货币需求进行了分析，但是在货币量与价格水平的关系上，最终还是与现金交易说殊途同归。

（三）凯恩斯的货币需求分析

凯恩斯于 1936 年在《就业、利息和货币通论》一书中，系统地提出了他的货币需求理论。其最显著的特点是注重对货币需求的各种动机的分析。凯恩斯认为，人们对货币的需求出于三个动机，即交易动机、预防动机和投机动机。

交易动机是指人们为了日常交易的方便而在手头保留一部分货币，因交易动机而产生的货币需求与收入同方向变动；

预防动机也叫谨慎动机，是人们为了防备意外或为了应付不可预料的紧急需要，必须持有一定数量的货币，因预防动机而产生的货币需求也与收入同方向变动；

投机动机是指由于未来利息率的不确定，人们为避免资本损失或增加资本收益，及时调整资产结构而形成的对货币的需求。投机性货币需求同利率的高低呈反方向变化，是利率的递减函数。

> **讨论：**
>
> 凯恩斯的货币需求理论是否也适用于我国？

概括上述三个动机，凯恩斯认为，为了满足交易动机和预防动机而保持的货币需求的大小，取决于收入水平，收入越多，此一项需求越大，因此，它是收入的递增函数。

由交易动机和预防动机而产生的货币需求一般用于商品或劳务交易，称为“交易性货币需求”，用 L_1 表示，是收入 Y 的递增函数，即 $L_1 = L_1(Y)$；投机性货币需求 L_2 则与利率有关，是利率的递减函数，即 $L_2 = L_2(r)$；货币总需求 L 由交易性货币需求和投机性货币需求构成，即

$$L = L_1(Y) + L_2(r) \tag{9-7}$$

式中：L 为货币需求总量，Y 表示国民收入，r 表示市场利率。L_1 随 Y 正向变化；L_2 随 r 反向变化。

凯恩斯货币需求理论具有两大特色：一是将货币需求看作一种函数；二是将货币的投机性需求列入货币需求范围之内。这样不仅商品交易的规模与价格总额影响货币需求，而且利率变动也影响货币需求。由于利率是货币市场供求关系的反映，货币供给量的变动能够迅速

影响利率。所以，货币供给可以通过利率的变化调节货币的需求，使货币供求均衡。根据这一思想，凯恩斯提出了一个重要的经济理论，即国家可以在有效需求不足的情况下采用赤字财政政策和膨胀性货币政策增加货币供给量，通过实行低利率政策来增加货币需求，鼓励投资，以促进经济的增长。

（四）弗里德曼的货币需求函数

以美国经济学家弗里德曼为首的货币学派的货币需求理论也称为“现代货币数量论”。与凯恩斯不同，弗里德曼在研究货币需求时是把注意力从持有货币的动机上引开，承认人们持有货币的事实。他认为，与消费者对商品的选择一样，人们对货币的需求同样受以下三类因素的影响：第一为财富或收入的变化；第二为持有货币的机会成本；第三为持有货币给人们带来的效用。由此，弗里德曼得出的货币需求函数为：

$$\frac{Md}{p}=f(Y,w,r_m,r_b,r_e,\frac{1}{p}\cdot\frac{dp}{dt},u) \tag{9-8}$$

式中：$\frac{Md}{p}$表示实际货币需求；f 表示函数关系；Y 表示恒久性收入；W 代表非人力财富占个人总财富的比率；r_m 代表预期的名义收益率；r_b 表示固定收益的债券收益率；r_e 表示非固定收益的证券收益率；$\frac{1}{p}\cdot\frac{dp}{dt}$表示预期物价变动率；u 是反映主观偏好与风尚以及客观技术与制度等因素的综合变数。

弗里德曼货币需求理论的特色，是把古典货币数量论改写成为货币需求函数，基本上肯定了货币数量论的长期结论，即货币量的变动反映于物价变动上。但他又在一定程度上对古典货币数量论进行了改建。一是将货币视为一种资产；二是在货币需求函数中，引入了预期物价变动这一独立变量，确立了预期因素在货币需求理论中的地位；三是交易方程式中的 v 或剑桥方程式中的 K 在函数公式中不再被当作一个由制度决定的常量，而是一个多种变数的函数。弗里德曼却认为，从长期看，v（或 K）依旧是一个稳定的函数；四是强调恒久性收入对货币需求的重要影响作用。由于恒久性收入的波动幅度较小，且货币流通速度也相对稳定，因而货币需求函数是较为稳定的函数。从而明确指出货币对于经济总体的影响来自货币供给。这是现代货币理论的核心和理论基础。

相关案例

一定时期内流通中所需货币量 = 商品价格总额 ÷ 货币流通次数。看似一道极简单的算术题，小学生都该不会算错。但无数经济学家、银行管理人员、经济工作者算了数百年，却经常出错。为什么？

三、影响货币需求的因素

不管是货币需求的理论分析，还是货币需求的实践研究，核心内容都是考察影响货币需求量的经济因素。由于不同国家在经济制度、金融发展水平、文化和社会背景以及所处经济发展阶段的不同，影响货币需求的因素也会有所差别。影响货币需求的主要因素有以下几方面：

（一）收入因素

在市场经济中，各微观经济主体的收入最初都是以货币形式获得的，其支出也都要以货币支付。一般来说，收入提高，说明社会财富增多，支出也会相应扩大，因而需要更多的货币量来满足商品交易。所以，收入与货币需求呈同方向变动关系。

（二）价格因素

从本质上看，货币需求是在一定价格水平上人们从事经济活动所需要的货币量。在商品和劳务量既定的条件下，价格越高，用于商品和劳务交易的货币需求也必然增多。因此，价格和货币需求尤其是交易性货币需求之间，是同方向变动关系。在现实生活中，由商品价值或供求关系引起的正常物价变动对货币需求的影响是相对稳定的，而由通货膨胀造成的非正常物价变动对货币需求的影响则极不稳定。

（三）利率因素

由于利率的高低决定了人们持币机会成本的大小，利率越高，持币成本越大，人们就不愿持有货币而愿意购买生息资产以获得高额利息收益，因而人们的货币需求会减少；利率越低，持币成本越小，人们则愿意手持货币而减少了购买生息资产的欲望，货币需求就会增加。利率的变动与货币需求量的变动是反方向的。

（四）货币流通速度

货币流通速度是指一定时期内货币的转手次数。动态地考察，一定时期的货币总需求就是货币的总流量，而货币总流量是货币平均存量与速度的乘积。在用来交易的商品与劳务总量不变的情况下，货币速度的加快会减少现实的货币需求量。反之，货币速度的减慢则必然增加现实的货币需求量。因此，货币流通速度与货币总需求呈反方向变动关系。

（五）金融资产选择

各种金融资产与货币需求之间有替代性。在金融制度较发达的国家或地区，人们往往有投资性货币需求，即以营利为目的、以资产选择为内容的货币需求。当金融资产收益率明显高于存款利率时，人们会购买有价证券，这便会增加投资性货币需求。所以各金融资产的收益率、安全性、流动性，以及公众的资产多样化选择，对货币需求量的增减都有作用。

> **思考：**
> 人们对金融资产的选择如何影响货币需求？

（六）其他因素

如制度变化、对利润与价格的预期变化、财政收支引起的政府货币需求的变化、信用发展状况、金融服务技术与水平，甚至民族特性、生活习惯等都影响货币需求。

相关链接

1978—2011 年，我国狭义货币（M1）流通速度经历了四次较大幅度的下降：1986 年货币流通速度比 1985 年降低了 11.6%，1991 年比 1990 年降低了 14.8%，1996 年降幅为 10.5%，2009 年降幅也达到 17.9%。

2015 年中国的狭义货币流通速度大约是 1.6，而同期美国大约是 6，韩国为 2.6，巴西是 2 左右（顺便说一句，2015 年中国的广义货币流通速度为 0.5，全世界最低，比经济萧条的日本还低）。美国的货币流通速度高是因为它的金融体系完善，支付大都使用支票和信用卡，而国人对现金还有一种惯性的偏好。从纵向看，2010 年中国的狭义货币流通速度为 1.77，2015 年是 1.6。而在 2010—2015 这段时间，信用卡在中国快速普及，支付宝和微信支付蓬勃发展，这些因素都将加快货币流通的速度。

第三节 货币均衡

一、货币均衡

（一）货币均衡的含义

货币均衡是指货币供给与货币需求在动态上大致相等的一种状态。

1. 货币均衡表示货币供给量与货币需求量的大体相等。货币均衡不能机械地理解为货币供给与货币需求绝对相等。因为货币供给量与货币需求量具有一定的容纳弹性，即货币容纳量弹性。通货、金融资产、实物资产之间存在相互替代效应和货币流通速度具备自动调节功能，这样使货币供给量可以在一定幅度内偏离货币需求量，而不会引起两者的不适应。

2. 货币均衡不仅表示货币供求总量的均衡，而且包括货币供求结构的均衡。供求结构均衡是指社会各部门的产品基本能顺利地转化为货币；而且各持币者能顺利地按设定的价格将货币转化为商品。

3. 货币均衡还表示货币供给与货币需求的动态适应。社会再生产是一个不断扩大的过程，货币供给量与货币需求量自然也是不断增长的，但二者不可能时刻同步变化。因此，尽管货币供给量与货币需求量都是存量概念，但货币均衡只能是二者“均衡→不均衡→均衡”的波动过程，是二者不断扩张的动态均衡。货币供求永远相等是不可能的和没有意义的，永远相等只能意味着量上停滞不前和过程简单重复。

（二）货币均衡与社会总供求平衡

货币均衡也不能简单地理解为货币供给量与货币需求量自身相适应，还必须联系社会总供给与社会总需求来分析。*货币市场中货币供给与货币需求的对等只是浅层次的货币均衡，而社会总供求平衡下的货币均衡是深层次的货币均衡。*社会总需求是指有现实购买力的需求，即一定时期内整个社会实际发生的有支付能力的需求总和。而社会总供给则是指一定时期内整个社会实际提供的可供销售的商品和劳务的总和。

从理论上讲，货币供求与社会总供求之间有着某种对应的关系。一定时期的货币需求是由一定时期的社会总供给决定的，也就是说，一定时期的社会全部商品、劳务总量决定了相对需要的货币量，因而社会商品、劳务及规模、价格、期限等方面制约着货币需求量，一定时期的货币供给形成了一定时期的有支付能力的社会总需求。

当货币供给与货币需求均衡时，可以保证社会可供的商品、劳务实现其价值，顺利进行再生产，币值也稳定，这具体体现为社会总供求的平衡。当货币供给与货币需求非均衡时，或者是货币供给大于货币需求，物价将上涨，经济极不稳定；或者是货币供给小于货币需求，商品难以实现价值，市场疲软，经济停滞。两者都会表现为社会总供求的不平衡。可见，货币均衡是实现社会总供求平衡的前提条件，而社会总供求平衡是货币均衡的现象形态。

（三）货币均衡的标志

为保持社会总供求的协调，需要力求货币供求的基本均衡。这就要求政府通过银行根据货币需求量向流通领域供给货币，但是在现实生活中不可能精确地测定出货币的需求量，因此，单靠直接通过比较货币供应与货币需求量的适应状况来衡量货币是否均衡是不够的。这就需要寻求运用其他方法和标志来衡量货币流通的状况，作为补充和验证。

衡量货币供求是否均衡的标志包括：

1. 物价水平变动。在物价可以自由浮动的条件下，可用市场的物价水平作为衡量货币均衡与否的标志。根据纸币流通规律，在一定时期内，一定商品流通量的条件下，货币流通量越多，单位币值越低。由于币值是物价的倒数，因此币值越低，则物价越高。所以可以利用物价与币值的关系，通过物价的变化，来反映货币均衡状态。

相关资料

我国的CPI

21世纪以来我国CPI（消费者物价指数）增长比较平稳，近十年最高值为5.9%，最低值为－0.7%。2009年为－0.7%，2010年为3.3%，2011年为5.4%，2012年为2.6%，2013年为2.6%，2014年为2.0%，2015年为1.4%，2016年为2.0%。

2. 货币供应增长与生产和商品流通增长是否相适应。在一定的生产规模和商品销售规模下，总需要一定量的货币为之服务。在货币流通速度变化不大的情况下，随着生产总值和商品流通销售额的增大，两者的增长率应大致接近。如果货币供应量增长过快，远远超过生产的增长速度，就可能意味着货币供应存在偏多的问题。需要说明的是，用货币供应量增长速度与商品生产和商品流通增长速度的适应程度来衡量货币供求的均衡，是以承认基期货币供应量和商品生产与商品流通基本适应为前提的。如果基期货币实际供应量偏多，尽管报告期增长比例适当，对本期的货币均衡也会产生一定影响。

3. 商品市场供求状况。在物价水平不能灵敏地反映市场货币均衡状况的时候，可以直接从市场商品供应是否平衡去观察。如果出现大多数商品供应紧张，说明市场货币供应量偏多，如果出现大多数商品积压，则说明市场货币供应量偏少。

总之，前述各种衡量标志都是从某一个侧面说明货币均衡的状况，为了较准确地判断货币是否均衡，实际上需要用多种指标相互比较印证。

思考：

为什么货币均衡不能简单地理解为货币供给量与货币需求量自身的相适应？

（四）货币均衡的实现条件

1. 利率。在市场经济条件下，货币均衡主要是通过货币供求的内在机制，即资金价格——利率的杠杆作用来实现的。

利率的升降变化不断地调节货币的供给量和需求量，使之趋向均衡。从货币供给方面来看，贷款利率升高，商业银行贷款收益增加，银行将减少超额准备金以扩大贷款或投资业务，结果导致了货币供给量的增加；存款利率的升高，有利于扩大储蓄存款，降低现金漏损率，商业银行利用新增存款发放贷款，也扩大了货币供给量。在一般情况下利率越高，货币供应量就越多；反之，则越少。另一方面，从货币需求来看，利率越高，社会公众持币的机会成本越大，对货币的需求相应减少；反之，利率越低，货币的需求越高，两者呈反方向变化。

2. 发达的金融市场。发达的金融市场有各种各样可供投资者选择的金融工具，各种金融工具和货币之间可以便利而有效地迅速互相转化，既有众多的金融工具和金融资产可供投资者选择，又可通过与货币之间的互相转化而调节货币供求。由于不同形式的货币流动性不同，转化为现实货币购买力的速度也不一样。中央银行可以通过公开市场业务，调节货币供给的总量和构成，促进货币供求的均衡。

3. 中央银行对货币供求的调控。一般来说，在上述两个条件完全具备时，货币供给与需求之间就存在着自动实现均衡的可能性。然而可能性并不等于现实性。在不兑现信用货币制度下，货币不能自动退出流通领域，故不具有实现货币均衡的自动调节机制。因此，必须发挥中央银行的调控机能以使货币流通达到新的均衡，而不能坐等市场机制自动调节。

此外，财政收支是否平衡、国际收支是否平衡、国民经济结构是否合理也是影响货币均衡的重要因素。

二、通货膨胀

（一）通货膨胀的定义

通货膨胀是指在纸币流通条件下，流通中货币的供应量超过了客观需要量，导致单位货币贬值，物价普遍上涨的经济现象。全面理解通货膨胀的概念，须把握以下几点：

1. 通货膨胀是指一般物价水平的持续上涨。所谓一般物价水平是指包括所有商品和劳务价格在内的总物价水平，而不是指个别物价或部分物价的上涨。

2. 通货膨胀所引起的物价上涨是一个持续的过程。季节性的、偶然的或暂时的物价上涨均不能称之为通货膨胀。

3. 通货膨胀是一般物价水平的明显上升。而轻微的物价上涨，比如说0.5%，就很难说是通货膨胀。

（二）通货膨胀的测量

通货膨胀的程度多以物价上涨的幅度表示出来，而物价上涨的幅度又通过物价指数反映出来。物价指数是指本期物价水平对基期物价水平的比率，用以反映物价涨跌的幅度。通常人们将基期物价水平定为100%，在此基础上计算本期物价涨跌的幅度。如果本期物价指数为108%（大于100%），则表示本期物价水平相对于基期物价水平上涨了8个百分点，即物价上涨率（或通货膨胀率）为8%。

1. 居民消费价格指数（CPI）。**居民消费价格指数是反映居民购买并用于消费的商品和服务项目价格水平变动程度的指数**。这种指数是由各国政府根据本国的主要食品、衣物和其他日用消费品的零售价格以及水、电、居住、交通、医疗、娱乐等服务费用加权平均计算出来的。由于CPI能够灵敏地反映居民日常生活成本的变化，而且资料容易搜集，所以在衡量通货膨胀时被多数国家所采用。但是，消费价格指数也有其缺点，不能反映生产资料价格变化情况。从2001年起，我国采用国际通用做法，逐月编制并公布以2000年价格水平为基期的居民消费价格定基指数，作为反映我国通货膨胀程度的主要指标。

2. 生产者价格指数（PPI）。**生产者价格指数是衡量工业企业产品出厂价格变动程度的指数**。它是反映某一时期生产领域价格变动情况的重要经济指标，也是制定有关经济政策和国民经济核算的重要依据。

3. 批发物价指数（WPI）。**批发物价指数是反应不同时期生产资料和消费品批发价格变动程度的指数**。批发价格是在商品进入零售，形成零售价格之前，由中间商或批发企业所定，其水平决定于出厂价格或收购价格。批发物价指数的优点是，对商品流通较为敏感，能在最终产品价格变动之前获得工业投入品及非零售消费品的价格变动信号，进而能够判断其对最终进入流通的零售商品价格可能带来的影响。但缺点是，其统计范围比消费价格指数更为狭窄，劳务的价格未包括在内，所以许多国家没有将批发物价指数列为测定通货膨胀的代表性指标。我国尚未公开发布批发物价指数。

4. 国民生产总值平减价格指数。**国民生产总值平减价格指数是按当年价格计算的国民生产总值与按固定价格计算的国民生产总值的比率**。

例如，某一国家国民生产总值按当年价格计算为10 000亿元，而按上年度的固定价格计算为8 000亿元，则该年度的国民生产总值平减价格指数是120%（即10 000 ÷ 8 000 × 100%）。换言之，该年度与上年度相比，物价上涨了20%。

国民生产总值平减价格指数的优点是计算范围广泛，既包括消费资料，又包括生产资料；既包括商品，又包括劳务。因而能够比较准确地反映物价总水平的变化情况。但其编制资料不易搜集，因而难以迅速反映通货膨胀的程度和动向。

由于以上几种物价指数各有利弊，因此，目前世界上大多数国家在测量通货膨胀的程度时，往往同时采用两种物价指数，使用较多的是消费价格指数和国民生产总值平减物价指数。

（三）通货膨胀的类型

在现代经济社会中，各国的经济情况复杂多变，通货膨胀也是形形色色。根据不同的标准对通货膨胀进行分类，有助于我们进一步掌握通货膨胀的定义。

1. 按照通货膨胀的表现形式可分为隐蔽性和公开性通货膨胀。

● **隐蔽性通货膨胀**，又称压制性通货膨胀或被遏制的通货膨胀。这一类型通货膨胀的特点是国家为了保持物价平稳，对物价进行管制或冻结，对某些商品进行补贴。在价格不变的情况下，国家采取定量供应的办法，限制消费。表面上看物价变动不大，但实际上市场商品供应紧张，黑市活跃，通货膨胀仍然存在，国家一旦将价格放开，商品价格将大幅度上涨。

● **公开性通货膨胀**，又称开放式通货膨胀。这类通货膨胀的特点是商品价格是开放性的，随市场供求自由涨落，只要出现通货膨胀，其价格水平明显上升。因此物价指数的变化能反映通货膨胀的程度。

2. 按通货膨胀的程度可分为温和式、步行式、跑步式和奔腾式通货膨胀。温和式通货膨胀，又称爬行的通货膨胀。这一类型的通货膨胀发展缓慢，短期内不易觉察，但持续的时间较长。西方经济学家认为，物价上涨率在3%以下的，不能称为通货膨胀，达到3%，称为温和性通货膨胀。

思考：

你所经历的通货膨胀对你及家庭有什么影响？

● **步行式的通货膨胀**，即指物价上涨的幅度比爬行式通货膨胀要高，但又不是很快，平均物价上涨率约在3%～10%之间。步行式的通货膨胀有可能是通货膨胀即将加速的危险信号。

● **跑步式的通货膨胀**，即物价总水平上涨的速度比前两种更为迅速，大体上说，平均每年的物价上涨水平大约为10%以上，且发展速度很快。

● **奔腾式的通货膨胀**，也称之为恶性通货膨胀或超级通货膨胀，它是指一国的物价水平无限制地迅速上升。其主要特征是：物价水平急剧上涨，正常的经济关系遭到破坏，货币大幅度贬值乃至货币体系崩溃。这种情况多发生于战争等非常时期。

3. 按通货膨胀的原因可分为需求拉上型、成本推进型、供求混合推进型的结构型通货膨胀。

● **需求拉上型通货膨胀**是指商品和劳务的总需求量超过商品和劳务的总供给量所造成的过剩需求拉动了物价的普遍上升，是一种最常见的通货膨胀。

● **成本推进型通货膨胀**是指在总需求不变的情况下，由于生产要素价格（包括工资、租金、利润以及利息）上涨，致使生产成本上升，从而导致物价总水平持续上涨的现象。

● **供求混合推进型通货膨胀**是指由需求拉动和成本推进共同作用而导致的通货膨胀。一些经济学家认为，任何实际的通货膨胀过程极少只是由需求拉动的，或者只是由成本推进的，而大多数是包含了需求和成本两个方面因素的共同作用。这两种通货膨胀常常同时彼此依存地一起作用，也就是说，需求拉上型通货膨胀和成本推动型通货膨胀是交织在一起提高物价水平的。

结构型通货膨胀是在总需求和总供给大体处于平衡状态时，由于经济结构不适应变化了的需求结构而引起的物价持续上涨。在经济发展中，产业结构需要不断进行调整。一些部门日渐兴起，另一些部门则逐渐衰落，于是一部分社会需求将由一个部门转到另一个部门。需求增加的部门，产品价格和工资上涨；而需求减少的部门，则由于工资和价格的刚性，其工资和商品价格并没有相应下跌，或者下跌幅度很小，从而最终引起物价总水平的上升。

相关资料

在国民党统治时期，国民政府肆意滥发纸币，结果造成长期恶性通货膨胀。据统计，从抗日战争爆发到国民政府崩溃（1937—1949 年）的 12 年间，纸币发行量累计增加了 1 400多亿倍，致使同期物价上涨了 85 000 多亿倍。有人曾经做过这样的统计，以 100 法币购买力为例，在 1937 年可买 2 头牛，1938 年为 1 头牛，1939 年为 1 头猪，1941 年为 1 袋面粉，1943 年为 1 只鸡，1945 年为 1 条鱼，1946 年为 2 个鸡蛋，1947 年为 1 个煤球，1948 年 8 月国民党货币改革时为 3 粒大米。

三、通货紧缩

（一）通货紧缩的概念

通货紧缩作为与通货膨胀相反的经济现象，也是货币供求失衡的表现形式。**通货紧缩，是指流通中的货币供应量少于实际需求量，引起货币升值、价格水平持续下降的一种经济现象。**

西方经济学界主流的观点，把通货紧缩定义为物价总水平的持续下跌，或是指一般价格水平持续下降。非主流的观点则认为，通货紧缩不只是一般价格水平持续下降，还包括货币数量减少以及经济萧条。

目前国际上对通货紧缩普遍理解为“与货币和信贷供应紧缩同时发生的一般物价水平的下降”。巴塞尔国际清算银行提出的标准是：一国消费品价格连续两年下降可被视为通货紧缩。

与通货膨胀一样，通货紧缩归根结底也是一种货币现象。当货币供应量过多，超过商品流通量需要，较多的货币追逐较少的商品，就会引起物价上涨，出现通货膨胀；当货币供应量过少，不能满足商品流通量的需要，较多的商品追逐较少的货币，就会导致物价下跌，出现通货紧缩。

（二）通货紧缩的成因

1. 有效需求不足。当预期实际利率进一步降低和经济走势不佳时，消费和投资会出现有效需求不足，导致物价下跌，形成需求拉下型通货紧缩；紧缩性的货币财政政策可能导致有效需求不足。政府在治理通货膨胀的过程中，由于大量减少货币供应或削减政府开支，也会导致总需求不足，从而走向通货膨胀的反面，引起物价下跌，出现政策紧缩型的通货紧缩。

2. 生产力水平的提高和生产成本的降低。技术进步提高了生产力水平，放松管制和改进管理降低了生产成本，因而会出现成本压低型的通货紧缩。日益激烈的全球竞争和降低成本的科技创新是导致生产率出现增长趋势、供给增加和物价下降的重要的结构性因素。

3. 结构性因素。由于产业结构不合理或投资、消费需求结构的变化，出现结构性的生产过剩，从而造成了过多的无效供给，当积累到一定程度时必然会加剧供求之间的矛盾，使许多商品价格下跌，导致结构型通货紧缩。

4. 本币汇率高估和其他外部因素的冲击。一国实行盯住强势货币的汇率制度时，本币汇率高估，会减少出口，扩大进口，加剧国内企业经营困难，促使消费需求相对不足，导致物价持续下跌，出现外部冲击型的通货紧缩。克鲁格曼认为，当一个国家“希望”其货币贬值，但又由于联系汇率制的约束不能贬值的时候，通货紧缩就发生了。国际市场的动荡也会引起国际收支逆差或资本外流，形成外部冲击型的通货紧缩压力。

5. 金融体系的效率降低或出现大量不良资产和坏账时，信用的紧缩，也会减少社会总需求，导致通货紧缩。例如，若存在严重不良贷款问题，则银行业不愿发放贷款，就会提高信贷标准，从而出现“信贷紧缩”，就会抑制了社会总需求，形成通货紧缩，并最终造成经济衰退。

讨论：

谈谈你对通货紧缩的理解。

（三）通货紧缩的效应

通货紧缩的影响有正、反两方面。

一方面，它对经济发展具有积极影响。一定的通货紧缩与经济发展并不总是矛盾的，价格总水平的下降对经济发展也可以有一定的积极意义，如价格下降对新兴产业和技术进步有促进作用。同时，价格下降使害怕通货膨胀、物价上涨的消费者松了一口气，它使居民的货币储蓄和当前购买力增强。

另一方面，它导致市场银根趋紧，造成居民惜购、企业惜投、银行惜贷，负面效应很大。对经济生活的各个方面造成不利的影响。

1. 在流通领域中，表现为企业和居民的有效需求不足，造成产品的大量积压，使商品流通受阻，资金周转不灵，从而使整个社会再生产无法顺利进行。

2. 从生产领域来看，通货一旦紧缩，一方面企业因商品积压不得不降价销售致使利润减少，资金周转困难；另一方面企业因资金周转困难不得不互相拖欠货款，产生支付障碍，进而影响整个社会的资金运行。

3. 就消费领域而言，不仅会使居民产生预期降价心理，推迟消费，而且企业的减员增效使大批职工下岗，收入减少，消费萎缩，容易产生滞销→降价→惜购的恶性循环。

4. 在企业发生资金周转困难时，银行等金融机构的流动性风险也随之增大，致使资产质量下降，为金融业的不稳定埋下祸根。

相关知识

我国 CPI 的构成和权重

消费者物价指数（Consumer Price Index，CPI），是反映与居民生活有关的商品及劳务价格统计出来的物价变动指标，以百分比变化为表达形式，通常作为观察通货膨胀水平的重要指标。

根据五年一调的统计规则，2016 年 1 月开始使用 2015 年作为新一轮的对比基期，并对 CPI 构成分类及相应权重进行了调整。2016 年 CPI 的构成和权重如下：（1）食品烟酒 29.72%；（2）居住 20.00%；（3）衣着 8.45%；（4）交通和通讯 10.48%；（5）生活用品及服务 4.73%；（6）医疗保健 10.34%；（7）教育文化娱乐 14.07%；（8）其他用品和服务 2.21%。

CPI 涵盖全国城乡居民生活消费的 8 大类、262 个基本分类的商品与服务价格。采用抽样调查方法抽选确定调查网点，按照“定人、定点、定时”的原则，直接派人到调查网点采集原始价格。数据来源于全国 31 个省（区、市）500 个市县、8.3 万余家价格调查点，包括商场（店）、超市、农贸市场、服务网点和互联网电商等。

【重要概念】

原始存款　派生存款　基础货币　超额准备金　货币需求　货币层次
通货膨胀　通货紧缩　居民消费物价指数

【思考与实训】

1. 查找最近一个季度我国货币供应量资料，据此思考我国货币政策的特点。

2. 根据本章所学的原理分析我国商业银行的行为对我国货币供给的影响。

3. 查找最近一个季度我国 CPI 资料，思考从货币角度如何防范和应对通货膨胀（通货紧缩）?

【分析与讨论】

为什么我国在刺激经济增长的同时又不能放弃防范通货膨胀？联系我国经济实际，结合本章所学内容进行分析与讨论。

第十章

国际金融

学习要点

- 国际收支平衡的含义
- 国际收支失衡的调节
- 人民币汇率制度
- 汇率的决定及其对经济的影响

导读

汇率变动与百姓生活

2014年1月美联储宣布结束自2008年次贷危机以来持续6年的量化宽松（QE）货币政策，美元步入加息预期。2015年12月美联储第一次加息，人民币对美元汇价走低。2016年11月25日，人民币兑美元中间价调至6.9168，刷新逾8年新低。“人民币不是加入SDR，怎么还会贬值呢，何时是个头啊?”“出国购物要谨慎了，再也不能血拼了”、“人民币贬值，孩子出国留学的费用增加了，做父母的可得省着点了”、“人民币贬值，资本外流，房价是不是会下跌、跟出口相关的股票是不是要涨了，我得重新规划我的投资理财了”等等的声音此起彼伏。但与此同时，你是否也有过期盼：“我国商品在国际市场上的价格竞争力将会增强，我们的国际收支状况将会更加的趋于合理”、“我国的汇率制度会更加的透明、市场化的步伐会由此而加快”“一些国际‘游资’突袭我们脆弱的资本市场的机会将会减少”、“中国与现有的国际货币体系的联系会更加的紧密，从而对目前动荡的金融局势的作用力会更加凸显”，等等。

那么，什么是外汇？国际间的货币是如何交换的？国际货币体系是怎么回事……本章为你解读国际收支、外汇和国际货币体系。

第一节 国际收支

一、国际收支的概念

国与国之间的交流必然会产生国际收支，国际收支的概念有狭义和广义之分。

狭义的国际收支是指一国居民在一定时期（通常为一年）内与其他国家（地区）经济交往所发生的外汇收支总和。它仅包括各种收支中必须立即结算和支付的那一部分款项，强调的是以支付为基础。各种国际经济交易，只要涉及外汇收支就都属于国际收支范围。这一概念对分析一国的外汇变动和外汇市场的走势具有重要作用。

广义的国际收支是指在一定时期（通常为一年）内一国居民与非居民之间全部经济交易的系统记录。它是该国对外政治、经济、文化交往关系的缩影。无论其是否涉及外汇收支，只要涉及商品和劳务、有形资产和无形资产、实物资产和金融资产等具有经济价值的资源在国际间的转移流动，全部纳入国际收支的统计范畴，强调的是以交易为基础。

目前一般是根据广义的国际收支概念来分析本国及世界各国的国际收支情况。国际收支的内涵非常丰富，理解上应注重以下几点：

第一，国际收支是一个流量概念。是针对一定时期内的发生额，通常以一年为报告期。

思考：

为什么要使用广义的国际收支概念？

第二，国际收支所反映的内容是经济交易，必须以货币计量。经济交易是指经济价值从一个单位向另一个单位转移。货币计量是指经济交易即使是以不同的货币进行，甚至可能不涉及货币支付，也须折算成同一种货币记录。

第三，强调的是本国居民与非居民之间发生的交易。居民与非居民的划分是以居住地为标准进行的。长期居住本国的自然人属于本国居民，它包括长期居住本国的外国公民、所有政府机构（无论是国内还是派驻国外，无论时间长短，都属于本国居民）、企业和非营利机构（作为法人组织，它们在哪国成立、注册就属于哪国居民，其国外分支机构属于外国居民）。而国际性机构（联合国、世贸组织、国际货币基金组织、世界银行等）则是任何国家的非居民。

国际收支集中反映了一国在一定时期对外经济交易的状况，不但表明一国对外开放的程度，还直接影响一国国际经济地位和汇率状况；国际收支客观反映了一国经济实力的强弱，也是国内经济状况和经济趋势的指示器；国际收支还是一国制定经济政策尤其是贸易政策的重要依据。

相关链接

"8.11 汇改"

2015 年 8 月 11 日，中国人民银行对人民币兑美元汇率中间价报价机制进行调整，其主要内容是要求做市商在每日银行间外汇市场开盘前，参考上日银行间外汇市场的收盘汇价，综合考量外汇供求状况以及国际主要货币汇率变化，再向中国外汇交易中心提供中间报价。

二、国际收支平衡表

（一）国际收支平衡表的含义

国际收支平衡表是系统记录一定时期内一国对外国的全部经济交易的统计报表。它集中反映了一个国家的国际收支状况。

从动态讲，国际收支是一种经济现象的描述，反映了一国或一个地区在一定时期内全部对外往来的货币收付活动；就静态而言，把国际收支所指的居民与非居民之间的货币收付现象，以统计报表的形式利用复式记账的原理，系统地予以记录，就构成了国际收支平衡表。

（二）国际收支平衡表的编制方法

国际收支平衡表是按复式记账原理编制，采用借贷记账法，每笔交易分别在借贷双方同时登录，有借必有贷，借贷必相等。一切资产减少、负债增加和收入的发生，导致外汇流入，记贷方，用"+"表示（通常省略）；一切资产增加、负债减少、损失的发生，导致外汇流出，记借方，用"-"表示。

这一记账规则首先要判断各类经济交易的性质，是属于资产类，还是负债类或损益类，再明确这些资产、负债、损益是增加还是减少；其次，根据记账规则记上相应的借方或贷方。

1. 凡是本国从国外获得货币收入、引起外汇供给，导致外汇流入的经济交易记录贷方。商品及服务出口、资本流入、获取的外援及侨民汇款均应记录贷方。

2. 凡是引起本国对国外的货币支出、外汇需求，导致外汇流出的经济交易记录借方。一切商品及服务的进口、资本的流出、对外捐赠等则应记录借方。

3. 记录时间采用国际上通用的权责发生制，即不管有无实际收付，只要债权债务发生变动即刻记账。记录时间以所有权的变更日期为准。

（三）国际收支平衡表的内容

国际收支平衡表的内容广泛，各国根据各自不同的需要，编制了不同的项目。下面以国际货币基金组织编制的《国际收支手册》（修改版）为依据，介绍国际收支平衡表的基本内容。

1. 经常账户，或称"往来项目"。反映国与国之间实际资源的转移，包括货物和服务账户、收益账户、经常转移账户三个二级账户。

（1）货物和服务。货物是指通过海关的进出口货物，其反映的是对外贸易收支，也称有形收支，借方记录进口总额，贷方记录出口总额，商品进出口额均按离岸价格计算，即只包括装船前费用，而国际运费和保险费都列入服务开支。服务包括运输、保险、邮电、旅行、银行、工程承包、计算机与信息服务、咨询、设计、专利权使用等内容，其所发生的外汇收支，也称无形贸易收支。

（2）收益。记录因生产因素在国际间流动引起的报酬收支，包括职工报酬、投资收益两个细目。职工报酬，主要登录在国外工作期限不超过一年的季节工、边境工人和在外国领使馆及国际组织驻本国机构工作人员的外汇工薪收支；投资收益，主要登录由于借贷、货币或商品直接投资、证券投资而产生的利息、利润、股利等外汇收支。

（3）经常转移。记录本国与外国之间单向价值转移的项目，包括各政府间的无偿转移（如债务豁免、经济和军事援助、战争赔款、捐款等）；私人无偿转移（如侨民汇款、赠予、退休金、抚恤金、资助性汇款、罚款和商业损失赔偿等）。

2. 资本账户和金融账户。反映居民和非居民间资本或金融资产的转移。

（1）资本账户。下设两个项目：一为资本转移。主要登录投资捐赠和债务注销的外汇收支。注意资本账户下的资本转移和经常账户下的经常转移不同，前者不经常发生，规模相对较大；而后者一般经常发生，规模相对较小。二为非生产、非金融资产的收买或出售。主要登录那些非生产就已存在的资产和某些无形资产收买或出售而发生的外汇收支，如：土地、矿藏、专利权、商标权、版权、经销权和其他可转让合同的交易等。注意经常账户下服务项目所登录的是对无形资产使用所发生的外汇收支，而本项目登录的是无形资产所有权转让或出卖而发生的外汇收支。

（2）金融账户。登录经济体对外资产和负债所有权变更的各种交易。

一是直接投资。一般通过在国外收购原有企业或开办新企业及投资利润再投资方式进行，从而获得对被投资企业经营活动的管理控制权。包括股本投资（最低限度为 10% ~ 25% 之间）、利润收益再投资等。

二是证券投资。一般包括一国居民对外国债券和股票的购买和售卖（包括资本的到期偿还）。具体有股票、债券、各种货币市场工具、衍生金融工具等。注意不包括在直接投资和储备类中的长期债券和公司股票在某一类经济体内进行的投资。

三是其他资本。凡不包括在直接投资、证券投资和储备资产等项目的资本交易均在此记录，如：与进出口贸易结合的各种存贷款、预付款、融资租赁等。

四是储备资产，是指一国货币当局所拥有的可用于满足国际收支平衡支付需要的全部资产。包括黄金储备、特别提款权、在基金组织的储备头寸、外汇储备和其他债权。现在世界大多数国家考虑到储备资产的重要性，仍把储备资产单独列为一个账户，称之为平衡账户。储备资产借贷记录的方向与其他账户不同。储备资产增加记“-”号，减少记“+”号，它是平衡账户的一种，其数字增减正好同其他账户的数字相互对冲，从而起到平衡作用。

3. 净差错和遗漏，也叫平衡项目。由于现实中的国际收支平衡表的统计工作存在客观上的误差和人为因素，难于做到平衡，基于会计上的需要，人为设计了这个科目，以抵消统计上的误差。

我国于 1981 年 8 月建立国际收支统计制度，并开始我国国际收支平衡表的编制工作。

根据国家外汇管理局的有关规定，我国从 2014 年 9 月 26 日起国际收支平衡表的编制依据《国际收支和国际投资头寸手册》（第六版）的要求进行编制。主要项目有四项：经常项目、资本和金融项目、储备资产、净误差与遗漏。最主要的变化是将“储备资产”并入“金融账户”，成为“金融账户”的子账户。其中“金融账户”的列示结构及编制方法由原来的“贷方”和“借方”调整为“资产”和“负债”。

（四）国际收支平衡表的分析

分析本国的国际收支平衡状况，可以及时了解本国国际收支情况，找出顺差和逆差的原因，采取正确的调节政策；可以充分掌握本国的外汇资金来源和运用方面的资料，特别是官方储备的增减情况，据以编制切实可行的外汇预算；可以全面了解本国的国际经济地位，从而制定出与本国经济相适应的对外经济政策。

对其他国家来说，了解编表国家的国际收支顺差和逆差及储备资产增减情况，可以预测该国货币汇率的动向；了解该国的经济实力，可以预测该国国际收支的大致趋势及其可能采取的经济政策；也可以大致了解世界各国对外贸易情况及各国国际发展状况，作为制定对外贸易政策和货币汇率的重要参考依据。

下面从两个角度对国际收支平衡表的主要内容进行简要分析。

1. 自主性交易和调节性交易。国际收支平衡表中所有的交易都可归结为自主性交易和调节性交易两大类。

自主性交易（也称“事前交易”）是指交易当事人自主地为了某项经济动机而进行的交易，如商品输出入、捐赠、长期投资等。一般经常项目和资本金融项目中的长期资本部分属自主性交易。自主性交易是制造缺口的交易，是对国际收支状况的真实反映，国际收支均衡与否是指自主性交易是否平衡。

调节性交易（也称“事后交易”）是指为了弥补自主性交易形成的缺口而进行的交易，如短期资本流动、储备资产变动等。一般资本项目中的短期资本部分和平衡项目的全部属调节性交易，这类交易并无任何经济动机，只是对其他交易活动的一种反映。但它是对国际收支状况的虚假反映，即通过调节性交易达到的平衡，只是一种形式上的平衡。

2. 国际收支差额。国际收支平衡表是按照会计上的复式记账原理编制的，其借方总额与贷方总额总是平衡的。但就每一个具体项目来说，借方和贷方总是不相等的，双方互相冲抵后，总会出现一定的差额。国际收支差额包括各种局部差额和总差额。

局部差额主要有贸易差额、劳务差额、经常项目差额、基本差额。**贸易差额是指进出口收支相抵后的净额**。若出口大于进口，则为贸易顺差；反之，则为逆差。贸易差额反映一国与他国之间实物资源交易的净额，体现一国的产业结构、产品质量和劳动生产状况，它是一国对外经济关系的基础。经常项目差额是贸易差额加上净劳务收支、净投资收益和净转移收支之和，是国际收支资本和金融项目变动的相对体现，从更广泛的意义上体现一国的经济实力与地位，也被各国当作制定国际收支政策和产业政策的重要依据。基本差额由经常项目差额与长期资本差额之和构成。由于长期资本流动不具有投机性，与经常收支一起能反映出一国国际收支的基本状况，是那些长期资本进出规模较大的国家观察和判断其国际收支状况的重要指标。

所谓国际收支的平衡或不平衡是指这些局部差额而言的。对于一定的局部差额来说，如果收入大于支出（贷方大于借方），出现盈余时，称为“顺差”；如果支出大于收入（借方大于贷方），出现亏损时，称为“逆差”。

国际收支总差额是经常项目差额与资本和金融账户差额之和，也称“官方结算差额”，反映一个国家在长、短期资本流动情况下国际收支综合平衡情况，与储备资产项目的增减相对应。若是顺差，则储备资产相应增加，反之，则减少。

一般认为，一国国际收支主要项目为顺差，表示国际收支状况良好；若为逆差，则表示国际收支恶化。但具体问题要具体分析，才能准确理解差额的意义。

事实上并非所有项目的逆差都有害，也并非所有项目的顺差都有益。例如，若贸易收支为逆差，只要能由劳务收支和转移收支的顺差来抵补，从而使基本差额保持顺差或平衡，则贸易逆差并非有害；若经常项目为逆差，只要有资本流入来抵补，从而使基本差额保持顺差或平衡，也不一定是有害的。

至于综合收支持续出现逆差，因其会耗尽外汇储备，一般认为是有害的，但持续出现顺差，也未必是好事。因为大量增加的外汇储备，会增加本国货币的投放量，产生通货膨胀压力；在浮动汇率条件下，可能使一国蒙受外币贬值的损失；况且储备资产的收益率低于长期投资的收益率，也对本国经济发展不利，因此，外汇储备水平要适度。

讨论：

一国的国际收支顺差为什么不是越多越好？

一般认为，维持相当于一国3~4个月的进口额的外汇储备水平是适度的，或最后清偿率不超过130%（外债余额与国际储备之比）。但这类指标只具有限的参考价值。一国外汇储备是否适度，必须结合各自的国情特点而定。

总差额与局部差额的关系有两种类型：一是国际收支总差额和经常项目都为顺差，其结果是储备增加，国际收支状况良好；若为逆差，需进一步分析经常项目中各个子项目的差额。二是当国际收支总差额为顺差，经常项目为逆差时，说明总差额是靠资本输入维持的；当国际收支总差额为逆差，经常项目是顺差时，说明资本大量输出，资本项目逆差额大于经常项目顺差额。

分析国际收支平衡表的方法很多，一般分为静态分析、动态分析、比较分析和个案分析等。

相关案例

2016年10月1日，人民币正式加入国际货币基金组织（IMF）特别提款权（SDR）。新的SDR货币篮子包含美元、欧元、人民币、日元、英镑五种货币，权重分别为41.73%、30.93%、10.92%、8.33%、8.09%。人民币已超过日元和英镑，位列世界第三。

你怎样看待人民币纳入SDR，对你我的生活有影响吗？

三、国际收支的调节

（一）国际收支失衡的原因

国际收支失衡的原因很多，一般有以下四个方面：

1. 经济周期。繁荣、衰退、萧条、复苏是经济周期的四个阶段，并反复不断地交替，从而引起国际收支失衡。当一国经济处于衰退期时社会需求下降，进口需求也相应下降，国际收支发生盈余；反之，国际收支出现逆差。在当今世界经济一体化的形势下，一国特别是经济大国的经济状况会影响到其他国家，从而造成更多国家的国际收支发生变化。

2. 经济结构。结构性失衡有两层含义，一是因经济和产业结构变动的滞后所引起的国际收支失衡；二是出口商品收入、价格弹性格局导致的国际收支失衡。结构性失衡通常反映在贸易账户或经常账户上，具有长期持久的性质，改变起来相当困难。

3. 收入变化。指由于国民收入的变化，使一国的进出口贸易发生变动，从而造成国际收支不平衡。国民收入增加，贸易支出和非贸易支出会增加，国际收支会出现逆差；反之，则出现顺差。

4. 货币币值。由于货币价值的变动而使一国国际收支出现不平衡。在一定的汇率水平下，由于通货膨胀，物价水平相对地高于其他国家，商品出口必受抑制，而进口则受鼓励，国际收支发生逆差；反之，国际收支则发生顺差。

（二）国际收支失衡的调节

国际收支调节，就是根据本国经济发展的需要调节国际收支各个项目的差额和总差额，从而达到与本国经济发展相适应的目标。

1. 国际收支的自动调节。在市场经济条件下，一国的国际收支不平衡，许多经济变量都会作出相关反应，使其自动趋于平衡。亦即通过市场机制的自发作用来实现对国际收支的调节。在金本位制下，国际收支失衡的自动调节是通过黄金输出和汇率下浮达到自动矫正。

在信用货币制度下，国际收支可以通过国民收入、物价和资本的国际流动等实现一定程度的自动调节。

2. 国际收支的主动调节。除市场自动调节外，各国还主动采取各种手段与措施来调节国际收支的不平衡。

（1）财政调节措施。主要是采取扩大或缩减财政支出和调整税率的方式调节国际收支的顺差和逆差。如在国际收支大量顺差，外汇储备较多的情况下，可扩大财政开支，降低税率刺激投资，提高消费水平，促使物价上涨，增加进口，以减少顺差。在国际收支大量逆差的情况下，财政可采取相反措施。

（2）金融调节措施。一是货币政策。主要是通过货币政策工具（存款准备金、再贴现率、公开市场操作等）的运用，调整货币供给量和利率水平，实现国际收支平衡。二是汇率手段。即通过货币法定升值或贬值的方法，提高或降低本国货币对外币的兑换，使国际收支的失衡得到改善。如当国际收支发生逆差时，可采取的措施是实行本币贬值。但这项政策能否奏效还要视具体情况而定。三是外汇管制。是一国对外汇自由买卖和国际结算所采取的限制性措施或采取复汇率。当一国面临国际收支逆差时，该国会采取外汇管制，如限制外汇支出或规定不同的结汇汇率和条件。

（3）贸易调节措施。主要是贸易管制，即通过对商品输出入的管制来平衡国际收支。商品输入管制即限制商品的进口，方法为关税和非关税壁垒，包括进口许可证制、进口配额制、提高关税等；商品输出管制即限制或鼓励本国商品出口，包括给予出口商补贴、允许出口退税、出口信贷等。

（4）其他调节措施。上述调节方法，是针对一个国家来说的，每个国家为解决逆差问题，可以选择适合自己的对策。但由于自身利益问题，采取的对策可能会招致其他国家的抵制。这就可能扰乱国际经济合作的正常秩序，使各国蒙受损失。为解决这一矛盾，目前世界上许多国家都试图采取国际经济合作的办法。主要表现在以下三个方面：一是谋求恢复贸易自由。如通过建立WTO，成立区域性的共同市场、自由贸易区，其主要目的就是为了促进经济一体化，使各国充分享受国际分工的好处。二是促使生产要素自由转移。这也是一项解决国际收支失衡的重要措施。三是协调经济政策，如西方主要工业国家每年召开七国财长会议，磋商和协调各国的财政政策、货币政策，并对市场汇率进行联合干预。

思考：

当国际收支发生逆差时，可否只采取本币贬值的措施？

相关资料

中国国际收支平衡表（简表）

单位：亿美元

项目	行次	2016年上半年
1. 经常账户	1	1 035
贷方	2	11 798
借方	3	-10 763
1. A 货物和服务	4	1 163
贷方	5	10 549
借方	6	-9 386
1. A. a 货物	7	2 298
贷方	8	9 204
借方	9	-6 906
1. A. b 服务	10	-1 135
贷方	11	1 345
借方	12	-2 480
1. B 初次收入	13	-96
贷方	14	1 087
借方	15	-1 182
1. C 二次收入	16	-33
贷方	17	162
借方	18	-194
2. 资本和金融账户	19	-145
2. 1 资本账户	20	-1
贷方	21	2
借方	22	-4

续表

项目	行次	2016 年上半年
2.2 金融账户	23	-143
资产	24	-780
负债	25	638
2.2.1 非储备性质的金融账户	26	-1 721
资产	27	-2 358
负债	28	636
2.2.2 储备资产	29	1 578
3. 净误差与遗漏	30	-890

第二节 外　汇

一、外汇概述

（一）外汇概念

我国的外汇定义是在1996年4月1日实施、2008年8月1日第二次修订通过的《中华人民共和国外汇管理条例》中所界定的：**外汇是指以外币表示的可以用作国际清偿的支付手段和资产**。包括：

1. 外币现钞，包括纸币、铸币；
2. 外币支付凭证或者支付工具，包括票据、银行存款凭证、银行卡等；
3. 外币有价证券，包括债券、股票等；
4. 特别提款权；
5. 其他外汇资产。

从以上外汇定义可知，作为外汇必须同时符合三个条件：一是外币性，即外汇首先必须是以外币表示的国外资产；二是可兑换性，即外汇必须能够自由兑换成其他形式的资产或支付手段；三是可接受性，即外汇必须得到国际承认和普遍接受。

（二）外汇种类

1. 按照来源可分为贸易外汇和非贸易外汇。**贸易外汇是指同商品的进出口及其从属费用的收付相关的外汇**。从属费用主要包括与商品进出口直接有关的运费、保险费、广告宣传费和推销费等。贸易外汇收入是一国最主要的外汇来源，贸易外汇支出则是一国外汇的主要用途，因而，贸易外汇收支是一国外汇的主体收支。**非贸易外汇是指商品进出口以外的其他**

对外往来相关的外汇。包括劳务外汇、旅游外汇、侨汇、捐赠和援助外汇及属于资本流动性质的外汇。

2. 按照可否自由兑换可分为自由外汇和记账外汇。**自由外汇是指不需要经过货币发行国的货币当局批准，可以自由兑换成其他国家的货币或者可以向第三国进行支付的外汇。记账外汇是指不经货币发行国批准，不能自由兑换成其他货币或者对第三国进行支付的外汇**，又称协定外汇或双边外汇，仅限于两国之间使用的国际债权。

> **讨论：**
> 一国居民持有的外汇在本国境内是否具有货币的各种职能？

3. 按照外汇买卖交割期可分为即期外汇和远期外汇。**即期外汇是指外汇买卖成交后在很短时间内交割完毕的外汇。远期外汇是指在签订外汇买卖合约时，约定在将来某一日期办理交割的外汇。**

相关知识

国家外汇管理局

我国外汇管理的职能部门——国家外汇管理局，为副部级国家局，在各省、自治区、直辖市、部分副省级城市设立有分局（外汇管理部），在部分地（市）设立有中心支局，在部分县（市）设立有支局。国家外汇管理局分支机构与当地中国人民银行分支机构合署办公。

二、汇率

汇率，是指一个国家的货币折算成另一个国家货币的比率。或者说是两国货币之间的相对比价，也就是以本国货币表示的外国货币的价格。外汇作为一种金融资产可以在金融市场进行买卖，所以汇率也称“汇价”。

（一）汇率的标价方法

折算两个国家的货币，首先要确定以哪一国货币作为标准，这称为汇率的标价方法。汇率的标价方法有两种：

1. 直接标价法。**直接标价法是指以一定单位的外国货币为标准，折算为若干单位本国货币的表示方法**。它也叫应付标价法，也即以本国货币表示的单位外国货币的价格。在直接标价法下，等式左边的外国货币数额固定不变，外汇汇率涨落均以等式右边相对的本国货币数额的变化来表示。如：1 美元 =6.9 元人民币。若需要比原定更多的本国货币才能兑换原定数额的外币，说明外币价值上升，本国货币对外国货币的比值下降，通常可称为外汇汇率上升或本币汇率下跌。若以比原定数额较少的本国货币就能兑换原定数额的外国货币，这就说明本币币值上升，外币对本币的比值下降，通常称之为外汇汇率下跌，或本币汇率上升。我国和世界大多数国家都采用直接标价法。

2. 间接标价法。**间接标价法是指以一定单位的本国货币为标准，折算为若干单位外国**

货币的表示方法。它也叫应收标价法，也即以外国货币表示的单位本国货币的价格。在间接标价法下，等式左边的本国货币数额固定不变，外汇汇率涨落均以等式右边相对的外国货币数额的变化来表示。若一定单位的本国货币折算的外国货币增多，即等式右边的外国货币数额增大，说明外汇汇率下跌，本币汇率上升。英国最早采用间接标价法并延续至今，美国目前除对英镑等个别货币以外全部采用间接标价法。

思考：

汇率变动对百姓生活有何影响？

（二）汇率种类

1. 按制定汇率的不同方法来区分，可分为基础汇率和套算汇率。**基础汇率是指本国货币与国际上某一关键货币的比率**。关键货币是指该国国际收支中使用最多、外汇储备中所占比率最大、国际上普遍接受的自由兑换货币。由于它是根据两种货币所代表的价值量直接得出，也叫直接汇率，它一般作为确定与其他各种外币汇率的基础。第二次世界大战以后，大多数国家把美元当作关键货币。

套算汇率，是指两种货币通过第三种货币（即某一关键货币）为中介而间接套算出来的汇率，也叫交叉汇率。例如：US$1 = HK$7，£1 = US$1.6，则套算出港元对英镑的汇率为：£1 = 7 × 1.6 = HK$11.2。

2. 按银行买卖外汇的不同角度区分，可分为买入汇率和卖出汇率。**买入汇率是银行向同业或客户买入外汇时所使用的汇率**。由于出口商是最主要的外汇提供者，因此买入价又称为出口汇率。**卖出汇率是银行向同业或客户卖出外汇时所使用的汇率**。由于进口商是最主要的外汇需求者，因此卖出价又称为进口汇率。

采用直接标价法时，外币折合本币数较少的那个汇率是买入价，外币折合本币数较多的那个汇率是卖出价。例如：2017 年 3 月 2 日中国外汇市场上人民币和美元的汇率为（直接标价法）：US$1 = RMB ¥6.8715—6.8991，则前一个数字是买入汇率，后一个数字是卖出汇率。若上述汇率是纽约市场汇率，则变为间接标价法，上述汇率中前一个数字是卖出价，后一个数字是买入价。

买卖价的算术平均数是中间汇率，又称“中间价”，即（买价 + 卖价）÷2。

银行买进外汇时，还使用一种特殊的汇率，即现钞价。一般现钞价低于银行买入价，是由扣除一定费用（运费、保险费等）所致，当银行卖出现钞时，则采用银行卖出价。

3. 按银行汇兑方式不同，可分为电汇汇率、信汇汇率和票汇汇率。**电汇汇率是指银行以电讯方式通知付款时使用的汇率。信汇汇率是指银行卖出外汇后，用信函方式通知付款人付款时采用的汇率。票汇汇率是指银行买卖外汇汇票时所用的汇率**。票汇汇率又分为即期票汇汇率和远期票汇汇率两种，远期票汇汇率较即期票汇汇率要低。

4. 按汇率制度划分，分为固定汇率和浮动汇率。**固定汇率是指货币的汇率基本固定、波动幅度限制在一定范围内的汇率**。在金本位制下和第二次世界大战后的布雷顿森林体系下世界各国基本上都采用这种汇率。**浮动汇率指不是由货币当局规定、而是听任外汇市场供求关系自由决定的两国货币之间的汇率**。1973 年布雷顿森林体系崩溃后，主要工业国家都采用这种汇率。

此外，按外汇资金性质和用途划分，有贸易汇率和金融汇率；按外汇市场营业时间划分，有开盘汇率和收盘汇率；按外汇交易方式划分，有即期汇率和远期汇率等。

（三）影响汇率变动的因素

金本位制崩溃以后，各国实行了信用货币制度。在信用货币制度下，现实的汇率是由两国货币在外汇市场上的供求状况确定的，但外汇供求背后的决定因素有哪些？这是个比较错综复杂的问题。从实际情形看，一国汇率的变动既有经济因素，又有政治因素及心理因素，且各因素之间又相互联系，相互制约。下面仅列举一些影响汇率变动的基本因素。

1. 国际收支。一国国际收支的好坏直接决定着该国外汇供求状况。国际收支的收入项目形成了该国的外汇供给；国际收支的支出项目形成了该国的外汇需求。当国际收支出现顺差时，外汇储备增加，使外汇的供给大于需求；当国际收支出现逆差时，外汇储备减少，使外汇的需求大于供给。一般来说，在没有政府干预和其他因素影响的情况下，一国国际收支处于逆差，必然增加对外汇的需求，外汇汇率上升，本币汇率下降；反之，本币汇率上升。因此各国国际收支的不平衡成为影响汇率变动的直接因素。

2. 通货膨胀。通货膨胀在经常账户收支上的反映是出口商品减少，进口商品增加，引起外汇市场供求关系发生变化，导致外汇汇率上升，本币汇率下跌。同时，还会通过影响人们对汇率的预期，作用于资本账户收支。即人们预期该国货币汇率趋于疲软，把手中持有的该国货币转化为其他货币，削弱该国货币在国际市场上的信用地位，导致该国货币汇率下跌。因此币值稳定是影响汇率变动的主要因素。

3. 利率水平变动。利率水平及其变动，是通过作用于国内货币供应量和国际间资本流动的方向而影响汇率变动的。通常情况下，利率上升，银根抽紧，货币供应量缩减，本币汇率上升；反之，本币汇率下降。另外，一国利率提高，国际游资就会投向该国，追求较高的利息收入，该国外汇收入就会增加，外币供大于求，从而促使该国本币汇率上升，外币汇率下降；若降低该国利率，其结果则相反。

上述基本因素对汇率的影响是根本性和持续性的。若基本经济因素发生恶变，本币汇率将会发生剧烈波动，只有当基本经济因素真正好转，才能使汇率出现相应的改善。此外，影响汇率变动的因素还有政策性因素、心理预期等。

相关案例

2017 年 3 月 2 日银行间外汇市场人民币汇率中间价为 1 美元对人民币 6.8809 元，1 欧元对人民币 7.2536 元，1 英镑对人民币 8.4521 元。有人预测人民币对美元汇率还会贬值。你如何看待人民币汇率？

三、汇率制度

汇率制度是一国货币当局对本国货币汇率变动的基本方式所作的一系列安排或规定。传统上，按照汇率变动的幅度，汇率制度被分为两大类型：固定汇率制和浮动汇率制。

（一）固定汇率制度

固定汇率制度是指现实汇率受铸币平价的制约，在很小的范围内围绕铸币平价上下波动的汇率制度。从历史发展看，固定汇率制度经历了两个阶段，一是金本位体制下的固定汇率制（1816—1945 年）；二是布雷顿森林体系的固定汇率制（1945—1973 年）。

1. 金本位体制下的固定汇率制。金本位制下（典型金本位）的汇率是自发形成的。汇率的决定基础是铸币平价，汇率的波动范围是黄金输送点。黄金输出点是外汇汇率变动的上限，输入点是外汇汇率变动的下限。因此，金本位制下各国货币的金平价是不会变动的，各国之间的汇率能保持真正的稳定，是典型的固定汇率制。

2. 布雷顿森林体系下的固定汇率制。第二次世界大战结束后，在英美两国的推动下，建立了布雷顿森林体系，实行固定汇率制。布雷顿森林体系下的固定汇率制是纸币本位下以美元为中心，以黄金为基础的固定汇率制。该汇率制的特点有：一固定（固定货币平价）、双挂钩（美元与黄金挂钩，其他国家货币与美元挂钩）、上下限（汇率波动以货币平价为基础，在 ±1% 的幅度内进行）、允许调整（调整货币法定平价）、政府干预（汇率波动超过规定的上下限幅度后，可以进行干预）。由于上述五个特点，布雷顿森林体系下的固定汇率制度是相对稳定的。

（二）浮动汇率制度

浮动汇率制度是指现实汇率随外汇市场供求状况的变动而波动的汇率制度。

1973 年之后，西方各国先后都实行了浮动汇率制度，有自由浮动和管理浮动两种。自由浮动指货币当局对外汇市场不加任何干预，完全听任汇率随市场供求状况的变动而自由涨落。当然绝对的自由浮动只是理论上的假设而已。管理的浮动汇率制度是指货币当局对本国货币虽然不钉住浮动，但随时干预外汇市场，以便市场汇率朝有利于自己的方向浮动。目前各主要工业国实行的都是管理浮动汇率制度。

（三）人民币汇率制度

1994 年之前，我国的人民币汇率是由政府根据经济发展的需要来制定、调整和公布的，而不是在外汇市场上由供求状况来自发决定。1994 年 1 月 1 日起，我国实行人民币汇率并轨，由外汇指定银行自行确定和调整。

2005 年 7 月 21 日起，我国开始实行以市场供求为基础、参考一篮子货币进行调节、有管理的浮动汇率制度。

2008 年 8 月 1 日，国务院颁布了再次修订的《中华人民共和国外汇管理条例》。新条例强调“均衡管理”代替“宽进严出”的外汇管理思路，发挥市场在汇率形成中的基础性作用。明确规定“人民币汇率实行以市场供求为基础的、有管理的浮动汇率制度”。

> **讨论：**
>
> 如何理解我国以市场供求为基础的、有管理的浮动汇率制度？

相关资料

我国的外汇储备（2016 年）

单位：亿美元

月份	1月	2月	3月	4月	5月	6月
数额	32 308.93	32 023.21	32 125.79	32 196.68	31 917.36	32 051.62
月份	7月	8月	9月	10月	11月	12月
数额	32 010.57	31 851.70	31 663.80	31 206.55	30 515.98	30 105.17

第三节　国际货币体系

一、国际货币体系的概念

国际货币体系，是指为适应国际贸易和国际支付的需要，各国政府对货币在国际范围内发挥世界货币职能所确定的原则、采取的措施和建立的组织形式。它一般包括以下内容：

1. 汇率制度的确定。一国货币与其他货币之间的汇率应如何确定和维持？能否自由兑换成其他可支付货币？采取何种汇率制度（固定汇率制、浮动汇率制）？

2. 国际储备资产的确定。即国际交往中使用什么样的货币作为支付货币？一国政府应持有多少数量的国际储备资产？

3. 国际收支调节方式的确定。当出现国际收支失衡时，各国政府应采取什么方法来解决？各国之间的政策措施又如何互相协调？

4. 国际结算的原则。即实行自由的多边结算还是实行限制性的双边结算等。

5. 国际货币合作的形式与机构。包括一些区域性货币联盟、国际性金融组织、地区性的多边官方金融机构等。

> **思考：**
> 国际货币体系主要解决什么问题？

其中，国际储备资产的确定、汇率制度的确定和国际收支调节方式是主要内容。

相关链接

美国经济学家保罗·克鲁格曼提出的“三元悖论”指出，一国不可能同时实现货币政策独立性、汇率稳定以及资本自由流动三大金融目标，只能同时选择其中的两个。

二、国际货币体系的演变

在历史的各个不同时期，国际货币制度在不断地演变。在演进的过程中始终围绕着三个方面的重要问题：一是以什么作为国际货币；二是各国货币之间的汇率、各国货币与国际货币之间的汇率问题；三是当国际收支发生不平衡时，如何进行调节的问题。一百多年来国际货币体系大体经历了国际金本位制货币体系、布雷顿森林货币体系、牙买加货币体系的演变过程。

（一）国际金本位制货币体系

金本位制是以黄金作为国际本位货币的制度。广义指以一定重量和成色的黄金来表示一国本位货币的制度，包括金币本位制、金块本位制、金汇兑本位制。狭义仅指金币本位制。从 1816 年金本位制在英国形成到 20 世纪 30 年代金本位制崩溃，金本位制先后经历了金币本位制（典型金本位制）、金块本位制、金汇兑本位制（虚金本位制）三种制度。

1. 金币本位制。这是典型的金本位制货币制度，盛行于 19 世纪 70 年代至 1914 年第一次世界大战爆发期间，是历史上第一个国际货币制度。它的特点是黄金在国际交往中充当世界货币，并作为主要的国际储备资产为各国中央银行所持有；金币可以自由铸造和熔化，银行券可以自由兑换黄金；各国货币都规定有含金量，两国货币的汇率以铸币平价为基础，市场汇率围绕铸币平价波动，但波动幅度不超过黄金输送点；国际收支因为有黄金的自由输出输入而具有自动调节机制。

典型金币本位制正是因为上述特点为国际贸易和国际资本流动创造了有利条件，对资本主义生产的发展和世界经济的发展起了重要作用。但黄金供应不稳定、在国与国之间分配不合理以及金币本位制的自动调节机制存在严重缺陷等原因，这种缺乏弹性的金币本位制在第一次世界大战中崩溃。

第一次世界大战以后，一些资本主义国家经济受到通货膨胀、物价上涨的影响，加之黄金分配的极不均衡，已经难以恢复金币本位制。1922 年在意大利热那亚城召开的世界货币会议上决定采用“节约黄金”的原则，实行金块本位制和金汇兑本位制。

2. 金块本位制。20 世纪 20 年代，英、法等国改行金块本位制，其他多数国家则实行金汇兑本位制。金块本位制下，货币单位仍然规定含金量，但黄金只作为货币发行的准备金集中于中央银行，并不铸造金币，而是发行代表一定金量的银行券来流通，银行券并不能自由兑换黄金或金币，只能按一定条件向发行银行兑换金块。例如，1925 年英国规定，纸币一次至少兑换净重 400 盎司的金块，这就大大限制了纸币兑换黄金的范围。

3. 金汇兑本位制。又称虚金本位制，其特点是：国内不流通金币，只流通银行券，银行券不能直接兑换黄金，只能兑换外汇；实行这种制度的国家的货币，同另一个实行金本位制国家的货币保持固定比价，并在该国存放外汇和黄金作储备金；通过无限制买卖外汇，维持本国币值稳定，实现本国货币同所依附的金本位国家货币的联系。第一次世界大战前的印度、菲律宾、马来西亚、一些拉美国家和地区，以及 20 世纪 20 年代的德国、意大利、丹麦、挪威等国，均实行过这种制度。

金块本位制和金汇兑本位制都是被削弱了的国际金本位制。1929—1933 年世界性经济危机的爆发，迫使各国放弃金块本位制和金汇兑本位制，从此资本主义世界分裂成为相互对立的货币集团和货币区，国际金本位制退出了历史舞台。

（二）布雷顿森林货币体系

为了消除金本位制崩溃后国际货币的混乱局面，第二次世界大战尚未结束，英、美两国即着手设计新的国际货币秩序，促进世界经济的发展。1943 年 3 月和 4 月，英、美两国政府从本国利益出发，发表了代表各自利益的“凯恩斯计划”及“怀特计划”。由于美国在政治和经济上的实力大大超过英国，英国被迫放弃“凯恩斯计划”而接受美国方案。

1944 年 7 月，44 个国家参加了在美国新罕布什尔州的布雷顿森林召开的“联合与联盟国际货币金融会议”，通过了以美国“怀特方案”为基础的《国际货币基金协定》和《国际复兴开发银行协定》，总称《布雷顿森林协定》，从而形成以黄金为基础、以美元为中心的国际货币体系，即布雷顿森林体系。

布雷顿森林货币体系的主要内容有以下几方面：

1. 国际金融机构。设立“国际货币基金组织（简称 IMF）”和“国际复兴开发银行（世界银行）”。前者的宗旨在于稳定汇率，协助成员国改善国际收支，后者的宗旨在于以低利长期贷款，协助推动成员国的经济发展。两机构自 1947 年 11 月 15 日起成为联合国的常设专门机构。中国是这两个机构的创始国，1980 年，中华人民共和国在这两个机构中的合法席位先后恢复。

2. 国际储备体系。布雷顿森林体系确定了以黄金为基础，以美元为国际主要储备货币，即所谓的美元与黄金挂钩，其他国家货币与美元挂钩的原则。“双挂钩”通常被视作“布雷顿森林体系”的两支柱。

3. 固定汇率制。IMF 规定成员国的货币含金量一经确定，就不得随意变动。成员国在进行即期外汇交易及黄金买卖时，汇率和金价的波动幅度不得超过法定汇率和金价的上下各 1%（超过该界限，有关政府有义务进行干预），使汇率始终保持在一个较为稳定的水平上。只有当国际收支发生根本性不平衡时，才允许贬值或升值，亦即平价经 IMF 同意后才能加以改变。这种体系下的固定汇率制度，亦称可调整的钉住汇率制度。

4. 国际收支调节。当成员国国际收支发生困难时，IMF 通过三种方式帮助成员国度过难关：一是敦促成员国广泛协商，促进国际货币合作。二是为成员国提供融通资金的便利。三是规定各成员国实行多边支付与清算，不得限制经常项目的支付，亦不许采取歧视性的货币措施，由此创造平衡国际收支的外在条件。

布雷顿森林货币体系是国际货币合作的产物，它消除了战前国际金融秩序的混乱状况，在一定时期内稳定了资本主义国家的货币汇率，营造了一个相对稳定的国际金融环境，促进了国际贸易和世界经济的增长。

布雷顿森林体系也暴露了不可克服的矛盾。布雷顿森林体系的运行要求储备货币发行国——美国按固定官价兑换黄金，以维持各国对美元的信心，又要求美国提供足够的国际清偿力即美元。信心和清偿力存在着不可克服的矛盾，美元供给太多就会有不能兑换的危险，从而发生信心问题；要维持各国对美元的信心，美国就必须纠正逆差，而这又会使美元供给减少，处于“特里芬两难”境地。20 世纪四五十年代的“美元荒”和 60 年代美元灾的发生使这一矛盾越发突出。即使后来采取创设特别提款权，复合货币也已无法修补，从而最终使布雷顿森林体系无法维持，到 1973 年“布雷顿森林体系”彻底瓦解。

相关案例

1960 年，美国经济学家罗伯特·特里芬在其《黄金与美元危机——自由兑换的未来》中提出了一个悖论，即“特里芬难题”。请查阅了解，并思考“特里芬难题”告诫了我们什么？

（三）牙买加货币体系

布雷顿森林货币体系崩溃之后，国际金融形势更加动荡不安，各国都在探寻货币制度改革的新方案。1976 年 1 月，国际货币基金组织的“国际货币制度改革临时委员会”在牙买加首都金斯敦召开会议，并达成《牙买加协定》。同年 4 月，国际货币基金组织理事会通过了国际货币基金组织协定的第二次修正案，形成了国际货币关系的新格局，产生了“牙买加货币体系”。

牙买加货币体系的主要内容有以下几个方面：

1. 浮动汇率合法化。各会员国可以自由选择适合本国经济情况的汇率制度。在制度上，基金组织承认固定汇率制与浮动汇率制可以同时并存；在管理上，会员国的汇率政策应受国际货币基金的监督，并与国际货币基金协商；在未来安排上，等世界经济稳定后，经总投票权的 85% 多数票做出决定，恢复固定汇率制度。

2. 黄金非货币化。废除黄金条款，取消黄金官价，黄金与货币完全脱离联系；取消会员国相互之间以及会员国与 IMF 之间须用黄金清算债权债务的义务；逐步处理掉 IMF 所持有的黄金（IMF 将持有黄金总额的 1/3 或用于成立信托基金，或用于归还成员国，其余的 2/3 经总投票权的 85% 多数通过后，向市场出售或由成员国买回）。

3. 扩大特别提款权的作用。通过修订特别提款权的有关条款，以使其逐步取代美元和黄金而成为主要的国际储备资产。根据规定，各会员国可以自由交易特别提款权，而不必征得 IMF 的同意，IMF 与会员国之间的交易以特别提款权代替黄金，IMF 一般账户中持有的资产一律以特别提款权表示。

4. 扩大基金组织份额。各会员国对基金组织所缴基金份额，由原来的 292 亿特别提款权增至 390 亿。各会员国的份额比例也有所调整，主要石油输出国的比例由 5% 上升到 10%；主要工业国家除联邦德国和日本略有增加外，其余略有减少。

5. 扩大对发展中国家资金融通。以出售黄金所得收益设立“信托基金”，以优惠条件向最贫穷的发展中国家提供贷款或援助，帮助他们改善国际收支；扩大基金组织信贷部分贷款的额度。普通贷款额度，由相当于会员国基金份额的 100% 增至 145%，补偿性贷款则由 50% 提高至 70%。

相关链接

牙买加货币体系的利与弊

牙买加货币体系起到了积极作用。一是多元化的储备结构摆脱了布雷顿森林体系下各国货币间的僵硬关系，为国际经济提供了多种清偿货币，在较大程度上解决了储备货币供不应求的矛盾。二是多样化的汇率安排适应了多样化的、不同发展水平的各国经济，为各国维持经济发展与稳定提供了灵活性与独立性，同时有助于保持国内经济政策的连续性与稳定性。三是多种国际收支调节机制并存，克服了布雷顿森林货币体系下单一的调节手段限制，适应了世界经济格局多元化的特点，也使国际收支的调节更为有效与及时。

虽然牙买加货币体系有许多积极作用，但它也存在着一定的弊端。一是储备货币多元化与国际清偿力不协调。在国际储备多元化的条件下，各储备货币发行国的国际收支变动，必然导致世界外汇储备的变动，从而直接影响着国际清偿力的稳定；同时增大的汇率风险又增加了各国储备资产管理的复杂性，也使国际清偿力总量供应的调控更加困难。二是浮动汇率长期化加剧了货币汇率波动。使进出口商很难避免外汇风险损失，不利于国际贸易的发展；使国际借贷关系也要承担汇率风险，甚至引发债务危机或者加重债务危机；会导致各国物价和国际物价的波动；会助长外汇市场的投机活动，导致银行倒闭，金融市场混乱。三是国际收支调节机制仍不健全。主要是汇率机制运转失灵，利率机制有副作用，同时货币基金组织的贷款能力有限，也无力指导和监督顺差国和逆差国双方对称地调节国际收支。所以，国际收支失衡的问题一直没有得到很好的解决。

总之，牙买加货币体系在一定程度上反映了布雷顿森林体系崩溃后的世界经济格局，适应了当时国际金融关系的变化，但它在储备货币、汇率机制、国际收支调节机制等方面存在着不可忽视的缺陷。近几年，国际金融变动趋势增强，并愈来愈制约着国际贸易和世界经济的发展，表明牙买加货币体系也难以适应当前世界经济的发展需要。因此，必须进一步改革国际货币制度，建立合理稳定的国际货币新秩序。

【重要概念】

国际收支　国际收支平衡表　外汇　贸易外汇　自由外汇　即期外汇
汇率直接标价法　汇率制度　国际货币体系

【思考与实训】

1. 查看最近的人民币汇率，思考我国人民币汇率的走势。
2. 结合我国外汇储备情况，思考其利与弊。
3. 查找资料，思考我国近些年国际贸易收支的特点。
4. 根据资料和调查，思考我国人民币国际化问题。

【分析与讨论】

查找我国最近年度的国际收支平衡表，分析与讨论我国国际收支的主要内容和特点。

第十一章

财政政策与货币政策

学习要点

- 财政政策手段
- 财政政策目标
- 货币政策目标
- 货币政策手段
- 财政政策与货币政策的配合方式

导读

实施灵活的财政政策和货币政策

近些年我国经济发展取得了举世瞩目的成就，这与我国政府驾驭市场经济能力的不断提高密切相关，特别是在过去20年时间里，政府根据经济发展不同的运行态势，实施灵活的财政政策和货币政策，宏观调控取得了较大的成效，促进了国民经济持续快速发展。

1994年开始，我国财政政策分别实施过“适度从紧财政政策”、“积极财政政策”、“稳健财政政策”；货币政策分别实施过“适度从紧货币政策”、“稳健货币政策”、“适度宽松货币政策”；财政政策和货币政策实施过不同的配合方式。

2016年的政府工作报告指出：我国继续实施积极的财政政策和稳健的货币政策，并强调积极的财政政策要加大力度，稳健的货币政策要灵活适度。

那么，为什么不同的经济运行态势要实施不同的财政政策和货币政策呢？财政政策和货币政策如何有效配合来进行宏观经济调控呢？本章为你解读财政政策、货币政策及其两大政策的配合。

第一节 财政政策

一、财政政策概述

（一）财政政策的概念

广义地说，财政政策是政府根据客观经济规律的要求，为达到一定目标而制定的指导财政工作的基本准则和措施的总和。狭义地说，**财政政策是政府为了实现社会总供给与社会总需求均衡的目标，对财政收支总量和结构进行调整的准则和措施的总和**。本书所阐述的财政政策是狭义的财政政策。

财政政策是政府宏观经济政策的重要组成部分，其制定和实施的过程也就是政府实施宏观调控的过程。其调控的机理是借助于财政收支与社会总供求的内在联系，通过调整财政收支的总量和结构来实现社会供求总量和结构平衡的宏观调控目标。

财政政策作用的直接对象是社会总需求，尽管财政政策也可以影响社会总供给，但这种影响是通过制约社会总需求间接地实现的。所以，财政政策是政府控制社会总需求的主要手段，它属于政府的需求政策。

（二）财政政策的调控方式

财政政策的调控方式是指财政政策发挥作用的形式，主要有两种：

1. 自动稳定器。财政政策仅需依靠财政收支本身具有的内在机制，自动调节社会需求、减轻经济波动进而达到稳定经济的效果，不需要政府预先做出判断和采取措施。财政政策的这种自动发挥稳定作用的模式称为“自动稳定器”，主要通过税收和财政支出来实现。

一是所得税的自动稳定作用。政府对个人所得和企业（公司）所得征收所得税，一般实行累进税率，并规定起征点和免征额。在经济萧条时期，个人所得、企业所得都会下降，符合纳税规定的人数和企业数就会减少，税基相对缩小，适用的累进税率也相对下降，税收收入就会自动减少。由于税收减少幅度大于个人和企业收入的减少幅度，减轻了个人和企业的经济压力，有利于个人和企业进行消费和投资，从而减缓经济萎缩程度，发挥反经济衰退的调节作用。在经济繁荣时期，情况则相反，累进所得税可以防止个人和企业需求过度膨胀，发挥反通货膨胀的调节作用。

二是社会保障支出的自动稳定作用。财政的社会保障支出主要用于个人。在经济萧条时期，个人收入会下降，失业人数会增加，财政的失业救济金、各项福利支出会自动增加。由于增加了个人收入，有利于个人消费支出的增加，从而防止经济的进一步衰退，发挥反经济衰退的调节作用。在经济繁荣时期，就业机会增多，个人收入增加，财政的失业救济金、各项福利支出会自动减少，有利于抑制私人消费支出的持续增加，发挥反通货膨胀的调节作用。

> **思考：**
>
> 经济繁荣时期，所得税如何发挥“自动稳定器”的作用？

2. 相机抉择。由政府根据宏观经济形势，相应调整财政收支总量和结构，以实现经济稳定的目标。这种有意识地利用财政收支变化来调节经济运行的方式称为“相机抉择”模式。主要通过三种不同的财政政策来实现。

一是紧缩性财政政策。在社会总需求大于社会总供给时实行。社会总需求大于社会总供给，即出现通货膨胀（经济过热）。这时存在过度需求和物价高涨问题，要减轻或消除通货膨胀，必须实行紧缩性财政政策。紧缩性财政政策的主要措施是减少政府支出和增加政府税收。减少政府支出可以使社会总需求中的政府支出部分减少，从而直接减少社会总需求，而且由于政府支出乘数作用，会带动更多的需求减少。增加政府税收可减少个人和企业的收入或降低其可支配收入的实际价值，抑制消费和投资，其结果使社会总需求减少。

二是扩张性财政政策。在社会总需求小于社会总供给时实行。社会总需求小于社会总供给，即出现通货紧缩。这时存在社会总需求不足和失业率高等问题，要减轻或消除通货紧缩，必须实行扩张性财政政策。扩张性财政政策的主要措施是增加政府支出和减少政府税收。增加政府支出可使社会总需求中的政府支出部分增加，从而直接增加社会总需求，而且由于政府支出乘数作用，会带动更多的需求增加。减少政府税收可增加个人和企业的收入或提高其可支配收入的实际价值，刺激消费和投资，其结果使社会总需求增加。

三是中性财政政策。在社会总需求与社会总供给基本平衡时实行。一种情况是社会供求总量基本平衡、结构比较合理。这时实行的中性财政政策应保持财政收支总量的大体平衡和结构的基本稳定，以实现社会总需求与总供给同步增长，从而维持社会供求总量的结构的基本平衡。另一种情况是社会供求总量基本平衡，但结构不尽合理。这时实行的中性财政政策着力点是在结构上有保有压，即加强薄弱环节，压缩过热环节，从而实现经济平衡发展。

财政政策无论采取哪种调控方式，最终都是通过具体的税收政策、预算政策、补贴政策、公债政策、投资政策等财政手段来实施的。

相关案例

结构性减税的“重头戏”当属“营改增”。2012 年 1 月在上海部分行业率先启动的营业税改征增值税试点。2016 年 5 月 1 日起，将试点范围扩大到建筑业、房地产业、金融业、生活服务业，全面实施“营改增”，并将所有企业新增不动产所含增值税纳入抵扣范围，确保所有行业税负只减不增。结构性减税，财政政策凸显的是什么取向？

（三）财政政策的分类

从上面财政政策调控方式可以看出，财政政策可以按照不同的标准和依据进行多种分类。

按政策手段，财政政策可分为税收政策、预算政策、国债政策、补贴政策、投资政策等等。这种分类便于更好地发挥财政各调控手段的职能，使财政政策更广泛、更全面地实施。

按调控方式，财政政策可分为自动稳定政策和相机抉择政策。这种分类便于政府有针对性地选择政策手段，使调控效果更加符合政策目标。

按政策功能，财政政策可分为扩张性财政政策、紧缩性财政政策、中性财政政策三种。这种分类有利于政府针对不同社会总供求关系选择不同的政策，也有利于财政政策与货币政策的合理配合。

此外，财政政策还可以按期限、按范围等进行分类。

二、财政政策目标

财政政策目标，就是通过财政政策的实施所要达到的目的或期望。它使财政政策具有正确的方向和指导，能反映政府制定和实施财政政策的意图，是选择财政政策手段的基本依据，也是构成财政政策的核心内容。

财政政策目标与政府宏观经济总目标应该是一致的，都是谋求社会总需求与社会总供给的基本平衡，这一总目标可以分解为以下几个具体目标：

（一）充分就业

充分就业是指在一定的货币工资水平下所有有能力工作、愿意工作的人都能就业。当然，充分就业并不是说所有的劳动者都有固定职业。由于各国的社会经济情况不同，民族文化和传统习惯各异，加上自愿性失业、周期性失业、季节性失业、结构性失业、摩擦性失业的存在，可容纳的失业率也是不相同的。自愿性失业是指不愿意接受现行工资水平而形成的失业。周期性失业是指周期性爆发的经济衰退而形成的失业。季节性失业是指某些行业生产中由于气候变化和季节变化所形成的失业。结构性失业是指经济结构变化而形成的失业。摩擦性失业是指由于劳动力市场的双向选择活动而造成的失业。根据西方主要发达国家经验，失业率即失业人数占劳动力人数的比例控制在3% ~5%之内是正常和自然的。目前我国政府公布的是城镇登记失业率，如2016年第四季度末，我国城镇登记失业率为4.02%。

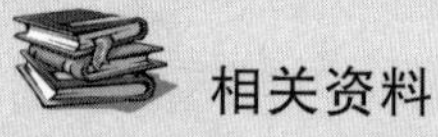

相关资料

大学生就业

2015年全国高校毕业生人数近770万，再创历史新高。《2016年中国大学毕业生就业报告》指出：2015届大学生毕业半年后的就业率为91.7%。其中，本科院校2015届毕业生半年后的就业率为92.2%；高职高专为91.2%。2015届大学生毕业半年后的就业率（91.7%）与2014届（92.1%）和2013届（91.4%）基本持平。自主创业的比例从2013届的2.3%上升到2015届的3.0%，本科毕业生读研加上高职高专毕业生读本的比例从2013届的8.0%上升到2015届的10.1%。2015届大学生未就业人群中，52%的人处于求职状态，31%准备国内外考研、考公务员、准备创业和参加职业培训，17%不求职也无其他计划。对此你有何看法？

（二）物价稳定

物价稳定就是把物价上涨幅度（通货膨胀率）控制在一定水平上，使物价在短期内没有显著或剧烈的波动。也就是一般物价水平基本稳定，但不是说物价总水平静止不动。国际上一般将物价稳定的目标定位于物价水平控制在年上涨率3% ~5%之内。如果社会需求大大超过社会供应，物价水平持续上涨即发生通货膨胀，则分配格局将发生变化，贫富差距会拉大；投机增多，流通秩序混乱；影响再生产的顺利进行和社会和谐，也必然会影响财政分配。如果社会供应大大超过社会需求，价格水平不断地下降，则出现通货紧缩，也会影响到财政分配。

财政分配对社会总需求和社会总供应具有重大的反作用，因此，防止及消除通货膨胀和通货紧缩，实现物价稳定，应成为财政政策的目标之一。

（三）经济增长

经济增长指一个国家或地区在一定时期内的总产出与前期相比实现的增长。但并非是经济增长速度越快越好，而是谋求经济持续适度增长，避免经济发展中的大起大落。至于经济增长速度多大为合理，各国在不同的经济发展时期有不同的目标。衡量经济增长的指标有两个：一是该国实际国民生产总值的年增长率（衡量综合国力）；二是人均实际国民生产总值年增长率（衡量公民生活水平）。

> **思考：**
> 经济增长与经济发展有什么区别？

在实现经济增长的过程中，财政可以通过财政政策手段来引导资本、劳动力、技术等生产要素的合理配置，对经济增长起到有力的促进和推动作用。因而，促进经济增长应成为财政政策的目标。

（四）国际收支平衡

国际收支平衡就是指一国一定时期（通常为一年）国际收支中的经常项目与资本项目收支保持基本平衡的状态。基本平衡即可略有顺差或略有逆差，从而使一国的外汇储备处于适度状态。在开放经济中，国际收支状况会影响国内的就业和物价及经济增长。所以，各国都会从本国情况出发，鼓励出口、限制进口，以维持国际收支平衡。

从长远看，以上四个指标是相互促进的。经济增长是充分就业、物价稳定、国际收支平衡的物质基础；物价稳定是经济增长的前提；国际收支平衡有利于国内物价稳定，也有利于利用国际资源扩大本国生产能力、加速经济增长；充分就业意味着充分利用经济，当然会促进经济增长。

从短期看，四个指标又是相互制约的，要同时实现是非常困难的，它们的矛盾性表现在：

1. 物价稳定与充分就业。一般说来，低于自然失业率的就业水平通常是以通货膨胀为代价的。为了增加就业人数和设备利用数量，中央银行会放松银根以扩大总需求，这往往会导致通货膨胀。同时，经济政策会有一定的时滞，一项原为促使有效需求增加和充分就业的政策，有时可能导致过度需求，造成通货膨胀。英国经济学家菲利普斯，研究了 1861 年至 1957 年英国的失业率与工资、物价变动之间的关系，得出结论：**在失业率和物价变动之间存在着此消彼长的置换关系，把这种现象概括为一条曲线，人们称之谓“菲利普斯曲线”**。

2. 物价稳定与经济增长。就现代市场经济的实践而言，经济增长往往伴随物价的上涨。特别在社会有效需求不足的情况下，采用扩张性的财政和货币政策，往往可以通过刺激需求增长来促进经济增长。一旦总需求超过总供给，还采取扩张政策则会引发通货膨胀。

3. 充分就业与国际收支平衡。就业人数增加和收入水平的提高会使进口的增加超过出口的增加，从而引起国际收支状况恶化。为了减少逆差，可采用紧缩性的财政和货币政策，但这又会导致失业率的上升。

4. 经济增长与国际收支平衡。高速的经济增长在短期内需要增加进口国外的机器设备、先进技术及原材料等。而扩大出口不可能在短期内达成，这会引起国际收支状况的恶化。

在短期内，一般而言，物价稳定与国际收支平衡、充分就业与经济增长之间的关系往往是一致的。

需要说明的是，以上描述的是传统经济学理论的观点。从经济实践来看，也不排除有些国家在短期内会打破以上的一些经济关系，如进入20世纪90年代美国的低通胀率与低失业率双双保持低水平的现象。但从长远看，一般情况下，以上论述的经济关系是存在的。当宏观调控目标之间出现冲突时，使得社会总供给与社会总需求的平衡更为困难，也使许多国家在一定时期内往往有选择地采取对策。选择的方法主要有：相机抉择法、临界点原理抉择法、逆经济风向法等等。

三、财政政策手段

财政政策手段是为了实现财政政策目标而选择的各种操作工具。它是为财政政策服务的，没有财政政策手段，财政政策目标就无从实现。而财政政策手段选择不当，也会导致财政政策目标的偏离。因而一般也把财政政策理解为财政政策目标与财政政策手段的结合。

财政政策手段众多，主要包括税收、预算、公债、财政补贴、财政投资、政府采购等，这些政策手段的有关内容已在前面有关章节中有过论述，这里只从政策手段角度论述。

（一）税收

税收是政府组织财政收入的基本形式，也是政府实施宏观调控的重要财政政策手段。

1. 税率调控社会供求总量。政府可以通过提高或降低税率来减少或增加生产经营者和公民的税后可支配收入，在财政支出规模不变的情况下，一方面可以调节社会总需求，起到限制或刺激需求的作用；另一方面也可以影响生产经营者和公民的储蓄投资能力，从而对社会总供给产生效应，起到减少或增加社会总供给的作用。

2. 税种调控社会供求结构。可以通过税种的设置，如开征特定税种，来实施产业结构的调控，从而实现供求结构的调控。

3. 税收优惠与税收惩罚的特别调控。为了某些特别需要，税收可以灵活地运用鼓励性或惩罚性措施。如减税、免税、建立保税区等为鼓励性措施；报复性关税、双重征税、加成征收等为惩罚性措施。

为了正确有效地运用税收手段以实现财政政策目标，需要有完善的税收体系、良好的纳税意识、严密的征管制度和先进的征管手段。

（二）预算

政府预算作为政府的年度财政计划，也是财政政策的主要手段。

1. 预算规模调控社会供求总量。在国民生产总值一定的条件下，政府预算收入的增加意味着企业、个人或家庭可支配收入的减少，从而减少企业、个人或家庭的需求；预算支出则是直接构成社会总需求的重要部分，其规模大小直接影响社会总需求的大小。此外，政府还可以通过预算的追加或追减，相机实现经济的扩张或紧缩的调控目标。一般而言，当社会总需求大于社会总供给时，可通过增加预算收入、压缩预算支出来控制社会总需求；反之，可扩大社会总需求。

2. 预算结构调控社会供求结构。预算结构尤其是预算支出结构能有效地调控各项事业结构，从而实现社会供求结构的调整。如增加对教育、科学、文化等支出，则有利于教科文事业的快速发展。因为预算支出的是资金，增加对某事业的资金供应就会促使该事业更好地发展；反之操作则是对某些事业的限制。

政府预算作为财政政策的主要手段，其调控能力的大小与预算规模关系极大。要有效地发挥预算的调控能力，必须要有合理的预算收入占国民生产总值比重。

（三）公债

公债的运用使政府财政收入具有一定的弹性，同时也增强了政府运用财政进行宏观调控的能力。

由于公债的发行，使购买公债的单位和个人的投资或消费资金会减少，从而对这些单位和个人的投资或消费起调节作用。

公债可以调节财政收支本身，因为弥补赤字是公债的基本功能；公债还可以调节社会货币资金，因为公债的发行能把民间的货币转移到政府部门来，如是中央银行购买公债则会增加货币的投放；通过公债期限结构的调整，可以改变公债的流动性程度（因为期限越短则流动性越强，短期公债有“准货币”之称）来影响社会资金流动总量；通过调整公债的发行利率或实际利率来影响金融市场利率的变化，从而对经济实施扩张性或紧缩性的影响。

> **讨论：**
> 公债如何调节财政收支本身？

要有效地发挥公债的调控作用，必须要有合理的公债规模、优化的公债结构、科学的公债利率、完善的公债管理制度。

（四）财政投资

财政投资的项目主要是基础产业、公共设施等，它是克服某些领域“市场失灵”问题的必要手段。

财政投资规模的调整可以影响社会总需求和未来的社会总供给，从而影响社会供求总量。财政投资结构的调整可以对经济结构起重要的调节作用，从而促进经济结构的优化。具体地说，当经济萧条时期，政府可通过提高财政投资支出水平，拉动社会总需求，以缓解或消除经济衰退；当经济繁荣时期，政府可通过降低财政投资支出水平，抑制社会总需求，以缓解或消除经济过热；当社会供求总量基本平衡、结构存在矛盾时，政府可通过财政投资的有保有压政策，从而使社会供求结构合理。

要更好地发挥财政投资的调控作用，应保持合理的财政投资规模，注重财政投资结构，讲究财政投资效益。

（五）财政补贴

从宏观经济的调控效果来看，财政补贴支出的增减与税收的增减有着相反的作用。

经济萧条时期，政府增加补贴支出，企业、个人或家庭的可支配收入增加，从而刺激企业、个人或家庭扩大投资和消费需求，促进社会总需求的增加，推动经济增长。当经济繁荣时期，政府减少补贴支出，企业、个人或家庭的可支配收入就会减少，从而抑制企业、个人或家庭的投资和消费需求，导致社会总需求的减少，促使经济由过热到平稳发展。

相关案例

我国自2009年开始对新能源汽车实施财政补贴政策。2016年9月8日，财政部、工信部、发改委联合公布了对93家车企为期9个月的调查结果，其中涉及新能源骗去财政补贴的车企高达72家，甚至连东风、一汽、上汽、广汽这些名企、大企都榜上有名。在财政部曝光的骗补典型案例中，苏州金龙骗补金额高达5.1921亿元。对此你有什么看法?

（六）政府采购

政府采购作为财政政策手段，具体通过规模采购、储备采购（主要目的平抑物价）、示范采购（名牌产品采购、绿色产品采购和节能产品采购）和规定比例采购（要求一定幅度的价格优惠、将中标项目的一定比例分包给中小企业）等来体现。通过政府采购可实现购买国货以支持本国企业发展、支持中小企业发展、吸引外资和引进技术、促进就业、保护环境等目的。

为了实现财政政策目标，各种财政政策手段之间的协调配合是十分重要的。如果缺乏有效的协调配合，各种财政政策手段就会相互冲突，产生“分力”，从而抵消财政政策的效应。因而为达到财政政策目标，实现应有的财政政策效应，就必须站在全局的高度，灵活有效地配合运用各种财政政策手段，使其产生“合力”，显示出财政政策手段的整体效应。

相关链接

我国经济增速自2010年以来波动下行，经济运行呈现出不同以往的态势和特点。其中，供给侧和需求侧不协调的矛盾和问题日益凸显。需求侧有投资、消费、出口“三驾马车”，而供给侧则有劳动力、土地、资本、创新四大要素。供给侧结构性改革，就是从提高供给质量出发，用改革的办法推进结构调整，矫正要素配置扭曲，扩大有效供给，提高供给结构对需求变化的适应性和灵活性，提高全要素生产率，更好满足广大人民群众的需要，促进经济社会持续健康发展。

供给侧结构性改革，主要推行“三去一降一补”的政策，即去产能、去库存、去杠杆、降成本、补短板。2015年中央财经领导小组第11次会议首提“供给侧结构性改革”，作为“十三五”时期全面深化改革的重要任务，供给侧结构性改革将对中国经济的行稳致远发挥巨大作用。

第二节　货币政策

一、货币政策概念

货币政策是政府采用各种手段调节货币供求以实现宏观经济调控目标的方针和策略的总称，是国家宏观经济政策的重要组成部分。

货币政策可分为扩张性或膨胀性货币政策、紧缩性或收缩性货币政策、中性或均衡性货币政策。扩张性货币政策是通过增加货币供应量以扩大社会总需求的政策，其实施条件是社会有效需求不足而有效供给过剩。紧缩性货币政策是通过减少流通中的货币量以收缩社会总需求的政策，其实施条件是社会总需求过剩而社会总供给不足。中性货币政策是使货币供应量与经济增长大体一致以维持社会总供求均衡格局的政策，其实施条件是社会总供求处于基本平衡的状态。

改革开放以来，我国针对宏观经济运行状况，灵活采取宽松或紧缩的货币政策，运用多种货币政策工具，通过利率、汇率、公开市场业务等渠道，影响企业和居民的生产、投资、消费等行为，既成功地治理了通货膨胀，又有效地防止了通货紧缩，为国民经济的稳定健康发展创造了良好的宏观经济环境。

在现代市场经济条件下，国民经济商品化、货币化、信用化的程度不断加深，整个国民经济都必须借助于货币来运行。因而货币状况是国民经济的综合反映。基于这一点，要使国民经济正常运行，就必须制定一个能够符合客观经济规律的货币政策。

思考：

货币政策对我们百姓生活有什么影响？

相关知识

货币政策委员会

货币政策委员会是中国人民银行制定货币政策的咨询议事机构，成立于1997年7月。根据《中国人民银行货币政策委员会条例》，货币政策委员会的职责是，在综合分析宏观经济形势的基础上，依据国家的宏观经济调控目标，讨论下列货币政策事项，并提出建议：一是货币政策的制定、调整；二是一定时期内的货币政策控制目标；三是货币政策工具的运用；四是有关货币政策的重要措施；五是货币政策与其他宏观经济政策的协调。

二、货币政策目标

货币政策目标是中央银行的行动准则和奋斗方向，是中央银行采取各种政策措施和运用金融调控手段所要达到的目的。

货币政策与财政政策一样，都是为实现政府宏观经济管理服务的，其最终目标与宏观经济政策目标是一致的，都是实现社会总供求平衡。但货币政策有其自身的特殊性，它是从调节与控制货币供应量的角度来实现宏观经济目标的。作为中央银行货币政策的目标，应该明确地体现出中央银行一切工作的核心及目的，既不能完全等同于宏观经济政策的总体目标，又必须服从并服务于宏观经济政策的总体目标。因此我国的《中国人民银行法》规定，货币政策目标是保持货币币值稳定，并以此促进经济增长。

币值稳定与经济增长从根本上说是一致的，两者存在着内在的统一性。其一，经济增长是币值稳定的物质基础，而币值稳定又是经济增长的前提条件。经济发展了，日益增长的商品和劳务可供量就为币值稳定提供了坚实的基础；币值稳定了，就能为经济增长创造良好的环境和必要的条件。其二，两大目标的要求是一致的。从目的的一致性来看，经济增长和币值稳定都是为了保持社会总供给与社会总需求的平衡。从要求的一致性来看，经济增长和币值稳定都是宏观经济规律的共同要求。

讨论：

为什么说货币政策的两大目标根本上是一致的？

上述双重目标的统一性，是从全面和长远而言的。这种统一性并不是绝对的和无条件的，而是相对的和有条件的。只有在经济发展正常、货币基本稳定的条件下，在人们正确认识并自觉遵守宏观经济规律的情况下，两者才能实现其统一。任何一方出现偏差，其统一性就会遭到破坏。

由于经济增长与币值稳定的矛盾性，使得在具体实施双重政策目标时，经常会出现两者难以同时实现的问题。一般说来，在信用货币流通的条件下，要保持经济增长的一定速度，就需要不断地增加货币供应以刺激经济发展，如货币供应量把握不好，往往会导致通货膨胀，使币值稳定的目标难以实现；要稳定币值，就需要控制货币供应量，如货币供应过紧，国民经济就难以较快发展，使经济增长的目标难以实现。

可见，双重目标虽然存在内在统一性，但要将这种统一性付诸实施，既是困难的又是有一定条件的。首先，必须端正经济建设的指导思想，正确认识经济发展的宏观要求，把经济增长切实地建立在较高的国民经济运行质量基础之上。其次，中央银行应灵活而有效地把握货币供应量。当经济增长与币值稳定相一致时，实现币值稳定客观上就促进了经济增长；当两者不一致时，就应该视宏观经济情况而定：有时应舍经济增长而求币值稳定，以防通货膨胀的发生；有时应舍币值稳定而求经济增长，以防通货紧缩。

经济增长与币值稳定可以说是货币政策的最终目标。但从货币政策手段的运用到货币政策最终目标的实现之间要经历一个传导过程，也就是运用货币政策手段影响中介目标进而对货币政策的最终目标发生作用。

从人民银行执行中央银行职能以来至20世纪90年代初期止的一段时期内，我国实际上是以信贷总量和现金总量为中介目标的。根据现阶段我国社会经济金融情况和货币政策手段的可能，我国货币政策的中介目标宜选择以下几个：

第一，利率。利率是金融市场的一个最基本的影响因素，是理想的货币政策中介目标，在货币政策操作过程中发挥着巨大的作用。因为利率的变动对市场资金需求能起调节作用，更因为利率这一指标便于中央银行控制。

第二，货币供应量。就是在一定时期内为社会经济服务的货币总额。控制货币供应量的直接目的在于控制社会当期和近期的购买力，以保卫货币、稳定币值。根据货币流动性的差别和货币功能的强弱，货币供应量可划分为 M0、M1、M2 等几个层次，要根据经济情况合理地选择货币层次进行监测和操作。

相关资料

我国货币供应量（2016 年）

单位：亿元人民币

项目	8 月	9 月	10 月	11 月	12 月
货币和准货币（M2）	1 510 982.9	1 516 360.5	1 519 485.4	1 530 432.1	1 550 066.7
货币（M1）	454 543.6	454 340.3	465 446.7	475 405.5	486 557.2
流通中货币（M0）	63 454.7	65 068.6	64 214.9	64 903.5	68 303.9

第三，基础货币。基础货币由流通中的现金和商业存款准备金等中央银行可支配的资金构成。通过货币乘数的作用，基础货币可以直接调节社会货币供应量。中央银行对基础货币的控制能力也很强，是可控性较强的指标。

三、货币政策手段

货币政策手段就是中央银行为了实现货币政策目标所运用的调控工具。显然，科学合理的货币政策手段有利于对货币政策的中介目标产生直接影响，进而促进货币政策最终目标的实现。

（一）一般性货币政策手段

存款准备金率、再贴现率和公开市场业务是货币政策的一般性手段，通常称为中央银行的三大货币政策手段或“三大法宝”。

1. 存款准备金率。存款准备金率是指商业银行等金融机构上缴中央银行的法定准备金占存款总额的比率。这项调控手段主要是中央银行通过提高或降低存款准备金率的办法，来增加或减少商业银行等金融机构向中央银行交存的存款准备金数额，从而影响商业银行等金融机构的贷款能力，促使信用收缩或扩张的一种措施。

根据货币供应的基本模式 $M = K \cdot B$，货币供应量 M 的改变取决于货币乘数 K 与基础货币 B 的调整。而调整存款准备金率不仅影响基础货币，而且也影响货币乘数。以中央银行实行紧缩政策为例，当法定存款准备金率提高时，一方面使得货币乘数变小，另一方面使商业银行的应缴准备金增加，超额准备金则相应地减少，迫使商业银行减少贷款的投资，其结果是减少货币供应量，达到紧缩效果。同样道理，降低存款准备金率会使信贷规模和货币供应量得以扩张。

早期存款准备金的功能主要是防御性的，其原始目的是保障存户的安全。自 1935 年美国银行法规定中央银行享有调整存款准备金比率的权力后，这个制度逐渐为各国所采纳，已使准备金的早期功能发生了根本的改变。现在存款准备金制度的主要功能已转变为各国中央银行控制货币供应量的一个有力手段。

法定存款准备金率被称为“猛烈而不常用的武器”。因为法定存款准备金率的升降会使银行存款量和贷款量产生数倍的收缩与扩张。如美国，只需把法定存款准备金率升降一个百分点，就会引起数十亿美元准备金的变动，并会进一步引起数倍于此的贷款额和存款额的升降变动。这种猛烈性使各国在运用这一手段时均持慎重态度。

思考：

降低存款准备金率为什么会使信贷规模和货币供应量得以扩张？

我国从1984年开始实行存款准备金制度，开始时对不同性质的存款分别规定上缴比率，其后实行统一的存款准备金率。这一手段实施后，在增强中国人民银行的资金实力、巩固其中央银行的地位、调控信贷规模等方面起到了很好的作用。1998年3月对存款准备金制度改革后，中央银行较灵活地运用存款准备金率，对宏观经济的调控起到了积极作用。

2. 再贴现率。再贴现是指商业银行等金融机构以贴现所获得的未到期票据向中央银行所作的票据转让。对中央银行而言，再贴现是买进商业银行持有的票据；对商业银行而言，再贴现是出让已贴现的票据。再贴现率手段就是中央银行通过提高或降低再贴现率的办法，来影响商业银行的信贷量，促使信用扩张或收缩的一种措施。

再贴现率是调控货币供求的重要手段，比存款准备金率温和一些。但也有其局限性，一是与存款准备金率相比，它显得被动，力度不足，不能强制地发挥作用。二是再贴现手段的运用要以发达的金融市场的存在为前提，没有发达的金融市场，再贴现率便难以发挥调控作用。

3. 公开市场业务。也称公开市场活动或公开市场买卖。就是中央银行在金融市场上公开买卖有价证券（主要是政府债券），藉以改变商业银行的准备金，从而实现其货币政策目标的一种措施。市场经济较发达的国家，公开市场业务是中央银行最有力、最常用也是最重要的货币政策手段。

中央银行从事公开市场业务的另一个目的，是影响市场利率、辅助再贴现率手段的运用。若中央银行希望降低市场利率，而在采取降低再贴现率手段未达到预期效果时，中央银行就可购买有价证券。由于中央银行的购买数量巨大，因此必然会改变证券市场的供求对比，需求的增加会提高有价证券的价格，从而降低市场利率。利率的降低可促进生产经营者贷款的增加，从而起到扩大信用规模、刺激国民经济扩张的功效。反之则起紧缩作用。

当然，公开市场业务也有其局限性，运用这一手段必须具备一定的条件，诸如中央银行的领袖地位、雄厚资金力量、弹性操作权力、发达的金融市场和信用制度等。

1996年4月我国中央银行开始通过金融市场买卖国库券，标志着我国已尝试运用公开市场业务手段。前五年处于发展的初级阶段，作用还不是主要的。随着市场经济的发展，其发挥的作用越来越重要。

（二）选择性货币政策手段

随着中央银行宏观调控作用的不断加强，货币政策工具也趋向多元化，因而出现了一些供选择使用的措施，这些措施被称为“选择性货币政策手段”。

1. 证券市场信用控制。是指中央银行对有关证券交易的各种贷款，规定贷款额占证券交易额的百分比率，以控制证券市场的放款规模。如规定以信用方式购买证券时按保证金比率支付款项的额度，中央银行可根据金融市场状况调整法定保证金比率。

2. 消费者信用控制。是指中央银行对不动产以外的各种耐用消费品的销售融资予以控制。如在消费需求过旺和通货膨胀时，中央银行可以采取提高首次付款金额、缩短分期付款的期限、限制可用消费信贷购买的消费品种类并严格审查其付款能力等来抑制消费，促进市场供求平衡。

3. 不动产信用控制。是指中央银行对金融机构在房地产方面放款的限制措施。如规定商业银行对不动产放款的最高限额、放款期限、第一次付款的最低限额等。

（三）其他货币政策手段

其他货币政策手段有两类：直接信用控制和间接信用指导。

1. 直接信用控制。它是指中央银行以行政命令或其他方式，直接对金融机构尤其是商业银行的信用活动进行干预。其具体手段包括：规定利率限额、信用配额、流动性比率和直接干预等。

2. 间接信用指导。它是指中央银行通过道义劝告、窗口指导等办法来间接影响商业银行等金融机构信用活动的做法。

相关资料

存款准备金率调整表

时间	大型金融机构		中小金融机构	
	调整前	调整后	调整前	调整后
2015 年 2 月 5 日	20.00%	19.50%	16.50%	16.00%
2015 年 4 月 20 日	19.50%	18.50%	16.00%	15.00%
2015 年 6 月 28 日	18.50%	18.00%	15.00%	14.50%
2015 年 9 月 6 日	18.00%	17.50%	14.50%	14.00%
2015 年 10 月 24 日	17.50%	17.00%	14.00%	13.50%
2016 年 3 月 1 日	17.00%	16.50%	13.50%	13.00%

第三节　财政政策与货币政策的配合

一、财政政策与货币政策配合的必要性

为了实现经济宏观调控的目标，仅靠财政政策或仅靠货币政策都是难以奏效的，必须要财政政策与货币政策的密切配合。

（一）财政政策与货币政策的相互关系

财政政策与货币政策的关系表现在两者既相互联系又相互区别，既有一致性也有差异性。

1. 财政政策与货币政策的一致性。主要表现在三个方面：

一是政策实施主体的一致性。财政政策与货币政策都反映政府的经济政策，体现政府的意志，因而政策实施主体为政府。具体地说，财政政策的实施主体是财政部，通过财政部控制和引导预算、税收、国债、国有资产、财务等活动来实施财政政策。货币政策的实施主体是中国人民银行，通过中国人民银行控制和引导政策性银行、国有商业性银行和其他金融机构的活动来实施货币政策。从具体操作看，财政政策与货币政策分为两个不同的具体实施主体，但实际上都是政府的组成部分，主体都统一于政府。

二是政策调控最终目标的一致性。虽然财政政策与货币政策都有各自的政策目标，各有自身的手段来实现它。但从宏观经济角度来看，财政政策的充分就业、物价稳定、经济增长、国际收支平衡目标，货币政策的经济增长和币值稳定目标，最终都是为了社会总供应与社会总需求的平衡，使国民经济协调发展。

三是政策作用形式的一致性。财政政策与货币政策都是通过货币资金的运用形式来实施的，税收收入、国债筹措、财政支出、转移支付等等都是通过货币资金形式在流通中最后完成的。

2. 财政政策与货币政策的差异性。主要表现在三个方面：

一是侧重点不同。财政政策在刺激需求和调节经济结构方面具有较明显的效应，但在限制社会总需求方面的效应要弱一些。因为减税和增支都较易实现，效应也很明显；而增税和减支却十分困难。货币政策的调控范围覆盖全社会，尤其是社会需求总量，它通过调控货币供应量，在抑制（扩张）需求、控制通货膨胀（紧缩）方面具有较显著的效应。此外，财政政策侧重于经济增长及社会公平分配；货币政策侧重于物价稳定及经济运行效率。

二是时滞性不同。一般说，财政政策的制定时滞较长，而执行生效时滞较短。因为财政政策手段（预算、税收等）大多是具有法律效力的政策手段，其立法制定过程往往需要很长的时间。而财政政策在执行中，由于税收、财政支出等可直接影响经济单位，没有中间环节，从而可直接影响投资和消费需求，生效时滞较短。货币政策的制定时滞较短，执行生效时滞较长。因为货币政策一般可由中央银行根据经济状况自行决策，时滞较短；但货币政策从实施到产生效应要经过较复杂的传导过程，所需时间长，并且多变，不易把握。

三是透明度不同。财政政策的透明度高，财政的一收一支，是结余还是赤字等都非常清楚，政府能较准确地判断财政状况并可根据财政状况有针对性地制定相应政策。银行信贷收支表现为一存一贷，而贷款来源于存款，贷款又可创造派生存款，在中央银行的资产负债表上是难以全面反映信贷收支平衡状况的，使得信贷投放的合理规模、货币发行的合理界限等都较难把握。

可见，财政政策与货币政策既有一致性，也存在差异性，这就需要将两者密切结合起来，相互补充，才能增加宏观调控的效应。

（二）财政政策与货币政策的优劣势

1. 财政政策的优势和劣势。财政政策的优势主要表现在：一是调节经济结构。可通过财政支出结构、税收优惠、转移支付等手段来实现，以促进经济结构包括产业结构、地区结构等的合理化；还可以通过财政收支总量和结构的变动来调节社会总需求及结构，刺激经济增长，更有效地治理通货紧缩。二是调节收入分配。可通过财政支出、税收等手段来实现，能在实现社会公平方面发挥更重要的作用。三是调节社会发展。可通过财政支出、财政补贴、转移支付等手段进行调控，弥补“市场失灵”的领域，满足社会公共需要，促进社会和谐地发展。

财政政策的劣势主要有：一是对社会需求的调节更多表现在比例和分布上，对需求总量调节不如货币政策直接；二是对物价调控的效果不如货币政策大；三是对提高资金的使用效率缺乏刺激力，因为它的作用过程主要不是靠市场机制。

讨论：

财政政策为什么在促进社会和谐发展方面有优势？

2. 货币政策的优势和劣势。货币政策的优势主要表现在：一是调节社会供求总量。可通过货币供应量、利率等手段来实现，而财政政策在调节总量方面的效应要弱些。二是调节物价总水平。可通过利率水平和货币供应量来实现币值稳定，能更有效地治理通货膨胀。三是有利于提高资金的使用效率，因为它的操作是一种经济行为，能很好地发挥市场机制的作用。

货币政策的劣势主要有：一是对市场缺陷的弥补显得乏力。二是难以很好地解决收入分配不公的问题。三是在调整经济结构方面难以直接有效地发挥作用。

可见，财政政策与货币政策各有优劣势，且两者的互补性很强，政府在实施宏观经济调控时不能相互代替，必须协调运用两种政策。

相关链接

“流动性陷阱”是凯恩斯提出的一种假说，指当一定时期的利率水平降低到很低水平时，市场参与者对其变化不敏感，对利率调整不再做出反应，即无论增加多少货币，都会被人们储存起来。再宽松的货币政策也无法改变市场利率，使得货币政策失效。你如何理解？

二、财政政策与货币政策的配合模式

财政政策与货币政策是政府实施宏观调控的两项主要政策，两者的协调配合问题是政府宏观调控目标能否实现的关键。

财政政策与货币政策都可以分为扩张性、中性和紧缩性三种，两者的组合就有九种模式，但在实践中的运用主要有五种模式。

（一）扩张性财政政策与扩张性货币政策的配合模式

扩张性财政政策是通过减少税收和扩大支出来增加社会总需求，它可以刺激投资，促进经济增长。扩张性货币政策是通过增加货币供应或降低存款准备金率、降低再贴现率，在公开业务市场购买有价证券等措施来扩大信贷规模，从而刺激投资，使社会总需求增加。

思考：

扩张性财政政策与扩张性货币政策的配合模式为什么会引发通货膨胀？

这种模式主要适用于社会总需求小于社会总供给，通货紧缩，经济陷入萧条的状况。它可以强有力地刺激社会总需求扩张，降低失业率，促进经济复苏。但若长期使用这种模式，将会出现大量财政赤字和货币供应过多，引发通货膨胀，影响经济稳定发展。

（二）紧缩性财政政策与紧缩性货币政策的配合模式

紧缩性财政政策主要通过增加税收、压缩支出等来限制消费与投资，抑制社会总需求。紧缩性货币政策主要通过提高存款准备金率、提高再贴现率等来增加储蓄，减少货币供给，抑制社会总需求。

这种模式适用于社会总需求大于社会总供给，通货膨胀，经济过热的状况。它可以有效压抑社会总需求，缓解通货膨胀。但若长期使用这种模式，将会产生经济增长减缓，社会总需求不足等问题。

（三）扩张性财政政策与紧缩性货币政策的配合模式

在这一模式中，财政政策主要采取减少税收或增加支出的措施，货币政策主要采取减少货币供应量或提高利率等措施。

一般而言，在经济增长减缓以至停滞而通货膨胀压力又很大，或者经济结构失调与严重通货膨胀并存的情况下，采用这种配合模式。因为扩张性财政政策具有同时刺激需求与供给能力的效应和通过加强重点建设与基础设施的财政投资达到调整产业结构的效应；而紧缩性货币政策具有控制通货膨胀的效应。两者搭配使用，能更好地发挥财政政策与货币政策各自的优势，既能调节经济结构、促进经济发展，又能有效地控制货币供应量、避免通货膨胀。但这种配合模式如长期使用，容易积累大量的财政赤字。

（四）紧缩性财政政策与扩张性货币政策的配合模式

在这一模式中，财政政策采取压缩财政支出或增加税收的措施，货币政策采取扩大货币供应量或降低利率的措施。

一般而言，在社会需求不足、失业压力较大而物价又相对平稳，或财政赤字较大与社会总需求严重不足并存的情况下，采用这种模式。通过这种配合模式，能更好地发挥财政政策与货币政策各自的优势，可以在控制通货膨胀的同时，保持适度的经济增长。但货币政策过松，也难以制止通货膨胀。

（五）中性财政政策与中性货币政策的配合模式

在这一模式中，财政政策主要为了保持财政收支的基本平衡，货币政策为了保持货币供应量或利率的稳定，两大政策都强调“稳健”的取向。

一般而言，在社会总供求基本平衡、经济运行比较平稳而经济结构不尽合理的情况下，采用这种配合模式。但由于经济周期波动是市场经济发展的客观规律，一旦经济运行发生变化，这一配合模式就应及时做出调整。

相关知识

“挤出效应”是指政府支出增加所引起的私人消费或投资降低的效果。短期中，当经济没有实现充分就业时，挤出效应小于1大于0，但在长期中实现了充分就业时，挤出效应则为1。由此得出，在没有实现充分就业时，扩张性财政政策是有一定作用的，但在中长期，这些政策会引发通货膨胀。

三、灵活运用财政政策与货币政策

在社会主义市场经济中，财政政策与货币政策是政府进行宏观调控的重要手段。由于两者根本利益的一致性和同一的总体目标，使财政政策与货币政策的实施具有良好的前提，也为两者的协调配合奠定了牢固的基础。当然，两大政策各有特殊的地位，各有自身作用的范围。因此，既不能简单地等同或混同，也不能各行其是，而应该以科学发展观合理定位，灵活地互相协调、密切配合。

（一）两大政策的协调配合要以实现社会总供求的基本平衡为共同目标

政府宏观经济调控的总目标是实现社会总供求的基本平衡，这种平衡既包括总量平衡也包括结构平衡。财政政策与货币政策对总量和结构都有较强的调控能力，但两者的侧重点不同。货币政策侧重总量、财政政策侧重结构，两者必须互相补充、密切配合，产生合力，才能实现共同的目标。

上面政策搭配的分析是把财政政策与货币政策的调节放在对社会总需求的影响上，实际上，不管是扩张性政策还是紧缩性政策，在调节需求的同时也在调节供给。在社会总需求大于社会总供给的情况下，既可用紧缩性政策来抑制社会需求，也可用扩张性政策来促进供给。因此，紧缩性政策与扩张性政策并不是互相排斥的，而是互相补充的。可见，在运用财政政策与货币政策来实现社会总供求基本平衡的目标时，不能只看到需求的一面，还要兼顾供给的一面。当然也要看到，采用紧缩性政策在抑制需求方面可以很快奏效，而采用扩张性政策在增加供给方面往往在经历一个过程后才能见效。

讨论：

为什么说无论是扩张性政策还是紧缩性政策，在调节需求的同时也在调节供给？

（二）两大政策既要相互配合又要相对独立

由于财政政策与货币政策的调控领域、调控手段、调控过程等都不相同，但总体目标又是共同的。因此，两者既要相互配合以加强调控效应，又需要保持相对的独立性，以更好地发挥各自的应有功效。前面已经阐述了财政政策与货币政策的差异性，这种差异性的存在，说明两大政策不能简单地等同或取代，而应充分发挥它们各自的优势。要注意的是一个政策的调控必然会不同程度地对另一个政策的调控效应产生影响，这种影响可能是同方向的，即一种政策的调控有助于另一种政策的调控，两者在效应上是互相加强的；但也可能是反方向的，即一种政策的调控抵消或削弱了另一种政策的调控效应。因此，在运用两大政策时要注意到相互间的影响，加强彼此间的配合，使两者朝向同一个共同目标而努力。

（三）从现实出发灵活地进行两大政策的配合运用

科学地组合财政政策与货币政策，是进行有效的宏观调控的客观要求，也是一项高超的管理艺术。究竟应该采取什么样的财政政策与货币政策相配合，必须从现实情况出发。首先需要判断社会总供应与社会总需求是否平衡，若总供求失衡，是求大于供还是供大于求？在总需求大于总供应的情况下，是以控制需求为主还是以增加供应为主？或控制需求和增加供应并重？在总供应大于总需求的情况下，如何扩大需求？如此等等。只有在对国民经济运行状况作出透彻分析和对宏观经济形势作出正确判断的基础上，才能科学灵活地选择政策模式。

（四）需要外部环境的协同配合

财政政策与货币政策协调配合的效应，不仅取决于科学确定两大政策的配合方式及其具体操作，在很大程度上还取决于外部环境的协同配合。如需要有产业政策、收入分配政策、外贸政策、社会保障政策等的协同；要有良好的国际政治经济环境及稳定的国内社会政治环境；要有合理的价格体系和健全的现代企业制度；要有完善的市场体系；要有健全的法律体系等等。

近些年来我国政府针对不同的经济运行态势，分别运用了扩张性政策、紧缩性政策和中性政策，财政政策与货币政策也进行过不同模式的配合运用。这足够表明，我国政府已经能够灵活地运用财政政策与货币政策来实施国民经济的宏观调控。

相关知识

财政政策乘数和货币政策乘数

财政政策乘数是用以反映财政政策的变化对国民收入的增减有何效应的乘数，包括三大乘数：政府支出乘数、税收乘数和预算平衡乘数。

政府支出乘数是指投资或政府公共支出变动引起的社会总需求变动对国民收入增加或减少的影响程度。税收乘数是指税收的增加或减少对国民收入减少或增加的程度。预算平衡乘数是指当政府支出的扩大与税收的增加相等时，国民收入的扩大正好等于政府支出的扩大量或税收的增加量，当政府支出减少与税收的减少相等时，国民收入的缩小正好等于政府支出的减少量或税收的减少量。

货币政策乘数是在基础货币基础上货币供应量通过商业银行的创造存款货币功能上派生存款信用的倍数。其基本意义是表示中央银行创造或消灭一单位的基础货币，能使货币供给量增加或减少的数额。或者说，货币乘数就是货币供给量对基础货币的倍数。

【重要概念】

财政政策　扩张性财政政策　紧缩性财政政策　中性财政政策　财政政策目标　财政政策手段　货币政策　存款准备金率　公开市场业务

【思考与实训】

1. 结合我国实际，思考我国有哪些具体的财政政策手段刺激经济增长。
2. 举例说明我国货币政策是如何调节经济的。
3. 查找最近的我国存款准备金率调整资料，思考其调整的原因和对经济的影响。

【分析与讨论】

根据有关资料，分析与讨论我国近年来的财政政策和货币政策的主要特点及其今后的主要走向。

主要参考书目

1. 财政部:《2016 年政府收支分类科目》, 中国财政经济出版社 2016 年版。
2. 陈共:《财政学(第 8 版)》, 中国人民大学出版社 2015 年版。
3. 罗森、盖亚:《财政学(第 10 版)》, 中国人民大学出版社 2015 年版。
4. 邓子基:《财政学(第 3 版)》, 中国人民大学出版社 2014 年版。
5. 赵立华:《财政与金融》, 清华大学出版社 2015 年版。
6. 刘邦驰:《财政与金融》, 西南财经大学出版社 2013 年版。
7. 翟召博:《财政与金融》, 清华大学出版社 2013 年版。
8. 钱晔:《货币银行学(第 4 版)》, 东北财经大学出版社 2014 年版。
9. 胡庆康:《现代货币银行学教程(第 5 版)》, 复旦大学出版社 2014 年版。
10. 刘智英、刘福波:《货币银行学》, 清华大学出版社 2014 年版。
11. 蒙丽珍:《国家税收(第 5 版)》, 东北财经大学出版社 2014 年版。
12. 李健:《金融学(第 2 版)》, 高等教育出版社 2014 年版。
13. 申长平:《财政学基础(第 7 版)》, 中国财政经济出版社 2015 年版。
14. 李志、于涵:《税费计算与申报(第 2 版)》, 中国财政经济出版社 2016 年版。
15. 马克和:《税法教程》, 中国财政经济出版社 2015 年版。
16. 仲新:《财税金融基础知识》, 中国财政经济出版社 2014 年版。